人工智能应用丛书

智慧城市建设与实践

ZHIHUI CHENGSHI JIANSHE YU SHIJIAN

徐龙章　等 编著

中国铁道出版社有限公司
CHINA RAILWAY PUBLISHING HOUSE CO., LTD.

内 容 简 介

本书围绕当前智慧城市建设重点和发展趋势，以智慧城市基本理论、应用实践、支撑保障三个部分为主线，以理论与实践相结合的方式，阐述智慧城市建设的概念、框架体系、支撑体系，并结合大量目前国内外最新、最典型、最实用的案例对相关的理论概念、应用实践进行剖析，以便读者在了解智慧城市整体概念的基础上对智慧城市的实际应用和建设有较清晰的理解和认知，并总结了各地区在推进智慧城市建设过程中的经验，最后结合云计算、大数据、移动互联网、人工智能等最新技术的应用对未来智慧城市的发展进行了展望。

本书适合于人工智能产品开发和应用人员阅读，也可作为高等院校计算机专业、人工智能相关专业的课程教材及教学参考材料以及对人工智能领域感兴趣的读者阅读。

图书在版编目(CIP)数据

智慧城市建设与实践/徐龙章等编著. —北京：中国铁道出版社，2018.6(2024.1 重印)
(人工智能应用丛书)
ISBN 978-7-113-24543-6

Ⅰ.①智… Ⅱ.①徐… Ⅲ.①现代化城市-城市建设-研究 Ⅳ.①C912.81

中国版本图书馆 CIP 数据核字（2018）第 110062 号

书　　名：智慧城市建设与实践
作　　者：徐龙章　等

策　　划：周海燕　　**编辑部电话：**（010）51873202
责任编辑：周海燕　李学敏
封面设计：王亚静
封面制作：刘　颖
责任校对：张玉华
责任印制：樊启鹏

出版发行：中国铁道出版社有限公司（100054，北京市西城区右安门西街 8 号）
网　　址：http://www.tdpress.com/51eds/
印　　刷：三河市航远印刷有限公司
版　　次：2018 年 6 月第 1 版　2024 年 1 月第 4 次印刷
开　　本：787 mm×1 092 mm　1/16　**印张：**16.25　**字数：**304 千
书　　号：ISBN 978-7-113-24543-6
定　　价：58.00 元

编委会

“人工智能应用丛书”序

当前人工智能技术正以前所未有的速度与力量，成长为未来科学技术革命的重要驱动力，它将进一步促进新兴科技、新兴产业的发展与深度融合，推动新一轮的信息技术革命，成为经济结构转型升级的新支点。2017 年 10 月 24 日习近平总书记在中国共产党第十九次全国代表大会报告中明确提出要发展人工智能产业与应用。

人工智能作为科技领域最具代表性的技术，在我国已取得了重大的进展，近期，它在人脸识别、自动驾驶汽车、机器翻译、智能机器人、智能客服等多个应用领域取得了突破性进展，这标志着新的人工智能时代已经来临。国务院于 2017 年 6 月出台了“新一代人工智能发展规划”，根据此规划，我国在人工智能领域发展分为 2020、2025 及 2030 年三个阶段实施。到 2030 年在人工智能理论、技术与应用方面全面达到国际领先水平。2018 年伊始工信部根据此规划，发布了 2018—2020 三年行动计划，其主要目标是使人工智能产业与集成应用在我国落地生根。

为了响应党和政府的号召，为发展新兴产业，同时满足读者对人工智能的认识，人工智能应用丛书编委会联合中国铁道出版社组织与推出以阐述人工智能应用为主的系列丛书，该丛书命名为“人工智能应用丛书”。本丛书以应用为驱动，应用带动理论，反映最新发展趋势作为本丛书的主要编写方针。本系列丛书大胆创新、力求务实，在内容编排上努力将理论与实践相结合，尽可能反映人工智能领域的最新发展；在内容表达上力求由浅入深、通俗易懂；在内容和形式体例上力求科学、合理、严密和完整，具有较强的系统性和实用性。

本套丛书适合于人工智能产品开发和应用人员阅读，也可作为高等院校计算机专业、人工智能相关专业的课程教材及教学参考材料以及对人工智能领域感兴趣的读者阅读。

本系列丛书在出版过程中得到了计算机界、人工智能界很多专家的支持和指导，特别是得到了何新贵院士的指导与帮助。本系列丛书的完成不但依靠了全体作者的共同努力，同时也参考了许多中外有关研究者的文献和著作，在此一并致谢。

人工智能是一个日新月异、不断发展的领域，许多理论与应用问题尚在探索和研究之中，观点的不同、体系的差异在所难免，本系列丛书如有不当之处，恳请专家及读者批评指正。

“人工智能应用丛书”编审委员会

2018 年 1 月

序

自智慧城市概念提出之后，经过近十年不断演进，全球关于智慧城市的发展已从概念和模型阶段全面进入规划建设和深化推进阶段。随着世界多极化、经济全球化、文化多样化、社会信息化深入发展，以信息化与产业经济和科技创新融合发展为重点的智慧城市建设日益成为新一轮产业变革的核心任务与国际间竞争的新焦点。以美国、德国、法国、新加坡等为代表的发达国家纷纷推进智慧城市建设，将信息技术内化为经济发展的核心竞争力，以深化信息化应用作为提升国家竞争力、维护国家安全的重大战略。目前，全球智慧城市建设已进入全面渗透、跨界融合、加速创新、引领发展的崭新阶段。

智慧城市建设是促进城市管理和社会治理科学化、精细化、智能化的新方向，是加快实现新型城镇化建设的新路径，是经济新常态下打造新增长点的新抓手。从2013年开始，国务院以及工业和信息化部、国家发展和改革委员会等先后出台《关于深入推进新型城镇化的若干意见》《关于促进我国智慧城市健康发展的指导意见》等一系列政策文件，均明确提出要加快智慧城市建设。近年来，我国智慧城市建设正逐渐从积累阶段迈入飞跃阶段，截至2016年6月，全国95%的副省级城市、76%的地级城市均明确提出了推进智慧城市建设的实施方案和措施。2016年7月，中共中央办公厅、国务院办公厅印发《国家信息化发展战略纲要》。2016年11月，国家发展改革委、中央网信办、国家标准委联合发布《关于组织开展新型智慧城市评价工作务实推动新型智慧城市健康快速发展的通知》，为我国在新时期、新阶段深入推进智慧城市健康有序发展指明了新的方向。

上海是中国经济发展的中心城市，肩负着继续当好全国改革开放排头兵和创新发展先行者的重要使命。建设智慧城市是上海破解发展难题，促进转型升级，提升民生服务，增强治理能力，加快建设“五个中心”和社会主义现代化国际大都市的重要手段。经过四个五年规划和两个智慧城市三年行动计划的持续推进，信息化在国民经济和社会发展各领域得到广泛的渗透应用，并由“网络化、数字化、智能化”迈向以“泛在化、融合化、智敏化”为特征的新型智慧城市建设阶段。2017上海市智慧城市发展水平指数达到99.53，其中网络就绪度指数为99.03，智慧应用指数为105.74，发展环境指数为95.3，连续3年在国家权威机构的信息化排名中名列全国第一。民生领域，实现全市公立医疗卫生机构的互连互通和数据共享，初步建成汇聚300多亿笔临床诊疗信息的国内最大人口健康大数据中心;全市近 800 个公共停车场(库)实现系统联网,“大交通”建设成效显著;市民云公共服务平台为700 多万市民提供违章缴费、健康档案、预约挂号、社区事务预约等逾百项公共服务。经济领域,云计算、大数据、人工智能等相关产业正成为全市各区发展聚焦的重点并与实体经济深入融合,推动国家大数据综合试验区建设和打造国家人工智能发展高地的工作进一步深化。政务领域,近 200 个信息系统完成基于电子政务云部署,政务信息共享平台与全国政务信息共享平台实现联调联通,跨地区、跨层级、跨部门政务数据交换共享能力增强;网上政务大厅实现审批事项 100% 接入,累计网上办理事项 1 000 余万件,目前正深入推进互联网 + 政务服务,实现从电子政务和智慧政务迈向智慧政府的新跨越。

2016 年 4 月,习总书记在主持召开网络安全和信息化工作座谈会上正式提出了新型智慧城市的概念,并指出“分级分类推进新型智慧城市建设”新的推进方法。移动互联网、大数据、新一代人工智能等新技术的深化应用与经济社会发展环境的深刻变革,促使上海在新时期高度重视如何在对标全球代表性智慧城市的基础上,实现对超大城市的精细化管理、生态文明建设的加速、数字经济红利的把握,进而探索出具有上海特色的新型智慧城市建设模式。未来,上海智慧城市建设将在“为民服务全程全时、城市治理高效有序、数据开放共融共享、经济发展绿色开源、网络空间安全清朗”总体要求与“融合创新、绿色协调”发展理念指导下,充分运用大数据、人工智能等信息技术“广覆盖、强渗透、多交互”的综合优势,深入推进信息化在城市管理和社会治理领域的深度融合,推动流程优化和模式创新,切实解决城市治理与经济社会发展中的瓶颈问题,提高政府治理能力、改善民生服务水平、创新经济产业发展,为迈向卓越的全球城市奠定坚实的基础。

《智慧城市建设与实践》以理论开篇,系统地介绍了智慧城市发展历程及各阶段发展重点,并基于上海智慧城市建设详细介绍了智慧城市各领域实现的功能及实施路径,最后结合人工智能、大数据、移动互联网技术对未来智慧城市建设进行了展望,对中国全面推进城镇化、深入开展智慧城市建设具有重要的意义。

华东理工大学教授

2018 年 3 月

前　言

智慧城市，作为融合新型城镇化、工业化、信息化的有效载体，成为我国城市转型升级、提升城市竞争力的必由之路。随着人类社会的不断发展，城市逐渐成为人类生活、工作的重要载体，在城市的发展过程中，不断出现的“城市病”问题，阻碍了城市的发展和居民生活水平的提高，为了实现城市的可持续发展，智慧城市建设成为当今世界城市发展的趋势，未来智慧城市建设将更加系统化、全面化。

《智慧城市建设与实践》一书通过对智慧城市的基本理论和建设实践介绍，明确了当前智慧城市建设的一般概念、基本模式、重点应用、技术安全等内容，从一系列的理论与案例中，总结未来智慧城市建设发展趋势。本书最大的写作特色就是理论结合实际，通过具体典型案例的剖析对智慧城市建设基本理论进行全面介绍，并概括总结当前智慧城市建设重点内容，使读者能够生动了解智慧城市的具体内涵。

围绕智慧城市建设与实践，本书主要包括基本理论、建设应用、支撑体系和启示与趋势四部分内容。其中，第一、二、三章为基础理论部分。第一章“概念与内涵”，通过对智慧城市的基本概念和内涵介绍，分析智慧城市建设意义；第二章“智慧城市发展历程”，通过对智慧城市的建设背景和发展历程分析，把握智慧城市建设外延；第三章“智慧城市建设模式”，结合案例系统总结了当前的智慧城市建设模式。第四至第九章为建设应用部分，第四章“智慧城市应用”，对国内外智慧城市建设应用的现状进行分析，总结出有关智慧城市建设应用框架体系；第五章“智慧生活”，围绕城市居民相关的智慧应用，对智慧健康、智慧养老、智慧交通、智慧教育、智慧旅游和智慧家庭等建设内容和模式进行了分析；第六章“智慧经济”，围绕新兴技术和城市经济融合发展，介绍了分享经济、互联网金融、智慧商圈、智慧制造和智慧园区等建设内容和模式；第七章“智慧治理”，围绕新一代信息技术在城市社会治理中的应用展开，对城市运行管理、生态环境、食品安全管理、公共安全等领域的智慧应用进行了全面的分析；第八章“智慧政务”，围绕政务管理与服务的创新建设，提出了智慧政务建设的目标和重点；第九章“城市综合管理大联动案例”，通过对城市综合管理大联动应用案例进行全面、深层次剖析，详细介绍了其建设架构、技术路线、应用及支撑系统等内容。第十、十一章为支撑体系部分，第十章“智慧城市与信息技术”，对智慧城市建设中的信息技术体系进行了全面介绍；第十一章“智慧城市与信息安全”，对智慧城市建设中涉及的信息安全的领域、信息安全技术及采取的措施进行了详细的描述，并系统地对信息安全体系进行阐述。第十二章“智慧城市建设启示及未来发展”为启示与趋势部分,总结智慧城市建设过程中的经验,阐述未来新型智慧城市建设发展的愿景。

本书全面、系统地介绍了智慧城市建设的内容,在作为相关课程参考教材的教学安排上,应当把智慧城市的理论介绍与实际建设成果的体验相结合,深度体验当前智慧城市建设的现状,全面了解智慧城市建设项目的功能体系、技术框架等内涵,准确把握智慧城市建设发展趋势。在具体课程安排上,基本理论和支撑体系部分适合传统教学方式,建设应用部分可结合具体应用的实际运行情况开展体验活动,切身体会智慧城市建设成效。本书对教育部门完善高等教育课程体系、丰富理论与实践结合的教学模式具有推动作用,对城市建设规划者制定城市相关发展战略与规划、对相关研究人员了解智慧城市建设现状和掌握发展趋势具有参考价值,能够为新型智慧城市建设贡献一份力量。

本书由徐龙章等编著,徐龙章整体把握全书的逻辑思路与结构体系,并对全书进行了统稿和修订,南京大学徐洁磐教授审稿。本书编写具体分工如下:徐刚负责第一章、第二章、第三章、第四章、第五章第三、四节、第十二章第一节;叶雨琪负责第五章第二、六节、第六章;裴洁负责第七章、第八章、第十二章第二节;罗正伟负责第九章;周廉负责第十章、第十一章;贺勇负责第五章第一、五节。在编写过程中,本书参考或引用了相关理论文献与建设案例,其中大多数已在书中注明了出处,但难免有所疏漏。在此,向有关专家表示感谢。

由于编者水平有限、时间仓促,书中不当和疏漏之处在所难免,恳请读者批评指正。

编者

2018 年 3 月

目　录

第一章 概念与内涵

伴随着信息技术的发展及其在城市建设运行中的应用，在数字城市、智能城市、知识城市、创新型城市、创意城市、生态城市等众多城市概念提出之后，出现了一个新的概念——智慧城市。智慧城市是运用信息和通信技术手段感知、分析、整合城市建设运行中核心系统的各项关键信息，实现信息的共享和业务的协同，促进城市规划、建设、管理和公共服务的科学化、智能化、高效化和精细化，从而提升城市综合发展能力，促进城市和谐可持续发展，为城市居民创造美好生活。通过对智慧城市与新兴信息技术的深度融合，智慧城市的内涵和外延将更加丰富，对推动城市发展具有十分重要的意义。

第一节 基本概念

随着科学技术的不断发展，人类社会不断进步，城市的规模不断扩张、人口不断膨胀，使城市的发展呈现出多样性、特征化，现代城市发展理论百花齐放。智慧城市是信息技术与城市建设运行完美融合的产物，它整合了信息科学、系统科学、社会科学、地理学、经济学、管理学等众多学科，使城市的管理更加科学、居民的生活更加美好、经济的发展更具活力。

一、智慧城市的起源

城市的发展是一个逐步提高、层层推进的过程，智慧城市的出现也是城市发展的一个必然阶段（见图 1-1）。从城市的发展演变历程来看，智慧城市是在信息革命以后出现的一种城市信息化发展模式，是信息技术和城市信息化不断深化发展的必然结果，是数字城市、智能城市发展的高级阶段。智慧化是城市发展的必然趋势，在城市演进过程中，也必将面临经济、社会、生态环境和城市治理、深度发展不可持续等众多问题，对传统的城市管理模式提出挑战，不断演化的“城市病”呼唤新的城市管理模式。

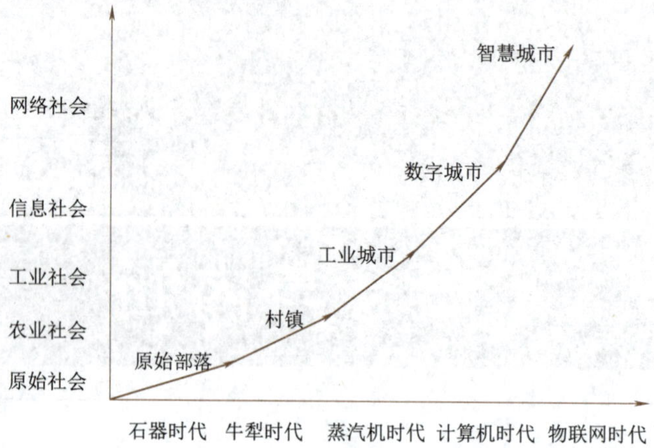

图 1-1 城市发展进程

1990 年在旧金山召开了主题为“智慧城市、快速系统、全球网络”的会议，以探寻城市通过信息技术聚合“智慧”来形成可持续发展的城市竞争力的经验；2009 年 1 月，在美国工商领袖的“圆桌会议”上，IBM 公司首席执行官彭明盛提出“智慧地球”概念，至此，智慧城市作为一个明确的概念开始进入人们的视野，并在世界各地得到追捧。

智慧地球也称为智能地球，就是把感应器嵌入和装备到电网、铁路、桥梁、隧道、公路、建筑、供水系统、大坝、油气管道等各种物体中，并且被普遍连接，形成所谓“物联网”，然后将“物联网”与现有的互联网整合起来，实现人类社会与物理系统的整合。通过超级计算机和云计算等技术对收集的大量数据进行高级计算挖掘和精准呈现，使人类的生产和生活能够更加精细和便捷，从而使全球达到一种“智慧”的形态（见图 1-2）。

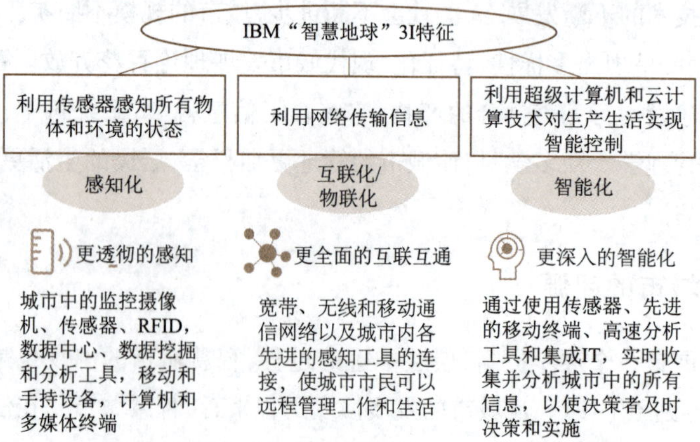

图 1-2 IBM 智慧地球的 3I 特征

全球金融危机，各国都在为振兴经济发展寻找策略，IBM“智慧地球”概念的提出，得到了美国政府的积极回应，并将其上升到国家战略层面，将经济刺激资金投入到宽带网络等新兴技术中去，是美国在 21 世纪保持和夺回竞争优势的根本所在[1]，随即这一理念被世界各国作为应对国际金融危机、振兴本国经济发展的重点领域。

二、智慧城市概念

目前国内外对智慧城市的概念界定还没有形成统一的认识，通过不断的探讨，人们对智慧城市的认识也逐渐从狭义到广义，从单纯的技术层面扩展到城市的全面可持续发展。

最早提出智慧城市建设方案的 IBM 公司认为，城市是由关系到城市主要功能的不同类型的网络、基础设施和环境六个核心系统组成，六个核心系统有组织（人）、业务/政务、交通、通信、水和能源，这些系统不是零散的，而是依托物联网、云计算、移动互联网等新技术，实现相互衔接的一种协作状态（见图 1-3）。智慧城市是运用信息技术来改造城市的核心系统、优化有限资源利用的城市，即通过创造一个互联、互通、智能化的城市系统，政策制定者和市民可以从大量的数据中洞悉城市活动及其趋势，从而做出最优的决策。

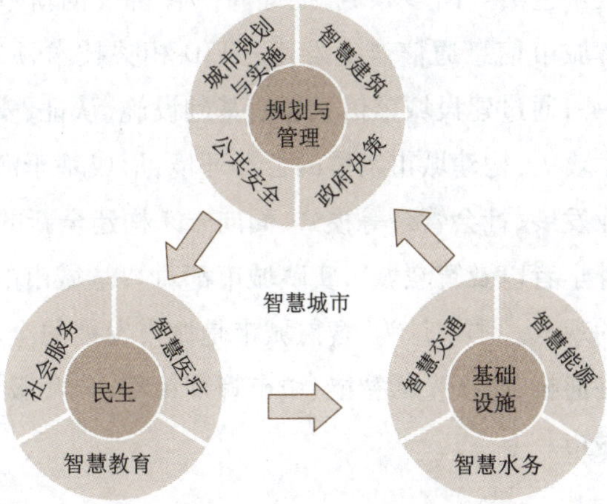

图 1-3 IBM 智慧城市

Colin Harrison 和 Ian Abbott Donnelly 认为，智慧城市是一种充分利用城市信息系统对城市基础设施和服务进行规划、设计、投资、建设、管理和运作的城市。

Holland 在对北美、欧洲以及东南亚很多智慧城市案例剖析之后发现，这些智慧城市涉及的主要因素有信息技术及网络、教育与学习、创业创新环境与经济发展、公共服务与治理模式转变、社会资本与社会融合、环境与可持续发展等多个方面，并且指出，信息技术本身不会自然而然地带来城市的转变和发展，智慧城市发展应该从关注城市中人的现实状况（如需求、知识、技能等）出发，平衡信息技术在商业、政府、社区等领域和城市市民之间的应用，以及经济发展和社会和谐的平衡[2]。

中国工程院院士、地图学与地理信息工程专家王家耀认为智慧城市就是让城市更聪明，它是通过互联网把无处不在的被植入城市的智能化传感器连接起来形成的物联网，实现对物理城市的全面感知，然后利用云计算技术对感知信息进行智能处理和分析，实现网上“数字城市”与物联网的融合，并发出指令，对政务、民生、环境、公共安全、公共服务、工商活动等在内的各种需求做出智能化响应和智能化决策支持[3]。

两院院士、武汉大学教授李德仁认为智慧城市是城市全面数字化基础之上建立的可视化和可量测的智能化城市管理和运营，更为简练的说法就是“智慧城市 = 数字城市 + 物联网”[4]。

国际欧亚科学院院士王钦敏提出，智慧城市是充分利用信息化相关技术，通过监测、分析、整合以及智能响应的方式，综合各职能部门，整合优化现有资源，提供更好的服务、绿色环境、和谐社会，保证城市可持续发展，为企业及大众建立一个良好的工作、生活和休闲的环境，它包括城市智能交通系统、城市指挥中心、能源管理系统、公共安全、环境保护等。

深圳在智慧城市建设过程中提出，智慧城市是指充分借助物联网、传感网，涉及智能楼宇、智能家居、路网监控、智能医院、城市生命线管理、食品药品管理、票证管理、家庭护理、个人健康与数字生活等诸多领域，把握新一轮科技创新革命和信息产业浪潮的重大机遇，充分发挥城市信息通信产业发达、RFID 相关技术领先、电信业务及信息化基础设施优良等优势，通过建设城市信息通信基础设施、认证、安全等平台和示范工程，加快产业关键技术攻关，构建城市发展的智慧环境，形成基于海量信息和智能过滤处理的新型生活、产业发展、社会管理等模式，面向未来构建全新的城市形态。

综上所述，国内外学者以及智慧城市实践城市都对智慧城市的概念进行了较为广泛的分析，提出各自的观点。本书认为，智慧城市是城市发展的全新理念，它是一个基础设施先进、信息网络通畅、生产生活智能、城市管理精细、公共服务高效、生态环境优美、惠及全体市民的城市。

第二节　发展内涵

综合国内外相关研究成果，智慧城市是智慧地球的体现形式，是数字城市建设的延续，也是城市信息化发展到更高阶段的必然产物。同时，智慧城市是一种看待城市的新角度，是一种发展城市的新思维。“智慧城市”的理念提供了城市创新发展的新思路，开辟了认识城市、发展城市的新视角，其本质是以物联网为重要基础之一，以先进信息技术、智能技术和多网融合为依托，以智慧民生、智慧经济、智慧政务和智慧治理等为重要内容的城市发展新模式和新形态。

一、智慧城市的层次架构

通过对目前国内外智慧城市建设的实践分析，智慧城市可分为三个基本层次，即感知层、传输层和应用层(见图1-4)。

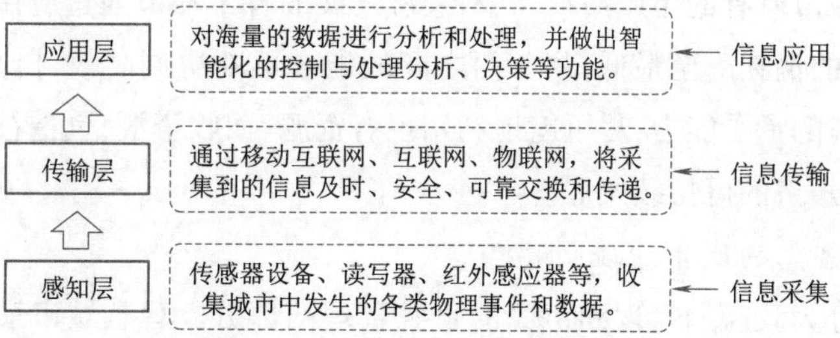

图1-4　智慧城市层次架构

感知层是智慧城市的感觉器官,通过布局在城市中各式各样的传感器来承担物体的标识和信息的采集,包括各种物理信息、身份识别信息等,感知层主要决定物品能否被感知和能否转化成数字信息。

传输层也就是智慧城市的网络层,承担各类设备的网络接入以及信息的传输,将完成整个城市信息的传递与沟通,通过互联网、广播电视网、物联网等形成一个覆盖全域的网络,实现对采集的信息实时、准确、可靠的传递和共享。

应用层主要是对采集到的信息进行数据处理、信息集成、服务发现和结果呈现,将新兴技术与行业专业领域相结合,实现广泛智能化应用的解决方案,实现或完成特定的智能化应用和服务任务。

可以发现智慧城市是以各类传感设备、网络基础设施为基础,以各类城市智慧应用为主体,以促进城市发展和改善市民生活为目标的城市发展新模式。智慧化是继工业化、电气化、信息化之后,世界科技革命又一次新的突破,利用智慧技术,建设智慧城市,是当今世界城市发展的趋势和特征。

二、智慧城市的基本内涵

智慧城市的基本内涵主要体现在城市市民、城市发展和城市管理三个方面:

(一)便捷舒适的市民生活

智慧城市是和谐的、便捷的、安全的城市,是城市市民现阶段较为理想的居住城市。智慧城市的和谐,不仅仅体现在人与自然的和谐,更体现在人与其他物体包括人自身的和谐,通过新技术的创新与发展,将其广泛应用于市民的公共服务、卫生、医疗、交通、休闲消费等各个领域;有舒适、齐全的居住环境,有便捷完善的交通服务体系,有优质丰富的公共服务体系;智慧城市是具有良好公共安全的城市,既能具有抵御地震、洪水等自然灾害的能力,也能防御和处理恐怖袭击、突发公共事件等人为灾害的能力,从而确保城市市民的生命和财产安全。

(二)健康可持续的经济发展

智慧城市还应体现在经济体系和产业结构上的智能,城市的经济增长是高效可持续的。智慧城市的经济应该是遵循生态发展规律，是绿色经济、低碳经济。智慧城市的经济渗透在城市所有的生产活动当中，经济发展的各个环节通过应用科学智能的体系，将生产过程的消耗降至最低，将部门之间的配合不断协调高效，提高工作效率，全面考虑城市环境的承受能力，尽可能地利用现有资源、回收资源，创造社会财富的良性增长，实现城市经济的可持续发展。

(三)科学智慧的城市管理

城市管理分为政府的管理和市民的自我管理两部分。智慧城市最明显的表现就是广泛地运用信息化手段，让城市的建设运行更加协调和平衡，通过信息网络等基础设施的建设，为城市的管理带来了技术、信息的支撑，实现城市管理方式的变革，实现了城市管理水平的不断提升，实现城市管理的高效、智能化。

第三节　建设意义

为了解决城市发展过程中的问题，除了从体制上改变，还需要运用现代科学技术，通过智慧城市建设来破解城市发展难题、转变经济发展方式。智慧城市对城市、市民以及社会都带来革命性的意义，不仅在经济上、社会上以及服务上直接带来影响，更能让生活在城市中的人实时感受到触手可及的便捷、和谐健康的绿色、实时协调的高效和可感可视的安全。

一、对城市的意义

创新是城市发展永恒的驱动力，城市的发展离不开各种智能产业的创新发展[5]。随着智慧城市的建设，城市在跨领域、交叉性强的新型智慧产业领域不断创新尝试，极大地促进了城市经济和城市运行管理的发展。由于资源紧张，人口膨胀、环境恶化等问题日益严重，我国大多数城市发展遇到了瓶颈，面临的土地、空间、能源、清洁水等压力越来越大，这些都成为制约城市发展的因素。目前发达国家正在研究如何创新性地使用新一代信息技术、知识和智能技术手段来重新审视城市的本质、城市发展目标的定位、城市功能的培育、城市结构的调整、城市形象与特色等一系列现代城市发展中的关键问题。

智慧城市建设的首要目标就是要调整城市产业结构、转变城市发展方式，并以此作为带动城市经济发展的主要抓手。通过智慧城市建设，加快商贸物流、文化传播等现代服务业的发展；以应用驱动新一代信息产业技术和原有特色产业形成新的科技、经济增长点；以两化深度融合改造提升制造业产业，并极大地激活新兴产业的发展，利用好科技创新这个引擎，培植新的经济增长点和促进经济健康可持续发展，不断实现社会治理的信息化、智能化，推动社会治理创新，具有重要的战略意义。结合信息技术的飞速发展，通过建设智慧城市，将会更加准确掌握城市经济发展动态情况，突破城市发展的瓶颈，提升居民幸福感，实现科学合理的产业分布和转型。

二、对市民的意义

智慧城市的发展必将升级城市居民的生活方式，使居民生活更加便利、快捷。随着城市人口不断膨胀，人口管理变得越来越困难，利用新一代信息技术，市民在任何时间、任何地点、任何渠道都可以享受便捷廉价的社会服务、就业安居、公共交通、医疗卫生、文化教育等融合的公共服务，生活品质获得大幅提升；强大的服务能力让市民感受到归属与认同、便捷与关怀、交流与信任、尊重与成长，使城市各项服务体系智能化地联系在一起，形成系统和谐的服务方式，满足现代城市人宜居城市的要求，使城市能够吸引人才，为不断发展创新提供动力，实现城市运转的良性循环，为工作和生活在一座智能、亲切的城市而感到舒心和骄傲。

三、对社会的意义

城市畅通高效的运行，必须依靠可感知、可控制、高智能的管理手段。通过物联网、空间地理等技术，对湖泊、森林、大气等自然环境，道路、地面设施、地下管网等城市基础设施，汽车、食品、药品等流动的物品进行实时的管理控制，对本地人口、常住人口、流动人口等进行实时的管理和服务，以实现智慧的交通、智慧的环保、智慧的应急、智慧的基础设施、智慧的食品药品监管、智慧的政务，对城市综合竞争力的全面提高具有重要的战略意义。

经济和技术的发展促进了全球一体化，但全球一体化也带来了许多弊端，如恶性传染病暴发、恶性犯罪事件的增加、国际恐怖主义的威胁等问题。通过其智能化的调控能力和行为意识加快判断和决策的准确性、有效性和及时性，从而实现不同区域和行业的协同和应对能力。同时智慧城市也具备“学习能力”，从而不断提高处理突发性事件和应急事件的水平，使应急预案程序化、智能化。

第二章 智慧城市发展历程

信息技术的不断创新推动着人类文明不断前进，而智慧城市正是信息创新发展到一定程度后出现的必然结果。智慧城市经历了由工业城市到数字城市再到智慧城市三个阶段的发展历程，相比之前的阶段更看重的是在城市运行和发展的各个环节，它充分利用了以物联网为代表的各种信息感知、自动控制、网络传输、智能处理等新兴信息通信技术，城市各项服务内容变成了各种参数，并通过数字化、信息化被整合、存储、分析、反馈，最终又服务于城市居民，形成了物联网、大数据、云计算和人工智能等新领域。通过对智慧城市的建设背景、发展历程和智慧城市外延等主要内容进行介绍，从而把握智慧城市的发展脉络。

第一节 建设背景

随着城镇化和新型工业化的不断推进，城市的发展面临了前所未有的挑战，人口急剧增长、交通拥堵、环境污染、资源紧缺等问题都在城市发展过程中逐渐显现和加重，传统的城市治理方式越来越难以发挥作用，急需新的治理手段；信息技术的不断创新、发展和应用，给城市的发展带来了新的活力、新的方式。城市发展过程中的矛盾形成的内因和信息技术的创新发展形成的外因相互结合，促使更加智慧的城市建设逐渐形成。

一、城市发展所带来的变化与挑战

我国已经从农业国转向工业国，工业文明刚进行了几十年，但是已经把全球工业文明300年历史的弊端暴露得淋漓尽致，有效地消除弊端，稳妥地转向生态文明或者后工业文明。在这个过程中，我国将伴随着城镇化和新型工业化，这两大进程是高度相互交织的，使得我国发展机会巨大，但是治理任务非常繁重，挑战也空前巨大。

我国粗放的工业化和城镇化导致“交通拥堵、能源紧张、空气污染、水体污染、垃圾围城、噪声污染、用地矛盾、水资源短缺……”还有贫富不均等一系列社会问题都暴露出来。这些问题既影响了我国城市健康的发展，又妨碍了社会进步，需要通过善治来应对挑战。

快速增长的人口对生态环境、社会生活、城市管理和公共服务带来了巨大的挑战。而且，随着互联网、移动互联网的应用和普及，公众对政府工作知情、参与和监督要求不断提高，对公共服务的公平性、均等性、服务质量、及时性要求不断提升，对政府的治理能力和治理水平提出考验。

二、信息社会的不断发展成为智慧城市建设的外部推动力

随着科学技术的不断发展，人类正在步入信息社会。阿尔温托夫勒指出：“人类正面临巨大的飞跃。它正面临有史以来最深刻的社会巨变和创造性的重建。虽然我们还没有清楚地认识它，但我们正从头开始建立一个崭新的文明”[6]。信息社会是以信息和知识作为社会生产主导性因素的一种新型社会形态，知识经济是这一社会形态的经济基础，经济基础的变化必定会引发上层建筑的显著变化，进而影响到人们生活的方方面面，形成一种全新的人类生存方式。信息社会将改变传统的劳动分工，大大拓展了人的生存空间。作为人类生存主要载体的城市，其发展形态也必将会随之演变，以适应信息社会发展的新要求，满足城市居民的新需求。自 20 世纪 90 年代，以信息技术为代表的知识经济开始逐步取代工业经济，成为发达国家城市发展的重要动力。

近年来，以自动识别、传感器、条形码、遥测遥感、无线传输等为主的感知技术得到了快速发展。新一代感知技术的广泛应用直接推动了智慧城市人与人、人与物、物与物全面感知、互连互通。网络技术的进步为智慧城市的兴起提供了重要支撑。新一代信息技术的出现，人类信息社会的不断发展，是推动智慧城市建设兴起的根本原因，城市正在经历由数字城市、智能城市到智慧城市的发展历程，智慧城市是技术创新与制度创新共同演进的结果。

信息和通信技术的进步，支撑着城市的建设由工业型向智慧型的发展；各种网络技术的高速发展，为无处不在的连接提供可能；云计算技术为数据的共享、整合、挖掘和分析提供可能；统一通信与协作为跨部门的相互协同提供技术支撑，提高城市管理和应急的效率。

在这样的大背景下，“智慧城市”这一新兴理念应时而出。“智慧城市”在广义上指的是城市信息化，即通过建设高速宽带多媒体信息网络、地理信息系统等基础设施平台，整合城市信息资源，建立电子政务、电子商务、劳动社会保险等信息化社区，逐步实现城市国民经济和社会的信息化，使城市在信息化竞争的时代立于不败之地。

因此，本质上，智慧城市是一种发展城市的新思维，也是城市治理和社会发展的新模式、新形态。智慧化技术的应用必须与人的行为方式、经济增长方式、社会管理模式和运行机制乃至制度法律的变革和创新相结合。城市化进程的加快，使城市被赋予了前所未有的经济、政治和技术的权利，城市被无可避免地推到了世界舞台的中心，发挥着主导作用。与此同时，城市也面临着环境污染、交通堵塞、能源紧缺、住房不足、失业、疾病等方面的挑战。在新环境下，如何解决城市发展所带来的诸多问题，实现可持续发展成为城市规划建设的重要命题。在此背景下，"智慧城市"成为解决城市问题的一条可行道路，也是未来城市发展的趋势。

第二节 发展历程

一般认为，智慧城市发展需要经历四个阶段：数字化、网络化、智能化、智慧化。智慧城市的本质特征是人类智慧驱动城市发展，这是未来城市的新形态。智慧城市建设，第一，要推进数字化，我们生活的世界可以通过数字表述出来，因此，数字化是智慧城市建设的第一步；第二，通过互联网将数字化的城市部件传输连接起来，实现网络化，如电子商务、电子政务就属于网络化阶段；第三，在网络传输的基础上实现局部智能反应与调控，即智能化阶段，如智能收费、智能交通、智能工厂等；第四，则是万物互联阶段，城市各部分功能在人类智慧驱使下优化运行，实现城市智慧化，基本建成智慧城市。这四个阶段不是截然分开的，后一阶段以前一阶段为基础。根据技术发展趋势，2020年前后第五代移动通信技术（5G）的应用将趋于成熟。随着5G时代的来临，大容量、低时延的网络传输将变为现实。人类将进入万物互联的物联网时代，智慧城市建设也将步入一个崭新阶段。

一、国外智慧城市实践

信息城市最早出现在20世纪70年代末80年代初的法国，称为通信网城市，在法国城市信息化发展的道路上，经历了信息城市、数字城市和智慧城市。信息城市阶段，城市信息化建设主要资源用于宏观信息基础设施建设，如光纤铺设、卫星站点修建、跨国海底光缆接通、带宽扩展和网络架构等；在数字城市阶段，城市信息化建设的主要资源用于电子文档建设、数字库建设、信息传递、互联网的应用开发等；智慧城市阶段，主要资源用于使城市的信息网络实现自动监控、信息自动采集、自动分析处理、自动决策反应等。

数字城市开始起步于1993年美国克林顿政府提出建设"信息高速公路"，它是指基于3S技术（遥感技术RS、地理信息系统GIS和全球定位系统GPS）、可视化和网络技术等信息技术，综合开发和应用空间信息资源，对城市的基础设施、功能机制进行自动采集和动态监测管理，强调实现城市运行和管理的可视化、数字化、网络化，强调的是城市信息化的基础设施建设与信息技术的初步应用。但是在城市信息化建设过程中，由于科技力量不足，城市中的交通、能源、商业、通信、水资源等无法为城市发展提供整合的信息，数字城市建设以部门为核心，存在数字孤岛、重复建设、资源开发不足等问题。针对这一系列问题，近年来，人们对城市发展的关注和探索一直不断向前推进，在探索过程中，"智慧城市"的概念逐渐被全球越来越多的国家和社会公众所接受。人类发展继工业化、电气化、信息化之后，智慧化是世界科技革命又一次新的突破，利用智慧技术，建设智慧城市，是当今世界城市发展的趋势和特征。数字城市可以被看作智慧城市的初级形态，随着物联网、云计算等技术的发展，城市信息化的发展趋势是构建智慧、协同的城市信息系统。智慧城市与数字城市是一脉相承的，是从数字城市一步步发展过来的，数字城市与智慧城市比较如表 2-1 所示。

表 2-1　数字城市与智慧城市比较

数字城市	智慧城市
传统广播电视	ICT 融合下的新媒体
门户网站	微博等社交媒体
交友网站	SNS 社交网络
传统工业自动化	物联网智能化
传统实验室	开放创新空间
科层制封闭组织	灵活外包开放协作组织
以生产者为中心的生产范式	以用户为中心的服务范式
基于机构的高度结构化	基于个体的无线、多跳、点对点、自组织

伴随着信息技术的飞速发展，美国、英国、日本、韩国等发达国家开始研究如何运用新一代信息技术来重新审视城市的本质、城市发展目标的定位、城市功能的培育、城市结构的调整、城市形象与特色等一系列现代城市发展中的关键问题，针对如何加大信息技术在城市管理、服务和运行中的创新性应用，相继提出了发展"智慧城市"的战略举措，把智慧城市建设作为提升城市竞争力的重要手段，城市智能发展的新模式开始孕育成型。

国外众多国家将建设智慧城市纳入到国家战略的高度，纷纷出台一系列相关鼓励政策，明确智慧城市建设过程中的方向、目标以及重点建设内容，以此来推动本国智慧城市建设。美国率先提出国家信息基础设施（NII）和全球信息基础设施（GII）计划。韩国从 1992 年开始，开展了第二次国家主干网的建设，实现了行政电子化网络管理的目标。日本政府于 2009 年 7 月制定了《i-Japan2015 战略》，旨在到 2015 年实现以人为本，“安心且充满活力的数字化社会”。

各国致力于用精准、可视、可靠、智能的城市管理推进城市管理和运行的智慧化。通过应用物联网、云计算等新一代信息技术，使市政设施具备感知、计算、存储和执行能力。美国科罗拉多州的博尔德市于2008年8月启动了智能电网城市工程，成为美国第一座开展智能电网的城市。在推进“智慧城市”建设过程中，逐渐改变以技术为中心的思想，确立了“以人为本”理念，建立无所不在的社会服务环境，智慧医疗、智慧社区等不断促进人们的生活与学习，美国智慧城市建设发展历程如图2-1所示。

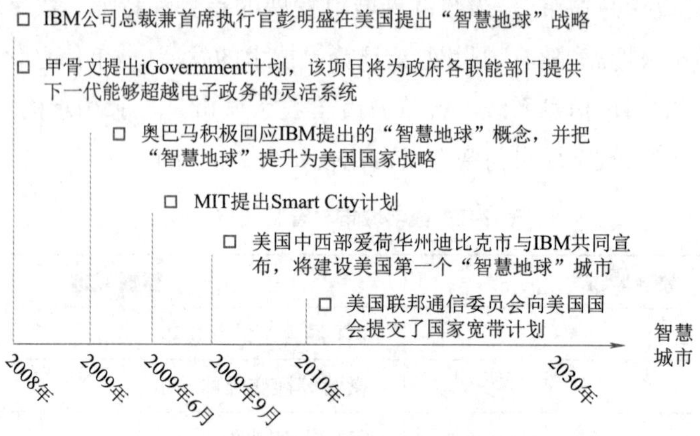

图2-1 美国智慧城市建设发展历程

二、国内智慧城市发展历程

国内智慧城市的建设始于1999年，当时以地理信息系统GIS为核心进行数字化城市建设，2005年开始互联城市或无线城市建设，随着2009—2011年智慧地球、感知中国、第三平台等概念的提出，智慧城市的建设开始进入感知智慧城市建设，其主要特点是物联网技术开始大量应用于前端的感知与数据采集，3G或Wi-Fi技术用于数据的传输，云计算和大数据技术用于后端的数据存储、处理与挖掘，应用范围和服务对象更为广泛和深入。

智慧城市的发展源于信息化程度的快速提升，随着科学技术的发展，信息化不断升级与创新。中国智慧城市建设主要包含三个阶段(见图2-2)：

第一阶段：电子政务阶段(1999—2012年)，源于国家信息化发展，以“电子政务”建设为排头兵，旨在提升政府效能。主要通过政府外包和工程建设来实现。

第二阶段：智慧城市阶段(2012—2015年)，试点建设，目的是促进信息化技术的应用，提升政府政务服务能力和公共服务能力。主要通过政企合作的PPP模式实现。

第三阶段：“互联网+”智慧城市阶段(2015年至今)，增加“互联网+”思维及新技术的应用，促进政务协同及创新创业，满足社会多样化需求。主要表现为创新创业，开放共赢。

图2-2　中国智慧城市建设阶段

在建设过程中，以政策先行，多层次多领域推动“智慧城市”试点示范建设。

智慧城市建设以综合性试点和具体领域试点展开，目前已经覆盖全国的所有重要城市。目前已经进入新的发展阶段，将以“分级分类”试点建设模式推进“新型智慧城市”建设，国家发改委提出，“十三五”期间，我国将推出100个新型智慧城市试点，国内智慧城市建设分布情况如图2-3所示。

图2-3　国内智慧城市建设分布情况

资料来源：数据截至2017年1月，根据住建部、科技部公布的试点名单整理。

政府开放智慧城市市场，鼓励多元化主体参与，让企业、非政府组织、公众、创业者等都能够参与到智慧城市建设中。“开放”，就是创造一种环境和制度安排，让尽可能多的主体参与到创新过程中，并分享创新所带来的价值。开放市场，大众创新，让尽可能多的企业、个人、机构共同创新，形成巨大的经济发展推动力。

第三节　智慧城市外延

随着智慧城市建设的不断深化，智慧城市的建设和应用在城市的规划定位、经济发展中起到越来越重要的作用，在智慧城市建设过程中融合新一代信息技术，不断提升智慧城市建设层级。将智慧城市建设和城市规划、城市功能定位、城市经济社会发展相结合，不断将人工智能、大数据等新技术运用到智慧城市应用中，使得城市的发展更加科学、智慧，居民的生活更加便捷、智能。

一、以智慧城市建设为核心延伸到城市规划、城市功能定位

智慧城市的概念是10多年前产生的关于如何将通信和信息科技运用到改善城市功能，提升城市效率，增强竞争力中，并且提供给城市新的解决城市公平、贫困和环境污染等问题的城市发展概念。智慧城市经常被描述为将真实城市的形态和运行数字化模拟，各种基础设施与电子设备组合，并通过网络相联系，提供实时城市动向状况；通过数据整合、分析、反馈，以提高效率、平等、安全和生活品质。城市规划作为城市运行的总体筹划，必将与智慧城市发生越来越紧密的联系。智慧城市和城市规划具体技术手段存在差异，但两者的目标与诉求高度一致。

智慧城市的建设离不开城市基础配套设施的建设和普及。首先，移动网络、移动设备、社交网络以及互联网等服务的普及让更多人加入由数字和信息集合而成的网络中来，在城市内形成巨大的信息流，而这些信息流正是智慧城市可以运用并加以处理的材料。其次，遥感技术和网络数据抓取技术等一系列科技的发展提供了收集和捕捉城市中流动的大量信息数据的能力。再者，智慧城市对收集到的数据的再处理、再挖掘，给数据增加了附加价值。

智慧城市的建设影响到城市发展运营的各个领域和层次。一方面为城市规划带来了新的内容，需要各个层次的城市规划在编制时考量智慧城市相关的因素和条件；另一方面，智慧城市的兴起带来的新的研究方法、新的政策制定步骤、新的城市管理硬件设备和软件系统等为城市规划提供了新的思路与工具，从而促进城市规划的进步和发展。事实上，智慧城市的很多典型应用都用于促进城市规划发展，解决城市规划中遇到的实际问题。

二、以智慧城市应用为核心延伸到社会经济发展中

智慧城市的建设符合我国当前提出的走特色新型工业化、信息化、城镇化、农业现代化道路的理念，是一种代表社会进步的新模式。随着我国现代化建设的不断推进，产业经济作为推动智慧城市建设的重要支柱，在促进智慧城市建设方面发挥了巨大作

用。智慧城市的建设又会反作用于产业发展，当智慧城市的建设取得良好成效时，会极大推动相关产业的发展，不仅能够使产业链得到延伸，而且还能显著提高竞争力。目前，在智慧城市建设过程中，已出现与产业经济融合发展的趋势，并呈现良好态势。

据世界银行测算，一个百万人口的智慧城市建设达到实际应用程度的75%时，该城市的GDP在投入不变的条件下能增加3.5倍。这意味着智慧城市可促进经济增长翻两番，智慧城市建设将促进城市经济的发展，主要体现在三个方面：首先，智慧城市建设本身就会成为新的经济增长点；其次，在此基础上，这种发展模式还将提升城市经济发展的质量，并激活民间投资、促进就业；第三，智慧城市建设还有利于加快城市经济转型升级，通过智慧城市建设，现代农业、先进制造业和现代服务业占GDP的比重会得到大幅度提高，从而促进现代产业体系进一步形成。

三、新型智慧城市建设与新技术融合创新

我国明确提出“加快建设制造强国，加快发展先进制造业，推动互联网、大数据、人工智能和实体经济深度融合，在中高端消费、创新引领、绿色低碳、共享经济、现代供应链、人力资本服务等领域培育新增长点、形成新动能”。

（一）新型智慧城市与大数据

互联网、大数据已经成为国家战略基础资源，大数据产业成为新一轮战略性新兴产业竞争的重点产业之一，其发展势不可挡。

大数据产业正在颠覆着传统产业生产模式、服务模式和商业模式，逐步改变着人们的生活方式。为此，智慧城市建设要瞄准大数据产业这一信息技术前沿领域，整合资源优势，顺势而为，投身加速发展的新蓝海，寻找结构调整、动能转换并实现经济转型升级的“金钥匙”。着力开展“智慧城市”建设工作，不断提升城市基础设施、城市管理、公共服务和产业经济等领域信息化建设成效和信息惠民服务水平，围绕经济发展的重点、城市管理的难点和社会关注的热点，促进最新信息技术创新成果与城市建设、生产、生活各领域的深度融合，全力打造具有前瞻性的智慧型城市。

大数据分析可以从海量内容、数据中瞬时抓取有价值信息。目前，大数据分析已然成为一种商业基础，为企业带来丰厚利润。除此之外，大数据还为企业营销和传播带来了革命性的变革，通过大数据分析，企业可以掌握消费者的兴趣爱好、行为轨迹、购物轨迹等相关数据，从而近乎准确地将消费者进行划分并根据相应属性去做一些精准营销及优化。

可以预见未来的大数据时代，品牌传播通过对数据的处理获得精准的活动效果的评估，每一步都有精准的数据呈现，品牌商的所有决策都会在精准数据支持下减少决策风险。因此，不论对政府还是企业而言，数据成为与技术、资金同等重要的资产，并以数据制胜，形成数据化决策，数据治理能力已经成为评价一个城市竞争力的重要指标。

(二)新型智慧城市与人工智能

随着现代化城市建设的快速发展,智慧城市的建设与应用已经在多个城市兴起。作为当今城市建设的标志性工程,智慧城市建设不仅技术先进、工程量巨大、耗费资金多,而整个智慧城市的设计、建设和应用也很复杂,尤其是错综复杂的探测器数据分析与应用对于城市的管理尤为重要,也就是当前智慧城市的关键核心——人工智能。

人工智能并非全新的技术,过去几轮的发展都未取得重大成功。这一轮人工智能的兴起也并不是源自突然爆发的技术,而是利用逐渐积累下来的技术。今后十年到二十年将是人工智能发展的黄金时期,智慧城市建设应该借助这一轮人工智能的浪潮。

正如在高速公路上行驶的汽车一样,人工智能发展需要三大基本条件——好车,好路,充足的燃料。从硬件角度看,计算机的运算能力已经极大提高,满足人工智能分析运算的需要;从资源角度看,大数据技术的积累为人工智能进步奠定了基础;从应用角度看,人工智能也需要找到自身发挥关键作用的"刚需"领域。

智慧城市恰恰是人工智能的用武之地,可以切实解决诸多现实问题,助力社会进步。通过基于城市多元主体的人工智能推演,展现了城市布局基于时间序列发育变化的生命体特征。通过对全球超过 1 000 个城市的空间发育智能分析,生动地解释了发育型、成熟型、膨胀型、佝偻型和衰退型等五种城市生命体特征。城市的规划和建设应当应对城市生命体不同发育阶段的问题和特点,精准诊断、精准规划。

第三章 智慧城市建设模式

智慧城市建设为城市居民带来了更便捷和更舒适的生活，为城市管理者的高效协同等方面提供了辅助和协调的功能。智慧城市正在以惊人的速度快速发展，在信息技术的高度发展下，城市居民在交通方式、生活模式、工作环境和各项基础设施方面都体验着前所未有的便捷和快捷。一个合适的智慧城市建设模式会对城市的发展起到锦上添花的效果，一个合适的发展模式，对城市的经济发展和管理成效带来飞跃提升。紧扣智慧城市特征，结合不同国家、不同城市的特点，对国内、外智慧城市不同建设模式进行介绍，从而推动智慧城市向更深层次发展。

第一节 建设模式概述

智慧城市的各种优势及特点表明了其将成为未来城市发展的必然趋势，但是发展是一个较为漫长的过程，在这一过程中必将产生很多的矛盾和问题，建设模式的选择是其中必然需要解决的问题之一。智慧城市的建设需要投入大量的资金、人力、物力，来维持它的高效建设和可持续运营，因此不同的城市特质将决定着不同建设模式选择。

一、智慧城市建设主体

智慧城市建设将对人口流动的管理、城市的整体规划、公共资源的重新分配起到重要的基础支撑，为决策分析提供全方位的数据支撑。但是，智慧城市建设综合程度高、建设工程周期长、投入资金大的特点，决定了智慧城市的投资建设具有较大的风险。目前智慧城市建设主体主要是各级政府、网络运营商和系统集成商三类[7]。

（一）各级政府为主体的智慧城市建设

在智慧城市建设的初级阶段，社会企业和民众对智慧城市建设的认识不足，参与程度不高，同时初级阶段主要是以基础设施投资建设为主，这些特征决定了各级政府及其职能部门将作为智慧城市建设的主要主体。另外,城市中的政府部门也是智慧城市建设的组织者、建设项目的决策者,同时也将是智慧城市建设主体的协调者和监督者[8]。地方政府作为智慧城市建设的主体时,在政策、资源、资金等方面有着得天独厚的优势。

第一,政府及其职能部门在政策上有着先天的优势。从国家层面的有关智慧城市推进政策的制定,到省、市等地方智慧城市建设的落实文件等,政策文件的制定都是结合地方特色、城市管理需求,地方政府作为智慧城市建设主体,在智慧城市建设地方性的政策制定方面具有主导权[9]。

第二,政府在智慧城市建设资源配置方面有着其他任何组织无法比拟的优势。当前,我国各级政府在多年的政务信息化过程中,投资建设了大量的专用网络、政务平台、专用信息库等信息资源,而智慧城市建设和管理在一定程度上具有可以利用这些资源,有效推动智慧城市建设。

第三,政务在智慧城市建设资金方面也有着巨大优势。在智慧城市建设的初级阶段需要投资大量的资金,而财政投入是其主要的资金来源,从中央各部委的财政拨款,到各级地方政府的配套资金,这些财政资金对智慧城市建设项目提供了强大的资金支持[10]。

当然政府作为智慧城市建设的主体时,也存在一定的劣势,比如,在建设决策过程中的及时性,在市场化运作过程中的灵活性,在融资过程中的多样性,在技术使用过程中的先进性等。

(二)电信运营商为主体的智慧城市建设

电信运营商作为城市通信网络的建设和运营者,在智慧城市建设中扮演着重要的角色。我国三大电信运营商(中国移动、中国电信和中国联通)与绝大多数的智慧城市签订了协议。电信运营商在智慧城市建设中拥有多方面的优势[11]。

第一,电信运营商有着先天性的网络优势。电信运营商作为我国通信网络基础设施的建设方、运营方,有着绝对的网络优势。不仅有公共使用的电信网络,还有大量的专用网络,而智慧城市建设的基础就是信息网络,智慧城市也是网络城市发展的更高阶段,所以电信运营商在基础网络方面优势明显。

第二,电信运营商一般具有良好的政企关系。电信运营商作为城市电信网络的建设者、运营者,基本上参与了城市的信息规划、智慧城市的顶层设计,承接智慧城市建设项目,与各地政府形成了比较好的政企关系,其在智慧城市建设中,会较好地获取政策、资金等方面的支持。

第三,电信运营商在平台服务方面优势逐渐凸显。随着我国电信运营商从单纯的提供通信服务向提供综合信息服务转型,其在城市居民吃、喝、玩、乐、住等方面大量应用推广,综合信息服务优势不断凸显,其服务平台建设与运营的能力不断提高、盈利模式不断成熟,促使电信运营商在智慧城市的平台层面优势明显。

但是,电信运营商在作为智慧城市建设主体时,在综合资源整合、专业业务实施、先进技术使用等方面也存在不足之处。

(三)系统集成商为主体的智慧城市建设

系统集成商是指利用信息技术、通信技术进行融合,通过对计算机网络系统的统筹设计,将软件平台、硬件设备、网络通信集成到统一的平台,为客户交付整体解决方案的企业[12]。由于系统集成商较早地参与到智慧城市的建设过程中,其在智慧城市建设的具体业务上,在技术融合的能力上,在项目建设模式的灵活度上,都具有比较强的优势。

第一,系统集成商对智慧城市建设业务较为熟悉。系统集成商通过与最终用户直接沟通,了解用户需求,从而对最终用户需求进行深度挖掘,建设运营适合用户需求的项目产品,也更容易使用户产生依赖。系统集成商凭借对用户业务的熟悉,以及在技术领域的整合能力,主导了智慧城市建设的某些领域市场。

第二,系统集成商在智慧城市建设项目上具有较为灵活的建设模式。系统集成商可以根据客户的资金、需求、政策等实际情况选择合适的智慧城市建设模式。BT(Build-Transfer,建设—转让)、BOT(Build-Operate-Transfer,建设—经营—转让)、BLT(Build-Lease-Transfer,建造—租赁—移交)、PPP(Public-Private Partnership,政府和社会资本合作)等模式,都可以是系统集成商与当地政府开展智慧城市建设的模式[13]。

但是,系统集成商在智慧城市建设方面,也存在着资金紧张、资源调度能力差等方面的劣势。

二、智慧城市建设阶段

现阶段几种不同的智慧城市建设主体在建设内容、建设模式等方面不一致,在智慧城市建设上也各有利弊。然而智慧城市建设涵盖投资、建设、运营全过程的城市管理、服务模式,每一阶段都有不同的特点,智慧城市的建设内容重点也不尽相同,如果选择单一的主体贯穿智慧城市投资、建设、运营全阶段,则不能发挥各个主体的优势,达到智慧城市建设最佳效果。

(一)投资阶段

智慧城市建设投资涉及的范围比一般意义上的投资范围更广,所需要的投入资金周期更长、金额更大,一个好的投资模式则是智慧城市顺利建设的前提和保证[14]。通过对国内外智慧城市建设的案例分析,通常智慧城市建设投资来源主要有两方面,一是外部投资,二是通过智慧城市项目本身。外部投资主要是指政府的直接投资、企业投资等智慧城市项目外的投资,如某企业或企业组团凭借其资金实力,投资建设智慧城市某个项目,通过建设完成后的运营获取投资回报[15]。通过智慧城市项目本身获取资金是一种更加持续的资金来源,主要是出租既有的基础设施、售卖专利、出租数据等投资模式,获取可持续的资金支持,实现智慧城市建设资金需求。

(二)建设阶段

智慧城市建设的周期比较长,投资回报时间更长,建设内容覆盖面广,涉及的利益相关方众多,其建设是一个系统性工程,其建设意义也不仅仅体现在经济上,更体现在城市建设和社会价值上[16]。智慧城市建设阶段,又可以按照其智慧城市建设的侧重点分为前期的基础设施建设、中期的系统平台集成、后期的智慧应用开发等过程,不同的建设内容对建设主体的要求、建设模式和运营模式的选择也不尽相同,所以处在建设阶段的某个期间,选择合适的建设模式将尤为重要,在政府、市场或两者皆有的模式当中选择更符合城市特征的建设模式。

(三)运营阶段

在智慧城市的运营阶段,其运营模式一般由其投资主体和建设模式决定。面对建设智慧城市这样一个系统工程,决策者需谨慎设计、统筹安排,实现智慧城市的可持续运营。如智慧城市是由政府主导的,则一般政府投资后也参与后期运营,提供一贯式服务[17];如由企业主导投资,则后期会参与城市运营并从中获取投资回报[18]。政府运营一般是将智慧城市的各服务类型项目归类至相关政府部门,其服务过程较为传统;企业运营,一般是由企业组建一个专门的运营公司或者部门,统筹各项服务,实现各项服务的联动与整合,但是企业的逐利性决定了其在投资回报低的项目上降低服务质量等行为。政府和企业联合投资建设的智慧城市,后续运营则会出现各自为政的情况,各自服务标准不一,服务质量也不能达到最优。

第二节　智慧城市建设典型模式

从 IBM 提出智慧地球概念,到上海世博会后智慧城市的兴起,智慧城市在全球范围内迅速发展起来,通过对国内外智慧城市的建设主体和建设阶段进行分析,探索智慧城市发展模式。按照政府主体和市场主体(电信运营商、系统集成商等)在智慧城市投资、建设、运营各阶段的参与程度,对智慧城市建设模式进行划分。

一、五种典型的智慧城市建设模式

通过对国内外智慧城市建设模式的分析,智慧城市建设典型模式基本包含五种形式,如表 3-1 所示。

表 3-1　五种典型智慧城市建设模式

典型模式	特征描述	典型案例
官办官营	政府负责基础设施、平台的投资、建设、维护和运营	美国智能电网
官办民营	政府和企业共同出资、共同拥有,日常建设与运营管理由企业运行	新加坡智慧国家 2015
官民合办	政府和企业共同投资,企业负责智慧城市建设并运营	斯德哥尔摩智慧交通
BOT 模式	通过市场化方式引入企业资金投资建设,建成后拥有一段时间的经营权,到期后再由政府收回管理经营	中国台北无线宽带城市
民办民营	综合实力较强的企业或联合企业独立负责智慧城市建设子项目的投资建设和运营工作	中国上海智慧虹桥商务区

(一)政府主体独立建设模式

政府独资建设模式是较为普遍应用的一种智慧城市运营模式,该种模式下,政府不借助于电信运营商及系统集成商,而是利用自己的资金、凭借自己所掌握的技术手段对整个智慧化建设进行整体计划、独立投资和后期运维工作,建设用途主要是为市政机关、单位和公众提供服务。在此过程中,政府可将设计、建设、运营等业务外包给其他专业公司。政府独自投资建设的优点是政府可以控制项目的使用方式和经营模式,不需要进行复杂的商务谈判和协商,政府能够对工程进行严密的控制并对运营过程进行深入监管。这种模式的缺点主要是:一是政府需要承担投资建设的全部费用,这会给政府造成巨大的经济负担,必须要有雄厚的资金实力作保证;二是政府必须承担投资风险,政府从财政中专门拨款投资建设,并且承担项目运营和维护的全部成本,这对于缺乏项目运营经验的政府部门来说风险较大;三是政府对项目的运营和维护,需要政府具备建设和运营能力,需要投入专门的人力去负责。

美国智能电网建设就是采用这种模式。美国国土辽阔,自然资源十分丰富,但是伴随着经济的发展,美国电力消费不断增长,其电力基础设施已经不能满足经济增长的需要,基于现实需求,美国提出运用智能化和信息化控制手段建设智能电网。美国的智能电网建设基于全国性网络体系并由分散的智能电网结合而成,其主要包括美国电力网格的智能化及平衡能源分布,同时建设能够成功输送可再生资源的环境友好型输送电网,提高电网的清洁性和可靠性,该系统能够在全国范围内实现电力优化调度和控制,平衡跨州用电的需求。同时,该系统还能够帮助用户出售多余电力,实现电池系统向电网回收电能,解决了用户太阳能、水电能、车辆电能等的存储问题。通过以上综合作用,以美国可再生能源为基础优化管理国家发电输电、配电用电体系。智能电网的建设可以提高美国能源利用的效率,减少美国温室气体的排放量。可以促进可再生能源的集成,稳定电力供应。

美国进行智能电网建设过程中,政府给予了强有力的支持。奥巴马政府刚刚成立之初,美国政府便出台了一系列扶持智能电网建设的政策,以及投入79亿美元用于该建设中,除此以外,在相关设备的购入中美国政府出台了一系列相关政策,如补贴并减免税收等,同时政府还投入资金支持与智能电网相关的科研项目。除政府之外,拥有核心技术的高新企业也积极参与并支持智能电网的建设,这些美国机构拥有强大的全球业务分部,拥有雄厚的资金和科技实力,他们的加入给美国智能电网建设提供了强劲的动力。

美国智能电网的建设采用政府独自投资建网模式,该模式带来了巨大的成功。美国选择该模式的原因在于:首先,电力行业是关系整个国家国民经济发展和国家环境安全的重要行业,是其他行业发展的重要动力和必要条件,在如此关系重大的领域进行的改革,必须以保证安全性和公共服务性为第一位,因此必须由政府承担全部责任和风险;其次,美国政府拥有雄厚的资金实力,投资智能电网有充裕的资金保障;第三,美国政府致力于发展高新技术产业,具备较强的运营管理能力和主动精神,能够承担起智能电网运营的使命。

总的来说,美国智能电网建设的成功主要有几个方面的原因。首先离不开的是政府的政策支持,提供了有利的政策环境,包括上文提到的直接投资和各项优惠政策等。其次,美国强大的经济基础也是非常重要的,美国的经济发展水平居于世界领先地位,其产出门类齐全,经济发展质量高、集约化程度高,同时也建立了完善的国民经济体制,与其他国家的公司相比,美国的企业享有更多的自主经营权和灵活性,这都为美国多形式共同参与智能电网建设提供了坚实的基础。再次,美国拥有规范的高新技术标准,在智能电网提出之后,以美国国家标准技术研究院为主导的机构又认真研究了智能电网的网络安全、操作性等各项技术标准,推动高新技术产业规范发展,保证高新科技的研发有一个良好的研究氛围。最后,美国政府与高新企业积极配合的建设模式,也是美国智能电网顺利推进的法宝。只有政府与企业合作,才能充分发挥各方的优势,保证智能电网建设过程的各个环节顺利进行。

(二)政府投资,市场化建设、运营模式

该模式是指在整个项目建设过程中,由政府主导并负责主要投资,市场主体为政府提供相关支持,同时由市场主体负责项目的运营和维护工作。这种运营模式对用户非常有利,在大部分的时间和地点他们能够无偿使用智慧成果,相应的成本费用由政府部门支付,既能够弥补市场主体的运营成本,又能够保证公民免费使用的权利,如网上政务大厅等。政府投资,委托市场主体建设的运营模式的优点:一是保证了政府对项目的监管力度和主动权;二是充分发挥市场主体丰富的相关建设与运营经验和拥有大量的忠诚用户、技术人员等,节约了成本;三是将项目的建设与运营交给市场主体去完成,保证了政府与市场都能够从事各自优势工作,保证了投资建设的安全性,能够降低商务风险，增加收益。这种模式的缺点主要是政府的资金压力较大、承担较大的风险，以及由于政府的主导相对会削弱了市场主体自身固有的灵活优势。

新加坡“iN2015”建设模式采用该形式。新加坡位于马来半岛南端、航运要道马六甲海峡的出口。北隔柔佛海峡与马来西亚为邻，南隔新加坡海峡与印度尼西亚相望。作为一个国土狭小、资源匮乏的城市型国家，新加坡高度重视信息化发展，经过近30年的不懈努力，构成国家管理和经济活动的基础支撑已经由信息化所替代，宽带通信网络和先进的信息技术成为知识和经济腾飞的最主要推动力，人们的工作方式、生活方式、思考方式甚至个人习惯都发生了根本性的变化，信息化的飞速发展也为经济长期可持续发展奠定了坚实基础。

“智慧国家2015”或称“iN2015”计划是新加坡于2006年推出的一个为期十年的资讯通信产业发展蓝图。它通过对基础设施、产业发展与人才培养及利用资讯通信产业进行经济部门转型等多方面的战略规划，意在达成新加坡成为一个由资讯通信所驱动的智慧国家与全球都市的未来愿景。该计划同时也描绘了资讯通信将如何改变人们生活、工作、学习与交流的方式。为实现“智慧国家2015”的愿景，新加坡资讯通信发展管理局从四大战略关键着手：建设新一代资讯通信基础设施；发展具有全球竞争力的资讯通信产业；开发精通资讯通信并具有国际竞争力的资讯通信人力资源；实现关键经济领域、政府和社会的转型。

在“智慧国家2015”的推动下，新加坡资讯通信产业的发展在亚洲排名首位并在全球排名前10位。新加坡保持其在早稻田大学2016年电子政府研究排名的首位，世界经济论坛2016年全球IT报告中电子政府准备度分类指数排名第一。新加坡资讯通信产业的收入从2005年的379亿新币增至2011年的830亿新币，增幅实现119%；该产业的出口收入亦从2005年的221亿新币增至2011年的589亿新币，增幅实现166%。

（三）政府和市场共同投资，市场化建设并运营模式

所谓合资建设模式，主要涉及两个主体之间的分工、协调与合作，在刚开始进行智慧城市建设时，政府要投入必要的资金，进行一些前期基础设施的建设，同时应该制定相关的政策和法律法规，保证建设与运营工作的整体良好环境，市场主体则在整体工程开始之后全面参与，利用已有的优势在政府的支持下进行后期的建设运营和维护工作。政府部分投资引导，市场投资建设运营模式的优点包括：第一，政府节约了投资建设的资金，仅需支付部分资金用于购买公共服务，财政压力较小，风险较小；第二，市场通过灵活配置投资和收益模式来达到政府监管和企业运营的平衡，既保证公共服务的需要，又能实现项目盈利。这种模式的弊端，首先是建设主体要谨慎地考量所有的合作企业和协调过程，保证将自己所承担的商业风险降到最低；其次，投入资金的回收很大程度上依靠出售商业服务和提供增值服务，投资的回收期可能会延长。

斯德哥尔摩市智慧城市建设采用此模式。斯德哥尔摩作为瑞典的经济中心，是一个以服务业和高科技产业为主的大都市，大量的高新科技企业在这里成立研发中心。近年来，斯德哥尔摩的城市人口以较快的速度不断增加，城市道路承受着越来越大的压力，交通堵塞问题日益严重，依靠传统管理手段根本无法解决。相关政府便将希望寄托于一个创新的高科技交通收费系统智慧交通方案。该系统在高峰时间向市中心道路上行驶的车辆驾驶者收费，政府希望通过这种措施鼓励人们乘坐公共交通工具，减少道路上的车辆数量，同时这个计划还能达到改善城市环境、减少交通污染的目的。

斯德哥尔摩在智慧城市建设的过程中，主要采取的是与公司合作的模式，斯德哥尔摩政府将智慧城市项目承包给专业公司，通过开发一个可以缓解交通拥堵，控制交通流量综合系统，通过在路边设立控制点的方式对车辆进行识别，并通过不同日期征收费用及高峰时段实行差别定价，以减少车辆出行数量，取得了明显的成效，极大地缩短了等车时间，增加了乘用公共交通工具的人数，减少了车辆排放，环境质量也得到了明显的改善。

斯德哥尔摩智慧交通系统的成功，首先离不开政府政策的倾力支持和斯德哥尔摩市强大的经济基础，但是同时高新科技的应用是其建成智慧城市的核心，整个交通系统都在运用新兴的科技设备，如：激光和摄像等系统技术能够使车辆无须停靠就能流畅地完成智能识别、收取费用等工作。另外一个重要的原因是其拥有强大的人才储备。智慧城市的建设是新一代信息技术的深度应用，其成功运营离不开高端人才的支撑，瑞典不仅有着强大的工业科技，每年将大量的资金用于研究与开发，同时也有着世界顶尖的知名学府，强大的人才储备不仅能使瑞典在智慧城市建设过程中受益，更能够在未来为瑞典提供强劲的发展动力。

(四)政府主体牵头，BOT模式

BOT模式在政企合作领域较早出现，作为一种基础设施投资、建设和经营的方式。该模式是在政府和企业机构达成协议的基础上，政府向企业机构颁布特殊许可，允许自筹资金建设某基础设施并在一定时期内管理和经营该设施以及相应的产品和服务，在经营期满后，政府将无偿收回项目设施及配套的所有权利。模式的盈利方式是以前向计时收费为主，由于在一段时期内企业拥有对整个设施的经营权，此时企业可以向用户提供多种付费服务以取得盈利，并按一定比例用于企业向政府缴纳管理费。政府牵头，BOT模式的优点主要在于：在投资建设的过程中，政府很少参与具体事务，政府承担的投资和风险都非常小，几乎全部的资金压力和投资风险都由企业来承担。其最明显的缺点则在于，此种模式下市场企业承担的压力过大，同时，由于企业只在一段时期内拥有建设成果的专营权，难以保证能够顺利收回投资并实现盈利，不能充分调动企业投资建设及发展的积极性。

此模式典型案例是中国台北无线宽带城市项目建设。台北市的无线城市网络(WiFly),在全球看来都是非常有特色的。一是人口覆盖率达到90%,二是在设计上与正在发展的Wi-Fi相结合,三是市政府并没有出资,而是通过竞标给得标团队运营权来间接干预的,安源信息公司是2014年获批的主要承建企业之一。WiFly项目分三期,第一期是在相当短时间完成了30个地铁车站和市政厅及上述区域半径150米范围内的网络建设。第二期是2004年年底到2005年年底,完成了台北市核心区域,即人口密度比较高的地方。第三期是台北市其他区域,最后达到90%的覆盖率。2014年基于无线城市已经开展e-bus服务,启动警情巡逻、电子停车收费管理等服务。市政府在项目推进中扮演着三种角色,一是政策沟通者,政府通过推广宣传让市民知道政府为什么要推动这一计划;二是政府通过和安源公司合作,一方面共同打造台北市无线城市,另一方面让市民了解整个项目的建设进展情况;三是基于无线城市将提供更多政务服务。

(五)市场主体独立建设模式

独立建设模式是由市场主体承担从建设到运维的全部任务,并负担全部所需费用,建设成果与政府无太大联系,政府对项目难以进行干涉和掌控。这种模式与第四种模式不同之处在于,建成之后项目的使用和经营权一直由企业掌握。盈利模式方面,企业可以两头收取费用,即从政府和个人用户两个方面同时盈利,政府支付公共服务所占用的资源,而个人则付费购买服务。市场主体独立投资建设运营模式的优点是:一是对于政府来讲,政府不承担任何责任,不进行任何投资同时也没有任何风险;二是由于整个项目的经营权完全掌握在企业手中,能够极大地调动企业建设与运营的积极性,可以充分利用企业已有的基础建设资源、忠诚用户、技术人员等优势。此种模式的缺点是:由于所有的权利与责任全部在企业手中,政府对项目没有话语权,因此政府难以对项目进行深入监管,同时公共服务所需要的服务需求也不能得到保证。

目前建设成功的上海市智慧虹桥商务区,通过政府政策引导,吸引社会强大资金实力和运营能力的专业公司参与智慧城市的子任务,实现了智慧城市的成功建设运营[19]。虹桥商务区总占地面积86.6 km^2,涉及闵行、长宁、青浦、嘉定四个区,其中,主功能区面积27 km^2。为配合“活力上海”的实施,将智慧虹桥分解成了28个专项任务,包括智慧交通、智慧健康、智慧教育、智慧养老、智慧文化、智慧旅游等,再根据每个专项任务分解完成,由政府吸引专业运营公司投资实施并运营,为智慧城市建设添砖加瓦,共同构建智慧虹桥。如智慧文化项目的建设过程中,政府以市民的需求导向为目标,针对市民对公共文化服务要求,吸引文化运营专场的公司介入参与,由专业公司建设互联网络连接图书馆、博物馆、科技馆等居民经常使用的场所,整合全区的文化活动、文化展览、文化演出、文化培训、场馆展览、图书阅读、文化遗产保护等资源,利用文化大数据主动为市民提供不受时间、地域等限制的一站式服务，并鼓励企业创新经营各种数字内容服务的种类和形式，增强自身盈利能力的同时，给市民增加更多更好的服务。该模式的实施极大地促进了虹桥商务区智慧化的建设进程，同时该模式也使各智慧分项目产权清晰，后期运营更加高效，同时也为政务前期投资节省了大量资金，大大降低了政府投资压力，积极调动了市场资源，实现了智慧城市建设的成功开展。

二、智慧城市建设模式的选择

智慧城市建设模式，应该是多种建设模式并存，并呈现出以其中一种或两种模式为主、其他几种模式为辅的多元化运作形式。智慧城市的项目类型是决定商业模式的主要因素，结合项目实践，可以从项目属性、涉密性、投资规模、专业跨度、共享性和专业难易等六个方面比较分析，从而选择商业模式。其中：公益型的项目、涉密型的项目、政务类的项目需要政府主导和投资，倾向于前四种商业模式；投资规模大、专业跨度大、共享性要求高、专业涉及类别多的项目适合市场主体参与模式，不适合政府投资建设运营。结合上述影响因素分析及决策标准，对当前部分典型的智慧城市项目给予建设模式建议，部分智慧城市项目建设模式如表 3-2 所示。

表 3-2 部分智慧城市项目建设模式

项目大类	项目小类	项目特征	商业模式建议				
			官办官营	官办民营	官民合办	BOT模式	民办民营
基础设施类	有线传输等基础设施建设	投资规模大，专业要求高，共享要求高		●		●	
	数据库建设	涉密要求高，维护运营要求低	●				
	云计算数据中心	投资规模较大，专业要求高，涉密要求高		●	●		
	物联网感知层及平台建设	投资规模大，维护要求高，公益性质高			●	●	
门户/平台/应用	城市门户网站	形象关联度高，投资规模不大，维护要求中等		●	●		
	综合管理平台及政务类应用	政府类应用，投资规模中等，维护要求中等		●		●	
	产业类应用	投资规模中等，维护要求中等					●
	民生类应用	应用内容庞大，投资规模不一，维护要求较高，直接面向公众					●

第四章 智慧城市应用

新一代信息技术的快速发展及广泛应用，推动智慧城市建设和应用目标从单一需求，转向面对整个社会的综合性、生态化“全应用场景”模式，加快推进城市的迅速发展。为适应全球智慧城市发展趋势，我国近几年先后出台了若干政策推进智慧城市的全面发展。借助新一代物联网、云计算、决策分析优化等信息技术，将人、商业、运输、通信、水和能源等城市运行的各个核心系统整合起来，以一种更智慧的方式运行，进而创造更美好的城市生活。

第一节 国外智慧城市应用

智慧城市作为人类社会迈向信息社会的必然产物，是当今世界城市发展的新理念和新模式，建设智慧城市已成为当今世界城市发展的前沿趋势。近些年来，美国、英国、日本等世界各国都在不断加大信息技术在城市管理、服务和运行中的应用，努力打造基于数字技术的智慧城市，将智慧城市建设作为刺激经济发展和建立长期竞争优势的重要战略。

一、全球智慧城市建设应用概述

信息技术的高速发展带来了全球普遍的信息化浪潮，未来越来越需要依赖信息技术推动智慧城市发展，世界各国和政府组织都不约而同地提出了依赖互联网和信息技术来改变城市未来发展蓝图的计划[20]。美国率先提出了国家信息基础设施（NII）和全球信息基础设施（GII）计划，欧盟着力推进“信息社会”计划并确定了欧洲信息社会的十大应用领域，作为欧盟“信息社会”建设的主攻方向。最近欧盟委员会更将信息和通信技术列为欧洲 2020 年的战略发展重点，制定了《物联网战略研究路线图》。国际智慧城市组织 ICF（Intelligent Community Forum）等相关机构相继成立，并开展“全球智慧城市奖”评选活动。日本先后于 2004 年、2009 年、2011 年发布 e-Japan、U-Japan、i-japan战略，旨在将数字信息技术融入生产生活的每个角落，2011 年实施“未来城市”试点示范工程，应对能源危机和永续发展，面向未来，推动新能源技术与信息技术的融合应用。新加坡于2006年推出第六个信息通信规划蓝图——“智能国家2015计划”，核心目标是通过应用信息通信技术，提高主要经济领域的竞争力，建设能够良好地互连互通的社会；2014年提出“智慧国2025发展计划”。

二、美国智慧城市应用

智能电网是美国智慧城市建设的重点。2009年2月，时任美国总统奥巴马发布的《经济复苏计划》中提出，计划投资110亿美元，建设可安装各种控制设备的新一代智能电网，以降低用户能源开支，实现能源独立性和减少温室气体排放。2009年6月，美国商务部和能源部共同发布了第一批智能电网的行业标准，这标志着美国智能电网项目正式启动。

2009年9月，美国迪比克市与IBM宣布共同建设美国第一个智慧城市。IBM采用一系列新技术武装迪比克市，将其完全数字化并将城市的所有资源都连接起来，可以侦测、分析和整合各种数据，并智能化地响应市民的需求，降低城市的能耗和成本，更适合居住和商业的发展。

在美国，出现了一些智能化的城市仿真系统。例如，UrbanSim系统是一套基于城市交通需求模拟分析和城市土地开发综合分析的新型城市发展仿真软件。该软件综合了城市土地使用、交通运输和城市政策的交互作用。该系统包含一套基于敏感度分析的研究方法，用于城市土地利用和交通需求、空气质量、水供给/需求和基础设施成本等综合作用的模拟分析，协调土地利用规划、交通运输规划和环境保护三者之间的关系，模拟城市发展出现的问题。

总的来说，美国智慧城市建设的特点是选择重点领域进行突破，政府注重与商业机构的合作，强调对城市空间发展的优化。

三、欧洲典型智慧城市应用

欧盟早在2007年就提出了一整套智慧城市建设目标，并付诸实施。2010年3月，欧盟委员会出台《欧洲2020战略》，提出了三项重点任务，即智慧型增长、可持续增长和包容性增长。智慧型增长意味着要强化知识创造和创新，要充分利用信息技术。《欧洲2020战略》把“欧洲数字化议程”确立为欧盟促进经济增长的七大旗舰计划之一。在欧洲，阿姆斯特丹、斯德哥尔摩、哥本哈根、维也纳等城市的智慧化水平较高，欧盟国家的智慧城市建设比较强调低碳、环保、绿色发展，体现了国家“以人为本”的思想。

2008年，阿姆斯特丹启动了“Amsterdam Smart City”计划（简称“ASC计划”）。该计划包括可持续的工作、生活、交通和公共空间4个专题。在可持续的工作方面，阿姆斯特丹建成了先进的智能建筑——ITO Tower大厦；在可持续的生活方面，通过实施West Orange和Geuzenveld项目，实现了家庭节能；在可持续的交通方面，实施了Energy Dock项目，便于汽车和船舶充电；在可持续的公共空间方面，把Utrechtsestraat街道改造为气候大街(The Climate Street)。2011 年,ASC 计划增加了在线监控市政大楼(Online Monitoring Municiple Buildings)、太阳能共享、智慧游泳池、智能家用充电器、商务区全面使用太阳能等内容,到 2015 年把阿姆斯特丹建设成为一个真正的绿色智慧城市。

斯德哥尔摩在通往市中心的道路上设置了 18 个路边监测器,利用 RFID、激光扫描、自动拍照等技术,自动识别进入市中心的车辆,在周一至周五(节假日除外)6:30 到 18:30 之间进出市中心的车辆收取拥堵税,使交通拥堵水平降低了 25%,温室气体排放量下降了 40%。

2010 年,哥本哈根开始推广一种智慧自行车,这种自行车的车轮装有电池,电池可以存储能量,踩刹车的力量可以回馈成帮助人们爬坡或使速度加快的能量。轮子上的传感器会测量人们骑行的方向,当往前踩时,传感器会控制车轮的电动马达帮你往前冲;当踩刹车时,马达帮助你慢下来,并重新为电池充电。这种新型自行车受到人们的喜欢,越来越多的市民拉长骑自行车的距离,以减少使用会产生温室气体的运输工具。到 2015 年,哥本哈根市民往返城郊选择自行车出行的人数比例达到 50%。

2011 年初,维也纳提出了智能城市发展目标,目的是让维也纳具备应对未来城市发展所面临的能源和气候挑战并实现经济和科技现代化的能力。维也纳智慧城市发展计划由市长直接负责,下设专门的行动领导委员会,具体事务主要由负责城市发展规划的市政 18 局和负责城市能源发展规划的市政 20 局实施,来自公共、私营和研究领域的 8 家机构共同参与。

四、韩国智慧城市应用

韩国政府在 2006 年启动了以首尔为代表的智慧城市的建设,该计划被称作 U-City(Ubiquitous-City),其主要任务是了解水、空气和交通状况,操控家中的电子电器设备,甚至是追踪未成年子女的动向,网络的无处不在为企业带来了崭新的商业机会和无穷无尽的扩张想象力。首尔的 U-City 建设的具体内容如表 4-1 所示。

表 4-1　U-City 建设内容

执行阶段	远景策略	关键点
发展期 五大应用范畴	亲民政府 (Friendly Government)	1. 建设 U 化行政复合都市 2. 提供行动公众服务 3. 建设 U 化投票系统
	智慧科技园区 (Intelligent land)	1. 建设 U-City 整合管理中心 2. 建设智慧交通网络 3. 完成电子护照入境监控系统
	再生经济 (Retenerative Economy)	1. 运用 U 化技术发展与扩张商业模式 2. 退回 U-Payment 的运用

续表

执行阶段	远景策略	关键点
发展期 五大应用范畴	安全社会环境 (Secure&Safe Social Enviroment)	1. 建设智慧型紧急网络系统 2. 食品与药品来历追溯系统 3. 建立无人化保安巡逻系统
	U 化服务	1. 提供 U 化身份辨识卡 2. 提供 U 化家庭生活
成熟期 四项关键建设	平衡全球领导地位 (Balanced Global Leadership)	1. 吸引 U-IT 全球领先公司进驻 2. 支援企业全球化标准制定工作 3. 巩固 U-City 与 U 化产业
	生态工业建设 (Ecological Industrial Infrastructure)	1. 培养五个关键性策略产业 2. 吸引 U 化产业聚落的龙头企业 3. 提供工业测试平台服务
	现代化社会建设 (Streamlining Social Infrastructure)	1. 健全 U-City 基本规范与政策 2. 提升 U 化服务、避免数位落差
	透明化技术建设 (Transparent Technological Infrastructure)	1. 落实 U-IT839 策略政策 2. 开发 U 化服务核心技术

U-City 主要分为发展期和成熟期两个执行阶段,共计约 10 年完成。

发展期(计划实施第一个五年)。让 U-City 成为韩国经济增长新引擎,培育 U-City 新型产业。本阶段重点任务为基础建设的建置、技术的应用以及 U 化社会制度的建立,除发展 U 化物流配销体系、U 化健康看护等无所不在的服务(Ubiquitous Service)、扶持 U 化产业与新兴市场,也将完成无所不在网络基础建设的建置工作、IT 技术在生物科技与纳米科技各领域的应用、建立 U 化社会规范。

成熟期(计划实施第二个五年)。将 U-City 建设模式向国外推广。本阶段重点任务为扩散 U 化服务,除将 U 化服务应用于各个产业外,将 U 化服务推广至海外市场,成为 IT 服务出口产品更是本阶段核心任务。另外,将相关电子对象嵌入智能芯片、生物科技与纳米科技 IT 技术的灵活运用、稳定 U 化社会文化亦为此阶段发展要项。

通过 U-City 建设,首尔在城市设施管理、安全、环境、交通、生活等方面取得较好的效果。城市设施管理方面,利用无线传感器网络,管理人员可以随时随地掌握道路、停车场、地下管网等设施的运行状态;城市安全方面,首尔利用红外摄像机和无线传感器网络,在监测火灾时,可以突破人类视野限制。监控中心利用 GIS 可以对火灾发生地点进行定位,LCD 大屏幕可以播放火灾现场情况,视频监控系统可以实时监控火灾现场;城市环境方面,U-环境系统可以自动给市民手机发送是否适宜户外运动的提示,市民还可以实时查询气象、交通等方面的信息；城市交通方面，U-交通系统是智能交通系统(ITS)发展的高级阶段，U-交通系统包括公交信息系统、公共停车信息系统、智能交通信号控制系统、集成控制中心组成，并与U-家庭、U-安全、U-门户、U-服务等系统互连互通；城市生活方面，在首尔媒体街，街道两边立有许多媒体柱，媒体柱具有上网、拍照、玩电子游戏等娱乐功能。

第二节 国内智慧城市应用

近年来，我国社会各界对智慧城市的理论研究和实践探索逐渐深入。从中央政府到各级地方政府，相应制定和颁发了智慧城市的政策法规，并开展了各种探索和尝试。本节从国内主要智慧城市的建设应用内容进行总结概括，展现智慧城市的建设给城市带来的变化。

一、国内智慧城市建设应用概述

2011年，城镇化率首次突破50%，与此产生的各类城市问题亦日益突出，促进城市发展模式和形态的转型逐渐成为社会共识。自2011年以来，东部少数城市如上海、宁波、广州等开启了探索智慧城市规划建设的历程，主要围绕卫生、交通、教育、健康等公共服务领域展开。2012年，北京、天津、江苏、湖北、辽宁、湖南等6省市也相继加入了智慧城市的建设阵营，开始将智能化、数字化的信息技术应用于城市政务、金融、旅游等领域。2013年，国家智慧城市试点名单出炉，覆盖了国内大部分省份，这表明智慧城市建设开始推向全国。到2015年底，智慧城市建设的理念和方案在全国80%地级以上城市得到了落实，不少县级城市和部分乡镇也开始酝酿本地区的智慧城市规划与建设。

在直辖市中，北京、上海、天津都提出了建设智慧城市。《智慧北京行动纲要》提出实施城市智能运行、市民数字生活、企业网络运营、政府整合服务等八大行动计划，建成泛在、融合、智能、可信的信息基础设施，基本实现人口精准管理、交通智能监管、资源科学调配、安全切实保障的城市运行管理体系；基本建成覆盖城乡居民、伴随市民一生的集成化、个性化、人性化的数字生活环境；基本普及信息化与工业化深度融合以及信息技术引领企业创新变革的新型企业运营模式；全面构建以市民需求为中心、高效运行的政府整合服务体系。

在副省级城市中，南京、武汉、广州、深圳、宁波等都相继开展了智慧城市建设，其中宁波是最早提出建设智慧城市并付诸实施的副省级城市。2010年9月，宁波出台了《宁波市委市政府关于建设智慧城市的决定》，提出建设物流、制造、贸易、能源、公共服务、社会管理、交通、健康、安居、文化等十大智慧城市应用体系；建设网络数据基地、软件研发推广产业基地、智慧装备和产品研发制造基地、智慧服务业示范推广基地、智慧农业示范推广基地、智慧企业总部基地等六大智慧产业基地建设；加快建设智慧城市基础设施，加快智慧城市信息资源开发利用。

在地、县级市也有众多城市加入智慧城市建设中来，从目前我国智慧城市建设的基本内容来看，主要是围绕基础设施、民生服务、政务服务、城市社会管理和城市经济发展建设等内容。

二、广州智慧城市应用建设

2017 年 2 月，广州市政府办公厅正式印发了《广州市信息化发展第十三个五年发展规划(2016—2020 年)》，其中提出要加快新型智慧城市建设，利用信息化技术，对城市部件、城市事件、城市组织和人等实现更透彻的感知，城市运行实现全时段、全方位可视和更全面的互连互通，城市运行更加安全、稳定、可靠，城市管理精细化水平显著提高。到 2020 年，“信息整合、公共服务、商业运营”三位一体的公共服务体系运作模式基本形成；医疗服务信息共享率达到 95% 以上；教育共享资源总量翻一番；社会保障(市民)卡持卡人口覆盖率达 90% 以上；建成广州市智慧交通感知网络，智慧交通感知平台覆盖核心区、主次干道、城市出入口等，实现对客运枢纽和公交站场的客流数量和流向等信息的实时监控；在市民生活方面，将建成“云健康”服务平台，提供远程心电监护、远程影像检测、自助体检、健康查询等服务。具体应用建设如下。

(一)智慧政府：95% 政务服务事项网上办

依托广州市政府信息化云平台，构建市、区政务信息资源共享交换体系，实现信息资源跨部门、跨层级、跨区域共享。整合政府服务渠道，12345 服务热线、市区两级政府门户网站、网上办事大厅、网上信访、政务微信、移动应用程序、网格化服务管理等，统一全市服务受理入口，推进全城联网通办。到 2020 年，政府部门全部迁移至广州市政府信息化云平台，政务服务事项网上办理率达 95% 以上。

(二)智慧城管：建设视频资源管理云平台

建设一体化智慧城管体系，构建全市统一的视频资源综合管理云服务平台，重点加强在多维采集、联网整合、综合管理、技术创新和智能应用等方面建设。依托地下管线智能化综合管理平台建设，构建智能管廊，对水、电、气、通信等各类地下管线的规划、设计、建设、运行、管理、维护、更新等过程实现可持续、动态化、智能化管理，实现运行信息反馈不间断、低成本、高效率维护管理效果。建设智能停车场、多功能路灯杆等新型物联网集成载体。组织实施城市管理大数据、城市管理立体感知体系、城市综合执法辅助支持等工程。

(三)智慧交通：促进核心区路况精细化监控

建立全方位智慧交通体系。建设完善智慧交通综合业务平台，进一步增强政府监管、智慧决策能力，持续提升交通行业服务品质。推进公交优先战略，建设完善智慧公共交通系统。到 2020 年，建成广州市智慧交通感知网络，智慧交通感知平台覆盖核心区、主次干道、城市出入口等，进一步提高交通运行整体分析水平，促进核心区路况精细化监控。建设综合客运枢纽疏运组织决策分析平台，通过构建数据模型，实现重要交通枢纽实时人群数量监测、人群来源流向、驻留时长分析，分析综合交通枢纽集散方式及时空衍化态势，为节假日客流集疏运提供决策支持。

（四）智慧医疗：促进电子病历等数据库融合

加快推进全市人口信息、居民电子健康档案和电子病历三大数据库融合，构建人口健康数据库。构建人口健康信息平台，打造覆盖公共卫生、医疗服务、医疗保障、药品供应、计划生育和综合管理业务的医疗健康管理和服务大数据应用体系。整合“居民健康卡”，推进社会保障卡在户籍居民健康“一卡通”的应用。打造面向全市居民的“云健康”服务平台，提供远程心电监护、远程影像检测、自助体检、健康查询等医疗健康服务。到2020年，建成“云健康”服务平台，服务渗透到居民日常生活中，远程医疗体系覆盖全市所有乡村、乡镇卫生院。

（五）智慧社区：推动公共服务重心下社区

构建智慧社区，加快统筹社区公共服务网络，推动各项公共服务重心下沉至社区，建设社区公共服务综合信息平台，聚集医疗、教育、就业、社保、行政办事等各类政府服务资源，为市民提供“一口式”政府公共服务。建立智慧社区综合信息O2O服务平台，为广大居民提供覆盖车辆管理、购物餐饮、医疗健康等管理和服务功能。

三、深圳智慧城市应用建设

2016年10月，政府公报发布《深圳市信息化发展“十三五”规划》。按照规划，到2020年，深圳市要建成国际一流的信息基础设施，建成全程全时的公共服务信息化体系，建立现代化的社会治理支撑体系，信息经济创新活跃，建成国家新型智慧城市标杆市。“十三五”期间，深圳市信息化发展以基础设施、民生服务、社会治理、引领经济转型升级以及信息安全等领域为重点，全面深化“互联网+”和大数据应用。

（一）住房、教育和医疗是民生重点

在民生服务方面，重点建设智慧医疗卫生体系、保障房联合应用平台、智慧教育平台和医保健身消费服务平台。在日益高涨的房价面前，保障房是缓解住房压力的重要措施。“十三五”期间，深圳市要建设跨市、区、街道等多级部门的住房保障联合应用平台。建设统一房源基础库，实现住房保障统一轮候申请、认购、认租、人才住房补贴申请等相关业务的全流程网上办理和跨部门信息校验。同时建立公共租赁住房同城异地置换平台，加强房屋出租后续管理。建设医保健身消费服务平台，实现利用医保个人账户余额健身消费，创新“互联网+医保+全民健身”消费方式。

（二）实施“互联网+”战略，促进信息经济创新发展

“十三五”期间，信息化发展的重点之一就是“互联网+”战略，推动深圳产业智能化升级，打造信息经济核心产业。制造业和高端服务业是深圳的重点产业，“十三五”

期间，深圳市要推进“互联网+制造业”和“互联网+服务业”重点工程。“互联网+制造业”方面，除了在生产装备、过程和工艺实现智能化外，在机器人、汽车、能源、电子、医疗器械、家居服装、食品等制造领域，重点扶持10~15家有基础有实力的大企业发展分布式制造/云制造，打造2~3个产值超百亿的智能制造产业群。

（三）应用大数据，提升政府治理决策能力

大数据在政府治理和管理方面，一直发挥重要作用。“十三五”期间，建设基于大数据的智慧决策系统、全市统一的政府数据开放平台和公共信用信息平台。政府数据公开，社会可有效创新利用。加快制订政府公共数据开放标准规范，形成政府公共数据对外服务统一门户，优先开放地理信息、市场监管、交通出行服务等重点领域的政府数据。

四、杭州智慧城市应用建设

按照杭州市的发展规划，到“十三五”期末，基本形成统筹协调、合力推进的新局面，建成基础信息资源有效共享、政府决策科学精准、政府工作协同高效、城市管理精细智能、城市服务主动个性、市场环境公平开放、居民生活优质便捷、产业经济高效低碳的新格局。推动数据资源成为杭州市经济转型和社会发展的新动能，推动人工智能技术在宏观决策、社会治理、制造、教育、环境保护、交通、商业、健康医疗、网络安全等重要领域开展试点示范工作，利用人工智能创新城市管理，建设新型智慧城市。当前，杭州市的智慧城市积极围绕基础设施、政务服务、民生服务、社会治理和产业经济五大方面展开，制定明确的发展规划，不断提升智慧城市发展水平。

第三节　智慧城市应用框架

通过对国内外智慧城市建设的总结分析，概括出智慧城市建设的主要内容，围绕基础设施、社会经济、城市管理和社会民生等方面的智慧建设。对每一个建设领域的重点内容进行概括性阐述，并以上海市智慧城市建设为例，阐述上海市在智慧城市建设方面的框架内容。

一、智慧城市建设基本框架

智慧城市基本框架主要是以网络信息技术为支撑，深化智慧产业、智慧民生和智慧管理三大领域应用。网络信息技术包括数据采集的传感技术、数据传输的网络宽带技术、数据处理的云计算技术、数据存储的云存储技术、数据共享的云平台技术、网络信息安全的量子通信和加密技术等。智慧民生包括智能家居、智慧健康、智慧教育、智慧购物、智慧交通、智慧环保等，大都涉及基础设施与公共服务，属于智慧城市的生活领域。智慧产业包括智慧农业、智慧制造、智慧建筑、智慧物流、智慧商务、智慧旅游、智慧传媒、智慧金融等，主要涉及智慧城市的生产领域。智慧治理包括智慧规划、智慧政务、智慧监测、智慧决策、智慧社区，主要与智慧城市治理有关，是智慧城市的“中枢神经”，体现了智慧城市的发展程度。

二、智慧城市建设应用体系

通过对国内外智慧城市案例的分析研究，可以归纳得出智慧城市建设核心应用体系主要涉及智慧生活、智慧经济、智慧治理和智慧政务四方面，如图 4-1 所示。

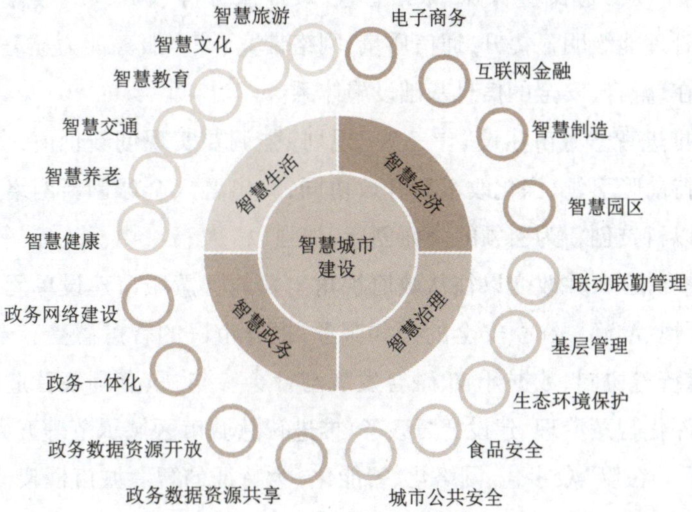

图 4-1　智慧城市建设应用体系

智慧生活，围绕市民的衣、食、住、行、劳动工作、休闲娱乐、社交等方面，通过物联网、互联网等新一代信息技术在民生各领域的创新应用，改变传统的生活方式，不断提升生活质量，使得市民的生活更加便捷、高效，物质世界和精神世界更加丰富多彩。一般而言，智慧生活主要有智慧健康、智慧养老、智慧交通、智慧教育、智慧文化、智慧旅游等内容。

智慧经济，既有传统的产业借助信息技术实现创新发展，也有因新的信息技术的应用而产生的新兴产业，不论是传统产业还是新兴产业，都在新一代信息技术的影响下实现了突破性、革命性的变革，逐渐成为城市经济发展新的重要驱动力，实现城市经济的转型升级，不断推动城市经济发展。一般而言，智慧经济主要有电子商务、互联网金融、智慧制造、智慧园区等内容。

智慧治理，从城市管理者的角度出发，如何实现城市的高效、有序管理，提供便捷、高质量的城市服务，是智慧治理的核心体现。借助互联网、物联网等信息技术，实现城市数据的采集、存储、分析和应用，提高城市建设、管理和服务等方面的水平，实现城市的高效、稳定、安全运行。一般而言，智慧治理主要涉及城市联动联勤管理、基层管理、生态环境保护、食品安全、城市公共安全等内容。

智慧政务，政府作为城市建设和管理的重要参与方，其提供的政务服务水平直接关系到智慧城市建设水平。伴随互联网等新技术在政务领域的应用，不断加快转变政府职能，提高政府服务效率和透明度。信息技术不断改变政府的管理模式和服务方式，不断提高政府的决策科学化水平、行政管理的精细化水平和公共服务的人性化水平。一般而言，智慧政务主要包含政务网络建设、政务一体化建设、政务数据资源开放共享等内容。

2011 年以来，上海全力推进面向未来的智慧城市建设，在“十二五”期间上海智慧城市发展水平保持和巩固了国内领先地位。上海智慧城市基础设施处于国内前列，在智慧应用方面全面渗透民生保障、城市管理、政府服务等领域，数字惠民效果逐步显现，数字城市管理能级明显提升，通信质量、网络带宽、综合服务能力显著提高，基本构建起宽带、泛在、融合、安全的信息基础设施体系。

《上海市推进智慧城市建设“十三五”规划》强调要实现创新价值，全面支撑创新驱动发展，坚持前瞻引领、深化改革和开放协同，突出融入全球创新网络、服务国家战略全局，推进以科技创新为引领的全面创新，加强以“大、云、物、移、智”等为代表的新兴技术的引进和推广，并改变以往从政府视角出发的智慧城市建设单元，更多倾向市民所需要的便捷、准确、及时、安全的公共服务，提升市民的智慧感受。未来上海智慧城市将更注重统筹协同、数据开放、融合发展与社会参与，重点围绕营造智慧生活、发展智慧经济、深化智慧治理、建设智慧政务、推进智慧城市区域示范等五大应用领域打造“活力上海”。在以“数字化、网络化、智能化”为特征的智慧城市框架体系的基础上基本建成以“泛在化、融合化、智敏化”为特征的智慧城市，上海市“十三五”智慧城市建设总体框架如图 4-2 所示。

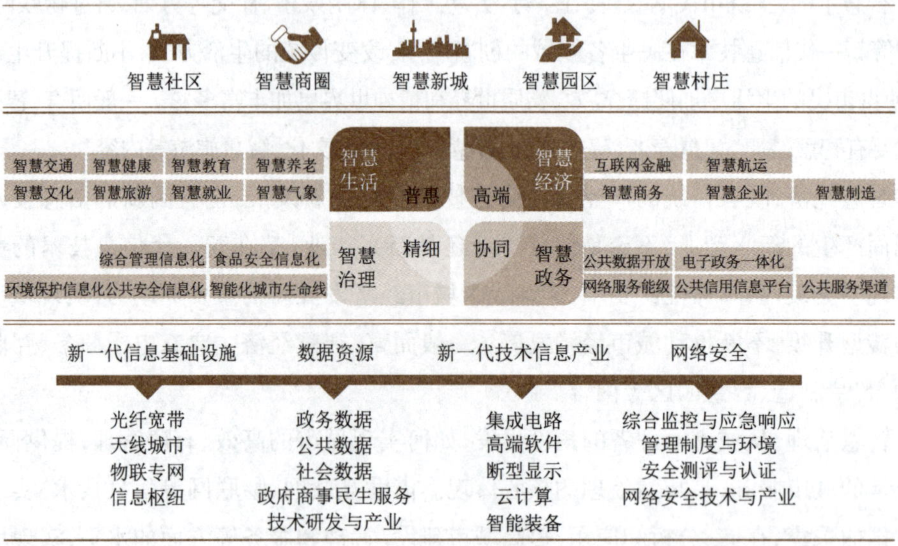

图 4-2 上海市“十三五”智慧城市建设总体框架

第五章 智慧生活

民生问题历来是我国政府部门高度重视的大事，改善和保障民生是和谐社会建设的重要内容。民生建设既是智慧城市建设的出发点也是落脚点，随着智慧城市的建设，民生建设进入一个更加深入、更加扎实的新阶段，运用新一代信息技术，整合信息数据、消除信息差距，打破信息孤岛、推动开放共享，提高市民生活的便捷性，不断提升城市居民幸福感。

第一节 智慧健康

随着人们生活水平的不断提升，城市市民对健康的要求越来越高，新兴技术手段在健康医疗领域的广泛应用，以及智能终端的普及，市民对健康信息的了解更加及时和全面。智慧健康建设也成为智慧城市建设的主要领域，向市民提供优质、智能的健康服务，也是城市医疗健康体系建设的重要方向。

一、智慧健康概述

随着社会经济的发展，国民对生活质量要求越来越高，对健康的关注度也越来越大，同时我国老龄化程度不断加深，医疗资源配置不合理、健康服务产业发展滞后等问题日益突出，逐步成为影响社会发展的重要社会问题之一。一方面，以大数据、云计算、移动互联网、物联网技术等为代表的新科技的飞速更新与进化，不仅带动了医疗健康技术和器械的升级换代，也催化了医疗健康模式的变革；另一方面，多样化的医疗需求和现阶段高额医疗费用的支出，加快推动医疗和健康服务体系的改革。近年来，我国在智慧城市的建设与应用推广中始终把医疗保健视为关键，通过向人民群众提供优质、高效、智能的健康服务，加快推进智慧健康建设，成为我国医疗健康体系发展的重要选择。

对于智慧健康的内涵和本质，目前尚未有相对权威或被广泛认可的界定。与此相关的领域主要有“互联网＋”医疗、无线医疗、移动医疗、移动健康、智能健康等。从本质上说，这些提法都属于智慧健康的范畴，都是运用现代信息技术、物联技术、移动设备等,以促进人类身体健康为发展目标。关于智慧健康概念,有的学者提出其是应用现代化的大数据、网络信息技术以及智能技术来改进传统的医疗模式,提倡和促进自我健康管理的一种服务模式;也有学者提出智慧健康是以智能技术、健康技术和网络技术为支撑,为人类健康提供服务功能的复杂动态系统。胡哲、向菲等学者从医学模式、健康内涵、服务方式和健康技术四个维度对智慧健康进行相对较为全面的定义,"智慧健康是以生物—心理—社会—道德的医学模式为指导,通过利用现代化的智能传感技术、网络通信技术、云计算技术以及医疗健康技术为支撑来实现对健康的自我管理的新一代健康"[21]。

二、智慧健康应用

智慧健康应用主要体现在智慧医院、智慧医疗及智慧家庭健康管理三个方面,如图 5-1 所示。

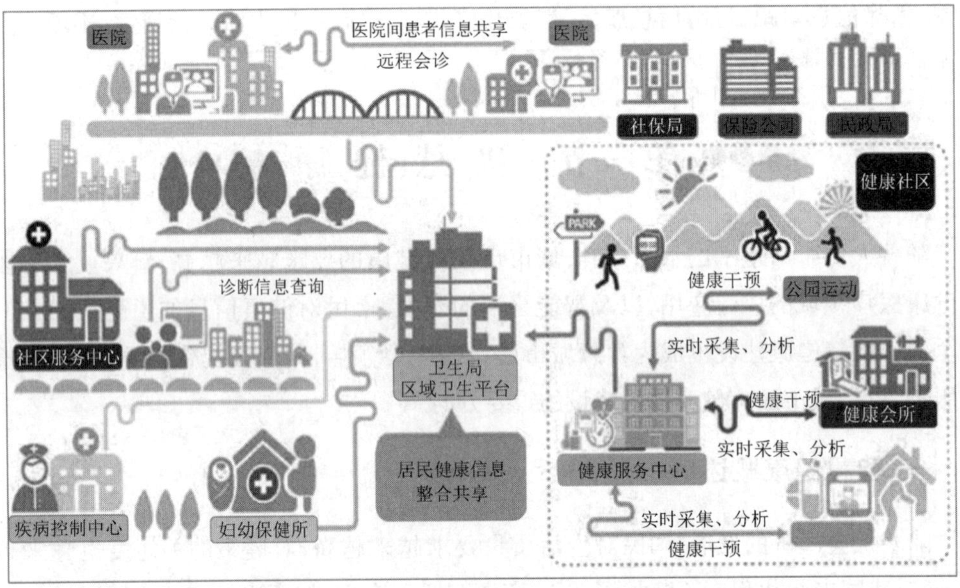

图 5-1　智慧健康全景图[22]

(一)智慧医院服务

智慧医院是由医用智能化楼宇、数字化医疗设备和医院信息系统组成的三位一体的现代化医院运行体系。医院将传统业务系统与移动医疗应用系统进行整合,实现以患者为主的预约挂号、支付缴费、健康教育等电子应用,以医务人员为主的医生工作站、护士工作站、药物管理等系统和医院自身的电子病历、电子医嘱等内部信息化平台在数据层面的互连互通和业务上的协同。通过面向诊疗对象提供院内外服务导航、医嘱处方、检验检查、费用信息的在线推送,以及自助终端设备、手机支付等移动互联网应用服务,简化就医流程,改善患者看病就医切身感受。

2016年，上海申康医院发展中心启动建设医联工程大数据影像协同平台建设，以优化市级医院影像数据采集方法及提升影像调阅服务能力为目标，研发跨院系统通用的影像在线实时调阅控件，实现38家市级医院医生工作站无须额外安装调阅软件，医生使用IE Web浏览器即可便捷、高效、高质地实时调阅患者在其他三级医院的影像图像和报告。同时，改善医院影像的实时采集技术和在线云监控功能，对运行中的38家三级医院产生的影像业务数据数量与质量以及影像软硬件系统进行实时云监控，保障影像协同平台的安全运行。

（二）智慧区域医疗服务

智慧区域医疗服务的目的是以用户为中心，实现公共卫生、医疗服务、疾病控制以及社区自助健康服务等内容整合。该服务以居民健康档案为基础，涵盖了移动终端健康数据的传输、处理与汇总，统计查询辅助决策、区域医疗协同和患者公众服务、健康教育等业务，为区域内各医疗卫生机构开展医疗卫生服务提供支撑，同时连接家庭、医院与云平台，为数据与业务之间的相互操作起到了桥梁作用。国家在区域卫生方面已经启动了“3521”工程，即国家、省、区域三级卫生信息平台，公共卫生、医疗服务、新农合、基本药物制度、综合管理5项业务应用系统，居民电子健康档案与电子病历两个基础数据库和一个业务网络，基本构建区域医疗智慧服务框架体系。

“十三五”期间，上海社区卫生服务进入全面深化改革阶段，以信息技术支撑和居民电子健康档案为基础的现代社区卫生服务模式是社区卫生服务改革的必然趋势。通过机制调整与制度设计，夯实与健全社区卫生服务网络，打造社区卫生服务平台功能，建立家庭医生制度，从而推动整个医疗卫生服务体系高效有序运转，将医疗卫生各项服务下沉到社区，居民随时随地都能享受到医疗服务、延伸服务和健康教育服务，充分享受社区卫生服务改革给居民带来的便利，并最终促进社区居民的健康水平全面提高。基于家庭医生责任制的分级诊疗平台通过推动建立基于数据标准与信息化支撑的社区卫生服务新模式，以家庭医生制度构建为主线，发挥社区卫生服务平台功能，包括对各类资源的整合配置、科学利用与对居民健康的持续管理，提供面向居民的基本医疗、分级诊疗、健康管理等服务，基于居民电子健康档案，支撑家庭医生，以社区卫生服务中心为平台，成为居民健康、卫生资源与卫生费用“守门人”，促进资源有效利用、运行科学规范与健康持续提高。

（三）智慧家庭健康管理

智慧健康服务模式下更强调大众的个人健康管理效能，智慧家庭健康服务的核心便是大众自我的健康管理。主要实现方式是通过“健康传感终端+移动通信平台+健康服务”的服务管理模式，从而提供实时、连续、长期的体检、保健、疾病评估、医疗、康复等管家式的健康服务。通过配备智能血压计、智能血糖仪、心率计步腕表等移动医疗设备方便、快捷、实时掌握自己的健康状况的同时，相关数据自动上传到远程智慧医学网络中心的健康档案数据库，医生可根据这些数据，通过互联网对患者实现线上的诊疗咨询、慢病管理、健康指导等。家庭移动医疗新模式有助于医生全面掌握患者情况，进行更加精确的诊疗指导，同时也可以优化医疗资源配置，促进优质医疗资源下沉，实现院内院外、线上线下全程立体化疾病管理。

上海作为全国人口老龄化程度最高的城市，慢性病防控形势非常严峻。近年来慢性病患病率显著上升，明显高于全国平均水平。上海市健康管理云平台（简称“上海健康云”）旨在依托信息化平台，推进上海市“医防融合”新型慢性病全程健康管理体系建设，逐步实现根据健康人群、高危人群、患病人群以及疾病恢复期人群分层分类需求，提供综合性、医防融合、全程有效的健康管理服务。“上海健康云”以居民电子健康档案和电子病历数据为核心，以承载和贯穿医疗机构、公共卫生专业机构为市民提供智能、便捷健康服务为主线，逐步建立以数据为驱动的新型慢性病全程健康管理体系，努力实现由“以疾病为中心”向“以健康为中心”的转变。健康云平台由数据资源管理、服务资源管理、应用服务支撑、综合管理及决策支持展示 4 个子平台和 1 个云知识库共 5 个部分构成，对外以健康云居民端 APP、医生端 APP 为应用终端，连接医生和居民的服务。

三、智慧健康发展趋势

智慧健康必将以改革驱动医疗资源重新优化配置为动力，以医疗健康服务模式创新与运营体制创新为中心，以新一代信息技术与医疗健康服务一体化融合为保障，在结合现有的智慧医疗的基础上得到广泛的发展。

（一）互联网医疗企业将成为主力军

随着智慧健康的不断发展，互联网企业在该领域日益活跃。2014 年，小米 2 500 万美元投资九安医疗旗下的 iHealth，腾讯分别以 7 000 万美元、1 亿美元投资丁香园、挂号网。2014 年下半年“阿里健康”开展电子处方试点，同年 11 月“阿里健康”APP 客户端（含处方电子化平台，药品竞价平台）运行测试。2014 年 7 月，百度与北京市合作推出“北京健康云”。据有关统计，近两年国内互联网医疗创业投资事件多达 66 起，关注互联网医疗领域的投资机构共 58 家，投资机构活跃次数总计 91 次，披露融资额 5.8 亿美元。

（二）健康管理将成为关注热点

随着人民生活水平的不断提高，人们对自身健康越来越关注，从发现疾病、治疗疾病向积极健康检查、预防疾病转变，并产生了对健康管理干预生活方式的需求。近年来我国将健康服务业的关注度提高到历史最高点，并作为深化医疗发展、改善民生、提升全民健康素质的重要举措。依托健康档案，开展从出生到死亡的个人健康管理，将更全面深入地从社会、心理、环境、营养、运动、医疗、体征等角度对每个人进行全面的健康保障服务。围绕健康管理衍生出的移动医疗、可穿戴设备、健康管理自诊断、定制保险产品、大数据管理和分析等都将成为“十三五”期间智慧医疗的热点领域。

(三)智慧健康趋向于融合发展

“十三五”期间,信息共享将成为区域卫生信息化建设的主题,基于居民健康档案数据库的区域卫生信息化将是热点领域。以此支撑卫生行政部门、公共卫生机构、医疗机构,以及社区卫生服务机构共享居民预防、保健、康复、健康教育、计划生育技术服务、疾病监测、医疗服务业务协同等信息。随着信息资源之间的进一步融合,智慧医疗与智慧养老、智慧社区之间的联系将会越来越紧密。基于社区服务信息化平台将区域医疗保健服务同社区养老服务相结合,能够提供低成本、易管理、可按需灵活拓展的信息共享平台,满足社区居民,尤其是老年人的多方医疗健康需求。

(四)新兴技术应用更加普及

随着云计算、大数据、移动互联网、社交网络媒体等新兴技术的发展,其在智慧医疗行业中的应用将更加普及。云计算技术可将存储资源、服务器、网络资源等虚拟化,按需提供资源,且具有安全、方便、提高效率、降低成本等优势,为存储不断增长的影像数据提供了新思路。大数据分析可以在疾病监控、辅助决策、健康管理、医保监管等领域发挥重要作用,通过大数据辅助决策可以实现医疗人员为患者提供个性化和区域化治疗、模仿干预措施、预防流行性疾病、改善和监督医护工作者的医疗护理等。利用物联网技术,对医院内各种对象的感知、定位和控制,通过对医院工作人员、病人、车辆、医疗器械、基础设施等资源进行智能化改造,对医院内需要感知的对象加以标识,进而通过各种信息识别设备进行识别,并反馈至信息处理中心,对信息进行综合分析,及时处理,提升医疗行业管理的精细化。

第二节 智慧养老

老龄化已是当今社会不可忽视的趋势,如何充分保障老年人的物质需求与精神需求俨然成为一个刻不容缓的问题。通过运用“互联网+”理念,推行智慧养老,能够更有效地促进国内养老事业的开展,完善社会养老服务体系建设,实现医养结合,为老人带来更舒心的养老体验,更好地满足老人的物质与精神方面的双重养老需求。

一、智慧养老现状与需求

根据《第四次中国城乡老年人生活状况调查》,国内失能和半失能的老年人约4 063万人,占老年总人口的18.3%,与此同时老年人对提升自我和居家养老服务的需求持续上升。2015年,国内城乡老年人需要照护服务的比例为15.3%,较之2000年的6.6%上升了近9个百分点。在居家养老服务需求项目中,老年人对上门看病需求居于首位占38.1%,第二位和第三位为上门做家务和康复护理,其比例分别是12.1%和11.3%。此外,在其他需求项目中,心理咨询或聊天服务与健康教育服务需求较为热门，分别占10.6%和10.3%，而日间照料服务为9.4%，助餐服务为8.5%，助浴服务为4.5%，老年辅助用品租赁服务为3.7%，如图5-2所示。在不发达地区，空巢老人比例较高，居家养老存在一定的困难，唯有加快改善助老服务基础资源建设，大力推广智慧养老，才能更切实地解决助老服务市场供不应求的根本问题。

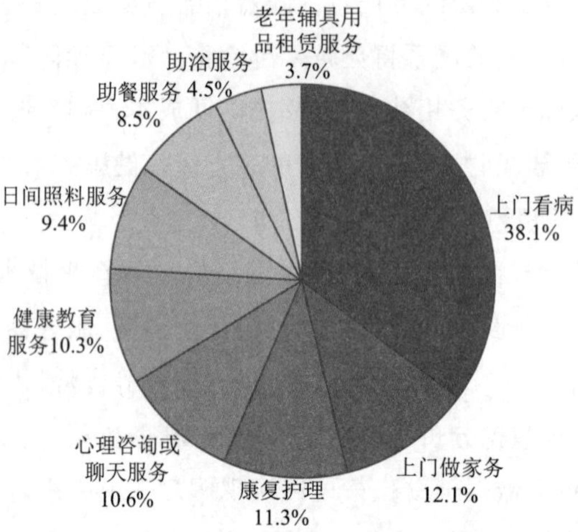

图5-2　2015年中国城乡老年人的居家养老服务需求

资料来源:《第四次中国城乡老年人生活状况调查》

智慧养老最初的概念为“全智能化老年系统”，最早是由英国生命信托基金会提出，意思是在日常生活中，老年人能够不受时间和地理环境的限制，在自己家中就能享受高质量高自由度的生活。智慧养老又称“智能居家养老”，其核心在于通过应用先进的管理和信息化技术手段，面向有居家养老服务需求的老人提供兼具物联化、互联化和智能化的养老服务，围绕老年人的生活起居、医疗护理、康复保健、安全保障和娱乐休闲等需求，紧密联系老人与政府、社区、医疗机构、医护人员等的关系，使其更为安心地享受老年生活①。未来，养老模式将变得更为多样化、人性化和高效化，以此来支持老年人的生活服务和日常管理，通过完善老年人日常信息自动监测和预警措施，实现信息技术与老年人更友好、自主、个性化的智能交互，充分提升老年人的生活质量，真正满足其物质和精神上的各类需求。

二、智慧养老应用

相对于传统的养老行业，运用信息技术手段的智慧养老是一种新型养老模式。通过智慧养老，能够形成更为高效、及时和灵活的管理服务和监督反馈机制，有利于推动完善医疗卫生和养老服务充分结合的养老保障体系建设，构建更为完善的养老制度政

① 龚炳铮.发展国内智慧养老的思考[J].办公自动化，2017，22(19)：8－9＋14.

策法律体系，能够为政府和社区相关部门的统筹决策和服务水平提供科学依据，为服务人员提供具有指导价值和连续性的政策和服务数据记录，为老年人提供更为精准、实时、完备的资讯和服务，打造更为友好宜居、可持续发展的社会养老环境。

根据《国民经济和社会发展第十三个五年(2016—2020年)规划纲要》精神，对于养老应当“加强顶层设计，构建以人口战略、生育政策、就业制度、养老服务、社保体系、健康保障、人才培养、环境支持、社会参与等为支撑的人口老龄化应对体系”，“建立以居家为基础、社区为依托、机构为补充的多层次养老服务体系……加强老年人权益保护，弘扬敬老、养老、助老社会风尚”。另外，根据工业与信息化部出台的《物联网的十三五规划(2016—2020年)》，应当“推动物联网、大数据等技术与现代医疗管理服务结合，开展物联网在药品流通和使用、病患看护、电子病历管理、远程诊断、远程医学教育、远程手术指导、电子健康档案等环节的应用示范”，推广社区医疗+三甲医院的分级诊疗模式，基于物联网智能感知和大数据分析开展更为精准的医疗应用，从而构建更加完善的健康养老体系。

目前国内市场上比较热门的智慧助老产品可分为使用场景和传感模式两类。按照使用场景，智慧助老产品主要为便携式、固定式、移动式[①]。其中，便携式是通过可穿戴电子设备，实时采集被服务者人体特定的生理参数(如心电或血压)和当前位置等信息，其原理为可以进行智能分析和预警的穿戴式计算机或云计算可穿戴健康设备，如智能手环、智能手表、电子计步器、体温计、心跳脉搏检测仪、呼吸睡眠检测仪、血压体温检测仪等。根据场景的不同，便携式智慧助老产品还可分为家庭式便携产品和社区式便携产品两种，家庭便携产品用于实时监测老年人的身体状态，医生便携产品用于诊断，可定期或不定期对老人身体状态进行医学测量或体检，是监控管理慢性疾病或重大疾病等的主要监护手段。设备固定安装在不可轻易拆卸或移走的地方，根据家庭、社区服务中心或养老机构的规划设计进行部署，实现需要的监控管理、康复和生活照料服务。而移动式顾名思义，将对人体进行生理监测的设备或仪器安装在可移动工具上，如助行器械、无障碍设施或专用车辆、护理机器人、定位仪、防摔呼救器等，适用于普通老年人与具有残障的老年人的日常生活辅助设备、安全看护急救器具和信息交流产品。

按传感模式，智慧助老产品又可以分为接触式和非接触式。其中，接触式助老产品能够通过声光电感应技术，对家中的老年人进行日常行为分析，同时也有助于监护人(如子女)、社区服务中心或机构专业护理人员对老人进行远程监护。利用现代无线传感器网络技术，监护人可以在家中设置用于日常监测的助老产品，该产品通过布设于老人的床边、房门把手、衣柜、老人携带的药盒、洗手间坐便器、冰箱上等位置的无线传感器，能够实时追踪和收集老人在家里的活动轨迹，以此为依据进行数据分析，把握居家老人的身体能力。

---

① 蒋鸿.基于数据融合的智慧养老医疗健康系统的研究与实现[D].南京邮电大学，2015.

三、智慧养老模式

利用互联网和物联网的信息化手段,智慧养老可以针对老年人面临的风险和老年人的个性化需求进行预测分析和预警管理,通过对大量老年人有关心血管疾病和糖尿病等慢性疾病的生理数据进行监控和分析,可以对易发生疾病人群的病理特征进行归纳,提取相似的发病状况与机能变化,为医学领域老年人相关疾病的预测预防提供相关资料,并对发生类似生理变化的老年人发出预警,提醒其及监护人或看护人员更密切关注预防相关疾病,避免疾病的恶化。

未来的养老模式将变得多样化、人性化、高效化。不论居家养老、社区养老、机构养老还是异地养老(即老人离开现有居住地,至异地享受与本地相同的养老待遇和服务),老人与家属都可通过传感设备实时监控老人的身体状况,并记录其位置信息。一旦发现老人的健康数据出现波动或突然摔倒等情况,可在第一时间定位其位置,并由养老机构工作人员或服务人员第一时间前往提供帮助。通过将老人身份标识与医疗系统、社区服务系统互连,老人的就医和日常生活需求可通过平台发布至相应机构,根据相应需求医疗机构和社区服务机构能按时为老人提供上门服务。同时,家属和其他公益组织可通过公共服务平台与养老系统互连互通,家属可随时与老人取得联系或关注其状况,公益组织可组织相应活动丰富养老年人群的精神生活。

智慧养老能够显著提升养老机构的效率,有利于异地养老的信息与资源管理,并使居家养老、社区养老成为可能。但要实现智慧养老,首先需要建立信息化的养老体系,将传感技术、远程监控技术、互联网技术等应用到日常养老中去,实现养老体系信息化以及相关信息的实时获取,随时了解老年人状态;其次通过公关服务平台使养老信息能够互连互通,使养老机构、社区养老、居家养老能够在统一的平台上呈现,从而能够统筹人力、设施等有限的养老资源来提供高效的养老服务;最后,需要制定相关养老服务标准,通过技术标准来规范信息管理、信息分享的方式,通过行政管理标准来规范养老机构、社区等的操作流程,以便统一监督和问责。智慧养老还可以为政府养老服务相关决策提供分析依据。

政府部门可以根据智慧养老服务信息管理中心的相关信息处理报告,适时适度调整相应的养老服务政策方向和重点,以更好地满足现阶段老年人的养老需求。为养老服务供给机构提供服务指导。对于众多养老院、老年公寓等养老服务机构,养老服务信息有利于其转变发展思路,优化服务质量。同时相关养老服务信息的透明也会增强养老服务业的市场竞争,实现养老服务资源的有效整合。另外,对于社区和家庭的非专业服务人员来说,养老服务信息可以更好地指导其开展工作,进一步提高服务水平,实现养老服务供给的多重联动、多方合作。

在未来的养老体系中，信息化、互联网与物联网技术能够起到关键的服务作用，现已有一些政府、单位、企业开展了智慧养老试点建设工作，但尚未形成完整的体系。大力推动养老创新模式能够促进信息的互连互通，真正实现信息化、智慧化养老。

第三节 智慧交通

通过对智慧交通产生的背景、概念及特征的描述，阐述智慧交通发展意义，并对当前智慧交通的主要建设应用进行概括，主要包括涉及各种交通工具及与其相关的交通安全、交通畅通、交通指挥和交通服务等方面，最后，伴随新技术、新理念等在交通领域的应用，展望未来智慧交通的发展趋势。

一、智慧交通概述

（一）智慧交通产生背景

智慧交通成为解决现有交通问题的重要突破口。近年来，随着我国城市化进程的推进和机动车数量的快速增长，城市道路交通量不断增加，各种交通问题凸现，交通拥堵成为影响大城市居民出行的首要问题，交通事故数量呈上升趋势，机动车尾气污染成为城市大气污染的主要来源。日益严峻的供需矛盾，以及用于拓展道路的土地供应量的紧张，迫使交通运输系统改变现有的管理和服务模式。荷兰交通导航服务商TomTom Telematics 发布的2016 年全球拥堵城市排名中，排名前十的城市中，有四座是中国城市，在亚洲前十的拥堵城市中，中国有七座城市上榜，如表5-1 和表5-2 所示。

表 5-1　全球 2016 年全球十大拥堵城市

排名	城市	拥堵指数	排名	城市	拥堵指数
1	墨西哥城	66%	6	伊斯坦布尔	49%
2	曼谷	61%	7	成都	47%
3	雅加达	58%	8	里约热内卢	47%
4	重庆	52%	9	台南	46%
5	布加勒斯特	50%	10	北京	46%

表 5-2　亚洲 2016 年全球十大拥堵城市

排名	城市	拥堵指数	排名	城市	拥堵指数
1	曼谷	61%	6	台南	46%
2	雅加达	58%	7	北京	46%
3	重庆	52%	8	长沙	45%
4	伊斯坦布尔	49%	9	广州	44%
5	成都	47%	10	深圳	44%

资料来源：数据根据 TomTom Telematics 发布的 2016 年全球拥堵城市排名整理。

发展智慧交通可保障交通安全、缓解拥堵难题、减少交通事故。据分析，智能化交通可使车辆安全事故率降低20%以上，每年因交通事故造成的死亡人数下降30%～70%；可使交通堵塞减少约60%，使短途运输效率提高近70%，使现有道路网的通行能力提高2～3倍。另一方面，发展智慧交通可提高车辆及道路的运营效率，促进节能减排。车辆在智能交通体系内行驶，停车次数可以减少30%，行车时间减少13%～45%，车辆的使用效率能够提高50%以上，由此带来燃料消耗量和排出废气量减少，汽车油耗也可由此降低15%。发展智慧交通已经成为必然，并且十分紧迫。

新一代信息技术的发展为智慧交通提供了强大支撑。物联网、云计算、大数据、移动互联网等新一代信息技术的快速发展为智慧交通提供了强大的技术支撑。利用物联网技术可以全面感知交通运输基础设施、交通运载工具的建设状况，同时监控整个交通的运行情况；利用大数据技术则可以充分挖掘和利用信息数据的价值，盘活现有数据，在此基础上进行应用、评价、决策，服务于交通部门的管理与决策；云计算则为各类交通数据的存储提供了新模式，"交通云"的建立将打破"信息孤岛"，彻底实现信息资源共享、系统互连互通；通过使用移动互联网技术，则可以实现信息在各种运输方式间的顺畅传输、交换，从而达到各种运输方式的合理布局及协调、高效运行。信息化技术发展为社会参与交通治理创造了基础，信息化建设将成为交通治理体系和治理能力现代化的重要工具。

（二）智慧交通的概念及特征

伴随国家大力推进综合交通运输体系建设，智慧交通的研究对象就是综合交通运输体系，研究的范围涉及交通基础设施、运载装备、客运货运、运输组织、交通管理等交通全领域。因此，智慧交通是指在较完善的交通基础设施基础上，将计算机技术、通信技术、传感技术等集成运用于传统交通运输系统，改变现有交通基础设施、运输装备、运输组织和交通管理的形态，形成一套将信息和实体相结合，提供一体化综合运输服务，能够实现将任何人、任何物在任何时间采用任何方式运送到任何地点的智慧型综合交通运输系统，智慧交通的层次架构如图5-3所示。

结合智慧交通的定义可以得出智慧交通有四个特征。

第一，实现交通基础设施和运输装备的泛在互连。智慧交通将建设在具备多维感知、智慧决策、自动导航等功能的智能化交通基础设施和具备环境感知、智慧决策、辅助驾驶等功能的智能化运输装备基础上，实现交通基础设施、运输装备以及旅客或货物之间的有效信息联系。

第二，实现信息流与物流的融合，以信息流指导物流。未来的交通运输系统将由用户在网络上提出客货运输需求，运输系统在接收网上运输需求以后，利用云计算、人工智能等技术手段在网络上解析运输需求，提出运输策略，制定运输计划，然后再交由线下的交通运输设备设施去完成实际的运输生产。当前的"滴滴打车"就是具备这样的特征。

第三，提供一体化、个性化的综合运输服务。未来的交通运输系统将是一个整体的运输服务提供商，能够提供一整套的解决方案，包括票务的"一票制"，运输组织的多式联运、无缝衔接、连续性和全程性；也可根据实际情况的变化，应需而变，为各类用户提供个性化的、多样化的、以人为本的运输服务。

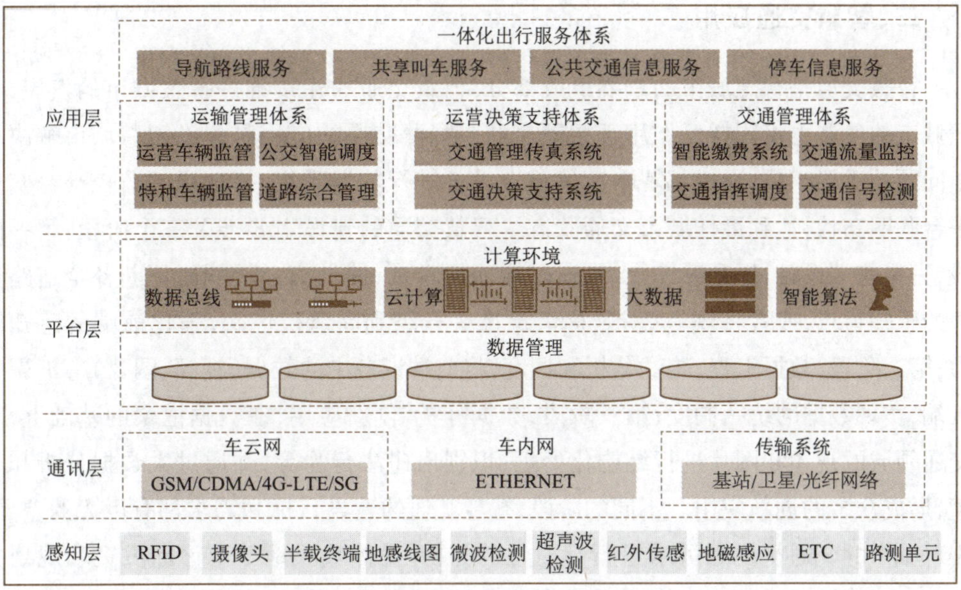

图5-3　智慧交通的层次架构

第四，运输组织和交通管理的高可靠性和高效率。智慧交通包含智能化的交通基础设施、智能化的交通运载装备和智能化的运输组织服务等。交通运输的管理者对各种运输要素的掌握更加详细、及时、准确，对各种风险能够更加有效控制和应对，并能够通过新技术使得运输策略更加科学，使得交通管理的可靠性更高、效率更高。

（三）智慧交通建设意义

通过新一代信息技术汇集交通信息，对交通管理、交通运输、公众出行等交通领域全方面以及交通建设管理全过程进行管控支撑，使交通系统在区域、城市甚至更大的时空范围具备感知、互连、分析、预测、控制等能力，充分保障交通安全、发挥交通基础设施效能、提升交通系统运行效率和管理水平，为通畅的公众出行和可持续的经济发展服务。具体而言智慧交通建设意义有：

第一，交通是国家经济发展的动脉，智慧交通是智慧城市建设的重要组成部分。以国家智能交通系统体系框架为指导，通过打造智慧交通系统，建设"高效、安全、环保、舒适、文明"的智慧交通与运输体系，有利于一体化交通综合服务体系建设，保障国家经济发展。

第二，提高城市交通运输系统的管理水平和运行效率。智慧交通有效地优化城市交通运行管理，为出行者提供全方位的交通信息服务和高效、快捷、经济、安全、智能的交通运输服务，提供绿色、安全、人性的出行环境，创造更加美好的生活。

第三，为交通管理部门和相关企业提高及时、准确、全面和充分的信息支持和信息化决策支持。通过智能终端全面感知实时动态信息,交通运输部门和相关企业基于采集的交通数据信息,深度挖掘相关数据,形成问题分析模型,提升行业资源配置优化能力、公共决策能力、行业管理能力、公众服务能力。

二、智慧交通应用

智慧交通是智慧城市的重要组成部分,智慧交通的建设推进智慧城市的发展,智慧城市的发展也将同样反作用于智慧交通。智慧交通的应用是建设智慧城市解决交通问题的重要工具,通过部署丰富的前端设备进行数据采集,打造视频监控平台实现平台联网布控,达到最佳城市交通状态。智慧交通的建设主要涉及三个阶段:第一阶段,完善前端设备,提升感知能力,通过增加摄像头、信号灯、线圈等,不断补全道路交通的感知盲点,或者将现有模拟、标清摄像头升级到高清摄像头,强化前端的感知能力;第二阶段,数据汇聚,统一分析和调度,将前端设备中的数据(视频、图片)等汇聚到云端,实现数据的统一调度;第三阶段,数据分析,创新应用,在数据汇聚的基础上,对交通领域的视频和图片进行结构化处理,识别出违法行为等,并通过大数据分析和碰撞,形成众多的创新应用。不同的阶段,智慧交通的建设目标和需求都有巨大的差异,需对城市的交通状况和诉求进行针对性的分析,量体裁衣地给出诊断方案和规划方案,让每个城市的智慧交通实现最优的发展策略。

智慧交通在智慧城市中的应用,主要表现在涉及各种交通工具及与其相关的交通安全、交通畅通、交通指挥和交通服务等诸多方面(见图5-4),以信息的收集、处理、发布、交换、分析、利用为主线,为交通参与者提供多样化的服务。归纳起来,主要包括智慧交通管理和智慧出行服务两类。智慧交通管理主要围绕城市道路交通的实时管控、指挥调度与动态规划及紧急救援管理等应用领域,智慧出行服务主要围绕和城市居民出行有关的所有交通服务,涉及公共交通服务、路线规划、停车服务、收费系统等交通服务领域。

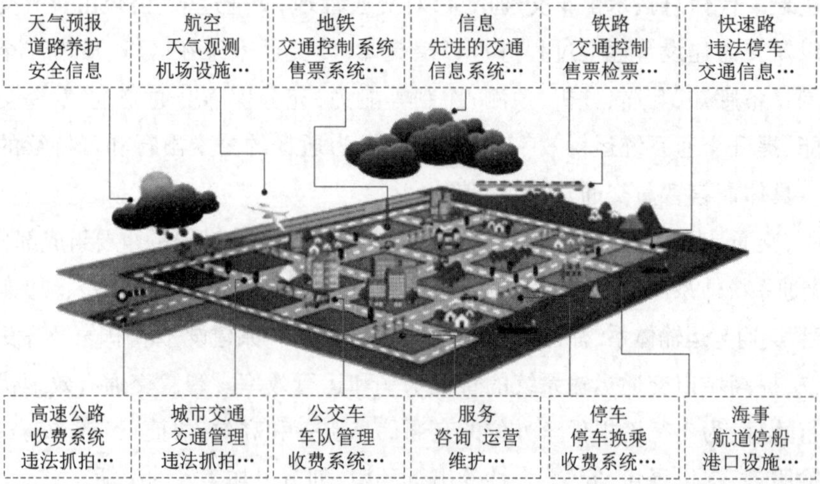

图5-4 智慧交通应用

（一）智慧交通管理

根据交通管理的对象不同，智慧交通管理应用主要有对道路的管理应用、对交通工具的管理应用以及紧急求援管理应用等内容。

道路交通监控。监控中心可以实时观察各节点的交通情况，在常态下，减少了交警巡逻出勤的辛劳，降低管理成本，异常情况下，可以接警后第一时间调取现场事件图像，为应急处置做充分的准备。英国 SCOOT（Split Cycle Offset Optimizing Technique）系统，利用绿信比、周期、相位差优化技术，作为 UTC（时间转换工具）软件的附加模块，在 UTC 系统的基础上实现真正的实时自适应交通控制系统。

电子警察、卡口。电子警察是为了规范交叉口、路段的交通安全驾驶秩序，规避事故的一种措施，卡口的意义，更多的是在于路线、片区的安全管理；总体上电子警察、卡口的作用体现在城市安全管理上，规范社会秩序。

交通信号控制。信号灯控制严格意义上来讲早于智慧交通系统的出现，如今交叉口信号控制已经越来越成为城市道路交叉点的标准配置，交通信号控制在城市中的作用为规范机动车、行人交通秩序，保障交叉口的安全。

交通信息采集和诱导。通过收集实时的路网数据，处理成状态信息，用于车载导航路况的提供及路线的选择。在偶发性拥堵下，这种信息提供有助于驾驶员选择新的路径，避开拥堵，但是常发性拥堵以及多选择路径同时拥堵下效果不显著。总体上，交通信息采集和诱导，作用主要体现在为出行者交通提供参考，辅助交通路径的选择，为管理者积累城市交通数据，为规划、管理提供决策支持。

智慧公共交通。即公共交通的智慧化，包括公交车 GPS 定位实时掌握公交车辆在途信息，公交优化调度，合理配车，公交站台实时车辆达到信息发布，网络及其他智慧终端的公交换乘查询等信息服务。

交通指挥调度与动态规划。通过可视化作战指挥调度，可以实现交通路线自动跟踪，具备交通路线预案选择、预案保存、预案执行以及根据选择执行的预案，根据前导车位置进行自动视频跟踪。行进车队自动跟踪，可根据大型活动或事件对行进车队自动调用相关视频设备自动监控。

苏州交通大数据管控平台（见图 5-5），通过采集车辆的信息、车主信息、图像信息、主要的事件与任务信息，抽取、装载、清洗相关的业务数据，对城区道路车辆通行现状与运输任务进行大数据对比分析，了解掌握影响车辆运输的主要因素（交通路线、交通繁忙）；制定合理车辆管理、运输路线规划、预防事件的发生，确保运输安全的相应措施和行动计划。获取熟悉相关交通运输线路的驾驶员、交通运输的排班调度计划。根据实时感知的交通路网状态，实时管理物资运输车辆的进展状况、动态调整运输路线、预测车辆到达所需时间，确保交通实时准备到达指定地点。

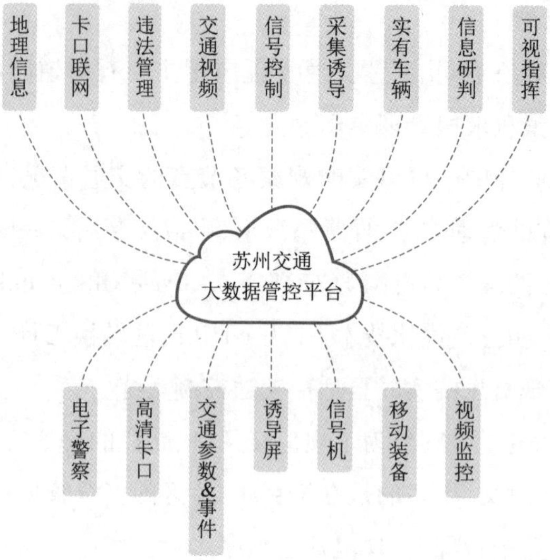

图 5-5　苏州交通大数据管控平台

(二)智慧出行服务

以城市市民出行为对象的智慧出行服务涉及交通出行的方方面面,从交通路线的规划,到交通工具的选择、实时交通信息获取以及停车、售票收费等服务。

综合交通信息平台。综合交通信息,属于城市信息的一个分支,主要汇聚交通类的各种信息,汇聚后进行处理、应用。因此,综合交通信息平台在城市中的作用,体现在为城市发展、管理提供智囊,用数据说话。

停车诱导。诱导驾驶员寻找到合理的停车位,提高停车服务水平,同时,也能起到避免空驶,降低碳排放的效果。

不停车收费 ETC。ETC 在提升高速公路通行能力,改善收费口拥堵以及节能减排等方面的效益日益凸显。

车联网。车联网目前还没有真正的系统跟进,主要是汽车生产商在通信技术上开发和应用。随着其发展和应用,对城市的作用体现在车与车间的沟通更为顺畅,为交通信息的获取和共享提供了更广阔的空间。

被动安全。被动安全技术或者被动安全系统,是通过外围设施的辅助控制,来达到保护行人、驾驶人的交通安全。常见的有通过车内疲劳驾驶识别报警、车外防撞设施设置、安全避险提示等手段。其作用,很明显,体现在降低安全事故。

三、智慧交通发展趋势

(一)车联网和无人驾驶将成为智慧交通的重点

车联网项目已被列为国家重大专项(第三专项)的重要项目,国家将从产业规划、技术标准等多方面加大对车载信息服务的支持力度,全力推进车联网产业全面发展。

国家层面对车联网政策红利的逐步释放，技术水平的不断提升，互联网思维的逐步渗透，车联网将迎来快速增长期。通过车与车、车与路之间的信息交互与共享，保障车辆运行的安全，实现交通信息的实时发布与接收服务，实现安全辅助驾驶、行驶路径优化、绿色低碳高效等多个目标的统一。当前在车辆的感知设备已经实现盲区监测、夜视辅助、超速提醒、车道偏离报警、碰撞报警等一系列安全辅助驾驶功能，无人驾驶汽车开放道路上的测试已经在多个国家开展，随着无人驾驶领域技术的逐渐成熟和无人驾驶政策法规的完善，无人驾驶将很快应用于城市交通。2016 年，美国智能移动交通中心在密歇根州设立智慧交通无人驾驶测试基地，其占地规模是两年前在密歇根州设立的 MCity 项目的 10 倍，投资总额的 8 倍。该测试基地将是智慧交通技术融合的综合实测场地，以及未来智慧交通城市的雏形与样本。

（二）新兴信息技术应用将更加广泛

随着云计算、大数据、移动互联网、社交网络媒体等新兴技术的发展，其在智慧交通行业中的应用将更加普及。物联网成为激活智能要素，通过各类传感器、移动终端或电子标签，使信息系统对外部环境的感知更加丰富细致，这种感知为人、车、路、货、系统之间的相互识别、互操作或智能控制提供了无限可能；云计算、大数据将点亮交通管理智慧，系统能够从海量数据中快速、准确提取出高价值信息，为管理决策人员提供应需而变的解决方案，交通管理的预见性、主动性、及时性、协同性、合理性将大幅提升；移动互联网不断提升信息服务水平，随着移动互联网、智能移动终端大范围应用，信息服务向个性化、定制化发展，能够为用户提供交通出行或货物运输的全过程规划、实时导航和票务服务，基于位置的信息服务和主动推送式服务水平大大改善。

（三）绿色交通将成为交通发展的新底色

加快推进绿色循环低碳交通运输发展，是加快转变交通运输发展方式、推进交通运输现代化的一项艰巨而紧迫的战略任务。近年来，国家层面通过出台相关政策、开展城市试点等方式积极推进绿色交通建设。随着科技技术的不断创新、国家政策的强力支持，绿色交通将成为交通运输发展的新底色，节能减排将成为智慧交通发展的关键。大力发展车联网，提高车辆运行效率；重视智能汽车的发展，提升车辆智能化水平，加强车辆的智能化管理；积极采用电动车、混合动力车等节能环保型营运车辆；构建绿色“慢行交通”系统，提高公共交通和非机动化出行的吸引力；构建绿色交通技术体系，促进客货运输市场的电子化、网络化，提高交通运输效率，降低能源消耗，实现技术性节能减排。

（四）交通管理参与主体趋向多元化

“互联网 +”上升为国家战略，互联网的技术、思维模式等将逐步渗透到交通行业的各大领域。互联网企业将积极参与到智慧交通建设，用户也将成为智慧交通的重要参与主体，智慧交通建设的主体将呈现多元化的特征。政府将更多地考虑政策创新，考虑政府信息公开，考虑完善公平公正的市场环境，将更多地承担起建设项目的监督管理职责，通过制定绩效评估考核指标体系等，对建设项目进行监督管理；互联网企业拥有雄厚的技术、数据沉淀以及成熟的互联网思维，将在智慧交通行业发展中起到关键作用，也将会对交通行业商业模式创新产生重大影响；未来智慧交通领域将更关注用户体验，用户思维将成为智慧交通建设运营中的主旋律，公众将担当着出资者、建设者、监督者的角色。公众既是智慧交通服务的受众，也是重要的参与者，未来的智慧交通项目将来源于民，满足用户的需求。

第四节 智慧教育

对当前智慧教育的现状进行分析，阐述智慧教育的内涵、特征以及建设意义，围绕教育资源的整合与共享和教与学的模式创新两个方面展开智慧教育的应用建设，随着新兴技术的应用和个性化学习的需求，探讨未来智慧教育的发展趋势。

一、智慧教育概况

网络技术、智能技术和物联网技术以前所未有的速度向前发展，为市民生活各方面带来全新的变化。在教育领域，新一代信息技术的发展和应用，为传统教育信息化深度发展提供了充分条件，为智慧教育的深入推进提供了机遇与挑战。在新一代信息技术与教育课程之间的深度融合下，人们更加关注如何利用信息技术建设个性化的学习环境，提供个性化的学习资源和服务，促进学习者的互助学习和团队合作，实现知识的深度重构。

（一）智慧教育的内涵

信息技术在教育领域的广泛应用与推广，使得传统教育被赋予新的内涵和特征。通过构建智慧学习环境，运用智慧教学法，促进学习者进行智慧化学习，培养具有高智能和创造力的人，利用适当的技术参与各种实践活动并不断地创造教育产品和价值，实现对学习环境、生活环境和工作环境灵巧机敏的适应、塑造和选择[23]；教育视角认为智慧教育是一种更为全面、丰富、多元、综合的教育，它主要包含：理性（求知求真）智慧的教育、价值（求善求美）智慧的教育和实践（求实求行）智慧的教育，这三个既相互区分又彼此联系，教育的根本宗旨在于促使受教育者全面地占有自己的智慧本质，成长为理性智慧、价值智慧和实践智慧的统一体[24]。

智慧教育应该既有“教育的智慧”属性，也应有“信息技术的智慧”特征。信息技术属于手段，通过借助信息化手段促进教育和人的智慧化发展，智慧教育的本质还是以学习者为中心，通过信息化手段实现教育资源的整合共享，提供创新并有效的智慧教学模式和智慧学习模式，实现个性化、智能化和体验化的学习环境，形成优质教学资源合理分配，多层次培养和提高学习者的综合能力，实现学习者随时随地的深度学习，促进学习者知识架构重建。

（二）智慧教育的特征

智慧教育与传统信息化教育相比，呈现出不同的教育特征和技术特征。其中教育特征为：

第一，信息技术与学科教学深度融合。信息技术与教育的深度融合包括技术与管理的融合、技术与教学的融合、技术与科研的融合、技术与社会服务的融合、技术与校园生活的融合等。智慧教育需要广大师生具备较强的信息技术应用能力，合理、有效、创新应用技术促进课前、课中与课后教与学活动的全程设计、实施与评价。智慧教育环境下的电子书包、平板电脑、智能手机等移动终端将成为课堂教学的常规载具，移动终端的引入使得课堂教学组织变得更加灵活多样，不限于“排排坐”的固定形式；支持各种学科教学的专用软件实现更高效率的学科知识传授与学科能力培养。

第二，全球教育资源整合共享。高速发展的科学技术正在创造一个新的、更小的、更平坦的世界，“地球村”正在从预言变成现实。智慧教育培养的不再是一个国家的公民，而是具有全球视野和创新思维的世界公民。近年来，在世界知名大学的努力推动下，OER（Open Educational Resource）运动和MOOCs（Massive Open Online Courses）运动席卷全球，优质教育资源迅速传递到世界各个角落。智慧教育秉承“开放共享”理念，通过多种途径实现全球优质教育资源的无缝整合与无障碍流通，突破教育资源地域限制，使得世界各地的学生和社会公众可以随意获取任何适合自己的教育资源。

第三，无处不在的开放按需学习。智慧教育环境不是一个割裂的教育空间，而是通过网络将学校、家庭、博物馆、图书馆等各种场所连接起来的教育生态系统。学习需求无处不在、学习无时无刻不在发生，云计算、物联网、移动通信等信息技术的发展为人类的学习提供了无限的可能。学习不应该固定在教室和学校，而应回归社会和生活，发生在任何有学习需求的地方。智慧教育环境下的学习将走向泛在学习，泛在学习不是以某个个体为核心，而是点到点、平面化的学习互连，真正实现无处不在的学习资源、无处不在的学习服务和无处不在的学习伙伴[25]，最终形成一个技术完全融入“学习”的和谐教育信息生态[26]。

第四，绿色高效的教育管理。信息技术的普及应用为实现教育管理的智慧化、推动绿色教育发展提供了条件。云计算技术通过整合基础设施（IAAS）、研发平台（PAAS）、应用软件（SAAS）三种计算资源，实现管理数据的统一采集与集中存储，实现管理业务流程的统一运行与监控，有效避免“信息孤岛”，减少教育管理上人力、物力和财力的浪费；物联网通过射频识别、二维码、红外感应、全球定位等技术，将各种教育装备与互联网连接起来，进行智能化识别、定位、跟踪、监控和管理，可以有效提高管理效率和质量；大数据技术全面采集各种教育数据，进行科学统计分析与挖掘处理，为教育决策提供数据支持；办公自动化应用减少纸张浪费，实现教育领域的低碳环保，精简教育管理流程，不断提高教育管理业务系统的运行效率。

第五，基于大数据的科学分析与评价。物联网、云计算、移动通信、大数据等新一代信息技术的发展为教育评价从“经验主义”走向“数据主义”提供了技术条件，实现各种教育管理与教学过程数据的全面采集、存储与分析，并通过可视化技术进行直观呈现。2013 年 9 月 1 日教育部推行全国统一学籍，每个学生都分配一个跟随一生的学籍号，“全国学生终身一人一号”的推行，为全国教育数据的统一采集提供了条件，学校不仅仅能对学生在校期间的学业成就进行评价，还可通过学籍号持续跟踪学生毕业后的发展与学习情况，为教学质量评估提供更全面、更准确的科学数据分析结果。

智慧教育的技术特征主要体现以下几个方面：

第一，情境感知。情境感知是智慧教育最基础的功能特征，依据情境感知数据自适应地为用户提供推送式服务，情境感知的对象包括两类，分别是外在的学习环境与人的内在学习状态，具体感知内容包括：物理位置信息、时间信息、环境信息、知识背景、学习状态等。

第二，无缝连接。泛在网络是智慧教育开展的基础，基于泛在网络的无缝连接是智慧教育的基本特征。无缝连接主要体现在系统集成、虚实融合、多终端访问、无缝切换、社群连接等方面。

第三，全向交互。教与学活动的本质是交互，智慧教育系统支持全方位的交互，包括人与人之间的交互以及人与物之间的交互。全向交互主要体现在自然交互、深度互动、过程记录等方面。

第四，智能管控。教育环境、资源、管理与服务的智能管理是智慧教育的核心特征，智能管控主要体现在智能控制、智能诊断、智能分析、智能调节、智能调度等方面。

第五，按需推送。按需推送是智慧教育的另一重要特征，要实现“人人教、人人学”的愿景，教育资源可以按需获取和使用，教与学可以按需开展。主要应用有按需推送资源、按需推送活动、按需推送服务、按需推送工具、按需推送人际资源等按需推送服务。

第六，可视化。可视化是信息时代数据处理与显示的必然趋势，可视化是智慧教育观摩、巡视、监控的必备功能，也是智慧教育系统的重要特征，实现可视化监控、可视化呈现、可视化操作等功能。

(三)智慧教育建设意义

首先，破解教育发展难题，推动教育领域全面改革。当前教育领域存在一系列发展难题，如教育观念相对落后，内容方法比较陈旧；中小学生课业负担过重，素质教育推进困难；学生创造力不足；城乡之间、区域之间教育发展不均衡；教育公平问题长期存在；高等教育规模飞跃式扩张导致本科教学质量下滑；各地校园安全事件等。智慧教育通过创新应用信息技术，提升教育系统运行的智慧化水平，有助于破解教育发展难题，从而形成突破点，带动整个教育领域的全面改革。

其次，抢占国际教育制高点，引领教育信息化创新发展。智慧教育建设为抢占国际教育制高点,重塑国家教育在全球教育的影响力和地位提供了契机。智慧教育是当代教育信息化的新境界,是素质教育在信息时代、知识时代和数字时代的深化与提升,是培养创新型人才、智慧型人才、实践型人才的内在需求。智慧教育的发展将引领国家教育信息化新的发展方向,带动整个教育产业的迅猛发展,培养大批世界一流的创新智慧型人才。

最后,服务全民终身教育,助推中国教育梦实现。技术推动下的智慧教育正在成为信息时代全球教育改革的"方向标"。智慧教育面向全体公民,既可以为正常人提供优质的、个性化的教育服务,又能够满足各类特殊人群的教育需求。智慧教育运用科技服务教育,显著提升教育智慧,能够实现"学有所教、有教无类""人人教、人人学"的泛在教育,是对中国教育梦的进一步阐释和丰富,加快学习型社会的建设。

二、智慧教育应用

随着网络化、智能化、数字化的日益普及,教育也发生了重大的改变。传统的纸媒学习、填鸭式学习等,都被网络化学习、智能化学习、综合性学习等所取代。IBM 认为智慧教育的五大标准是:学生的技术沉浸,个性化、多元化的学习路径,服务型经济的知识技能,系统、文化和资源的全球整合,教育在 21 世纪经济中的关键作用。新型的学习方式,追求自主性、多元性、创新性、综合性等特征,这些对于传统的填鸭式、单一式、封闭式、分散式教育,必然是一种挑战。这些变化将使教育向智慧化方向发展,它也是未来教育的发展趋势。智慧教育的真谛就是通过构建技术融合的学习环境,让教师能够施展高效的教学方法,让学习者能够获得适宜的个性化学习服务和美好的发展体验,使其由不能变为可能,由小能变为大能,从而培养具有良好的价值取向、较强的行动能力、较好的思维品质、较深的创造潜能的人才。教育资源的整合与共享、教与学的互联网化成为智慧教育对传统教育创新变革两大重要领域,智慧教育层次架构如图 5-6 所示。

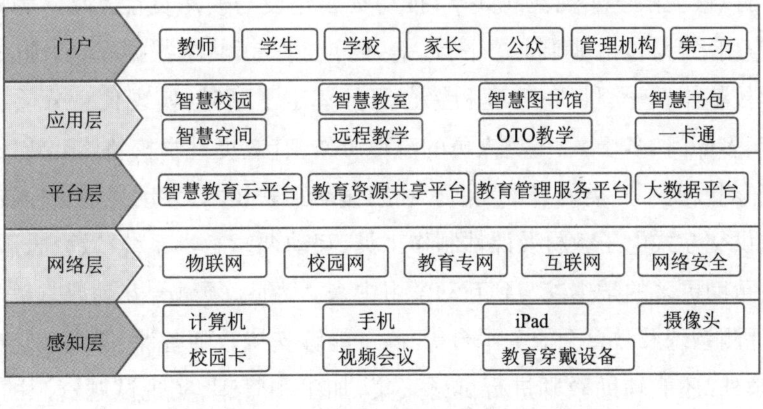

图 5-6　智慧教育层次架构

(一)教育资源的整合与共享

教学资源是开展教育教学工作的物质基础,涵盖了各种海量的学校行政文件、教学资料、课件、学生作业等。在传统的教学环境中，并没有发挥出教学资源应有的作用，师生没有充分享受到有效的教育信息化成果。教师之间的教学资源交换几乎空白，没有实现教学资源共享、统一高效管理。针对教育信息化中的资源共享、管理，目前各省市都在积极建设教育资源云服务平台，一站式解决文件存储、共享、管理的难题，以实现教学资源整理、共享，科学高效地利用教学资源，助力教育教学工作的进一步提高。

第一，国家教育资源公共服务平台。是中央政府提供教育基本公共服务的一次创新，其在提供资源上传下载服务的基础上，强调以学习空间为核心的资源推送，把不同用户所需要的资源送入不同的个人空间，以教师的教学空间应用带动学生、家长和学校的应用，在“宽带网络校校通”的基础上，促进“优质资源班班通”和“网络学习空间人人通”。

国家教育资源公共服务平台充分依托现有公共基础设施，利用云计算等技术，逐步推动与区域教育资源平台和企业资源服务平台的互连互通，共同服务于各级各类教育，为资源提供者和资源使用者搭建起网络交流、共享和应用环境。将国内教育优势地区的名校、名师资源集中起来，为全国师生提供个性化的空间和服务。促进“优质资源班班通”和“网络学习空间人人通”，让优质资源和创新应用惠及人人。自 2012 年 12 月 28 日开通试运行开始，建立了平台的门户网站，设立新闻、资源、活动、培训、导航、发现等网站频道，着力于教育信息化的工作进展、教育资源的推送推广、各类教育活动的举办实施、教育资源信息的智能导航。并开通了客服 400 服务呼叫中心，设立实时监控，加固及加速网络服务设施，努力更好地为广大网络用户提供优质的服务。

第二，智慧校园。智慧校园的关键问题是资源的互连和管理。公共服务平台作为教育资源最重要的载体，直接影响教育资源的汇聚共享、建设与应用的衔接，而利用云计算模式可以最大限度实现集约共享，推动资源建设与使用良性互动。为此，要构建一系列的应用平台，包括基础支撑平台、信息门户平台、共享数据平台、统一身份认证平台，为学校整体教学、科研、管理和综合服务奠定了基础，实现信息分层、流程化管理，多系统、多部门、多校区、多类人员的流程协作，有效提升学校整体运转效率。移动互联技术深刻改变了人类的日常生活。利用移动互联技术、移动终端触控技术及云计算技术，提供交互式电子教材及课件制作工具、互动课堂教学系统、教育云服务平台等系列产品，帮助更多的学生参与到互动学习中来。为此，须融合互动课堂教学系统、试题应用级评测系统及教育云服务平台等，除了能够支持教师备课、课堂互动控制、监控和协同教学外，还能辅助教师进行试题采集、加工和管理，实现试题资源的积累和应用，为教学活动提供智能组卷、在线测试、训练诊断、查缺补漏等功能。

“智慧教育云平台”基于云计算核心技术开发，采用 SOA 架构，由教学资源管理系统、教学资源调度系统、教学资源服务系统、教师备课系统、教学授课系统、教学信息管理系统、慕课系统、统计系统、评价系统组成，满足教师日常教学应用、教师提高进修、教师集体教研、学生专题活动、学习评价等应用要求，满足教育管理者教学管理、教学资源评价，满足教学资源运营的需要。

(二)教与学的模式创新

借助互联网等信息技术实现教学与学习的模式创新，不再局限于固定的时间、固定的地点，甚至是固定的老师和学生，老师教的可能是来自全球任何一个想学的人，学生学得也可能来自全球任何一个人的知识。具体的教与学的创新模式有：

第一，智慧教室。智慧教室解决方案以智能录播系统、交互智能电子白板、实物视频展台、沉浸式教室解决方案为主体，配套多媒体中控、音频系统、推拉黑板等周边设备，实现统一管理的多媒体数字授课，为教育行业打造一个惊喜无限的数字化教学平台，从根本上克服单调、乏味的传统教学方式。多媒体教学是根据信息传播理论和教学过程的规律而设计、实施、评价教育过程的系统方法，它通过形声媒体、软件的运用和调控贯穿教学的全过程。

电子书包，电子书包教学应用环境包括物理环境(无线网络、交互显示设备)、软件环境(课堂交互系统、教学服务平台)、数字资源(电子课本、教学资源、学科工具)建设。互动白板，交互式电子白板的教学平台(主要包括计算机、投影机、交互式电子白板)，保留黑板的互动性及多媒体技术的丰富性，舍去黑板的单调性及电教的单向性，从根本上解决了以往教学模式中存在的问题和不足，真正实现"教与学的互动"，实现高品质、高效率的教学模式。交互智能平板，交互智能平板集大屏高清显示、投影仪、PC、电子白板、电视和音响等功能于一身，只要连接电源就可直接在平板上进行触摸操作，相当于一个大尺寸的平板电脑。实物视频展示台，不仅能将胶片上的内容、投到屏幕上，而且可以将各种实物，甚至可活动的图像投到屏幕上，最终将图像展示出来，还需通过外部设备的参与，比如电视机和投影机。视频展示台的关键部件是CCD(电荷耦合设备)。视频会议系统，实现模拟大教室、召开工作会议、国际学术交流、视频交互式远程教学、国际友好学校交流等在线功能。录播系统，通过录播系统进行全方位的录制，能够真实地记录各种会议的全过程，并作为历史资料永久保存下来，可以方便用户在会后进行在线资料查询和播放。未来，发展的趋势是集全自动录播、互动录播、云录播三功能为一体的全能型录播系统，可实时直播、在线点播、同步录制、远程互动、统一管控等，支持三分屏模式课件录制和电影模式课件录制，编码效率更高，清晰度更好，适用于精品公开课、互动教学、微格教室、远程教研、教学评估等场合。直播系统，随着OTT(Over The Top)技术的逐渐成熟及机顶盒功能的逐渐强大，很多运营商都开始探讨以互动点播OTT为主的多屏互动平台，其核心价值是让教学过程可以随心所欲地使用多种屏幕进行顺畅的切换，主要的功能则是教室内的点播、甩屏、互动等，从而实现视频广播、信息发布、课程直播、透明校园、多屏互动的融合。

第二,在线教育平台。在线教育行业起源于美国,在英、美等发达国家已经十分普及,美国现在约有400万名注册的在线教育学生,许多知名大学早已开设在线教育平台。比较于已有数年发展历程的在线教育,移动互联网教育和智能语音教育还是相对陌生的领域,移动互联网教育领域作为移动互联网领域的细分领域,同样暗含着巨大的发展潜力。智能语音技术、网络视频通信技术等新技术也不断涌入在线教育领域,进一步加快该行业的发展步伐。随着未来互联网渗透率的进一步提升和在线教育消费习惯的养成,中国内地在线教育市场规模有望加速扩大,在线教育市场发展将继续呈现井喷态势。在这一新趋势下,中国的智慧教育体系的发展也呈现了线上和线下齐头并进、融合发展的趋势。

三、智慧教育发展趋势

(一)个性化学习将满足不同人的需求

虽然每个人的大脑结构都是相同的,但每个人的思维方式却截然不同,有些人偏向于理性,有些人则偏向于感性。所以,每个人的学习兴趣不同,所产生的学习效果也不同。在教育研究界有一个共识,就是老师在教孩子知识之前,首先要激发学生的灵感和兴趣。教育的目的也不是纯粹的讲知识或者将技能灌输给学习者,而是发掘学习者的自身兴趣,让其主动学习、主动思考,并在此基础上创新。这就意味着,每个学习者所学的知识和内容将是完全个性化的,是学习者自己主动选择的。在传统的教育模式下,几乎不能实现所有学习者的个性化学习,这也将是智慧教育未来发展的趋势之一。伴随人工智能技术的飞速发展,通过收集学习者的行为数据,产生关于学习者习惯和偏好的大量数据,借助大数据进行系统分析,自动调整学习者的下一步学习内容,推荐合适的作业练习,甚至改变教授知识的方法。通过不断的机器和学习者之间的深度磨合,推荐不断匹配学习者个性的内容和方法,实现学习者个性化的学习。

(二)精细化学习将实现完整的知识链

传统教育下,学习的过程比较粗糙,学习的进程只能被动接受,学生对其中的一个知识点没有理解,也被迫进入下一个知识点学习,这就导致学习越来越难,越来越不想学习。借助信息技术的应用,可以实现精细化学习,实现对某些知识点的深度学习,形成完整的知识链,构建自己的知识架构。另外一方面,当前的知识爆炸、信息充斥,时间被“碎片化”,人们也没有耐心进行深耕式学习,很多知识仅仅接触一下就跳过。但是,在培养孩子学习方法和习惯的义务教育阶段,精细化学习是必不可少的,这就对教学的模式提出了新的要求,在满足整体教学进程的同时,又能实现精细化学习。通过人工智能、大数据等新兴信息技术的应用,通过数据来观察和分析学生的知识掌握程度,针对性地进行细化学习和训练,实现每个知识点的深度学习和掌握,形成完整的知识体系。

(三)沉浸式学习将变革现有学习方式

研究表明,大多数知识和技能在实际场景中通过体验和实践来学习,比坐在教室里面学习理论的效果要好很多,"从做中学(Learning by Doing)"逐渐被社会认可。但是传统的教育方式中,很少能够做到这种教学、学习方式,仅仅在一些科学实验和手工制作课上会有一点动手实践,在引入教学视频之后,一定程度上增加了体验效果。随着虚拟现实(VR)和增强现实(AR)技术的逐渐成熟,给教学和学习方式带来更多的想象空间。教学不再局限于课本、黑板和PPT,而是整个虚拟现实世界。通过简单易用的设备和软件,可以设计教学的浸入式场景,让学生在课堂里戴上VR/AR眼镜就可以如同在真实场景中一样体验。通过这种以体验为主的沉浸式学习,知识不再是单调的书本上的文字,而是实实在在的场景。学习者几乎可以动用所有的感官,通过自己的观察和体会来学习,不受到老师的语言和PPT的限制,完全按照自己的节奏和方式接受知识。

第五节　智慧旅游

随着当今社会居民消费升级、交通改善以及互联网科技的快速发展,我国旅游业呈现蓬勃发展的态势,无论是国内旅游、入境游还是出境游,均呈现逐年提升的趋势,旅游业已成为我国经济发展的新引擎。互联网时代,信息技术改革了生产力,也使人们的生活方式发生巨大变化,新兴技术的广泛使用改变了人们获取信息和处理信息的效率,给人们生活的各个方面提供了便利。信息技术逐渐改变传统旅游方式,智慧旅游成为旅游业的发展方向。

一、智慧旅游概念

"智慧旅游"作为"智慧城市"建设内容的重要组成部分,最早由江苏省镇江市于2010年率先提出,并迅速得到相关部门和旅游领域的认可和实践,国家于2012年确定了首批智慧旅游18个试点城市,原国家旅游局将2014年确定为"智慧旅游年"。

智慧旅游,也被称为智能旅游。就是利用云计算、物联网等新技术,通过互联网/移动互联网,借助便携的终端上网设备,主动感知旅游资源、旅游经济、旅游活动、旅游者等方面的信息,及时发布,让人们能够及时了解这些信息,及时安排和调整工作与旅游计划,从而达到对各类旅游信息智能感知、方便利用的效果。从定义可知,智慧旅游首先是技术层面的应用,然后通过技术应用最终来改善游客的体验,提升企业的经营能力以及政府的公共服务能力。

二、智慧旅游应用

智慧旅游应用以新一代信息技术为基础,以游客互动体验为核心,以系统化整合旅游信息资源和服务平台为手段，通过对旅游主管部门、旅游企业及游客涉及的旅游资源、旅游行为等所有信息进行有效的整理、提取、归纳和组合，实现物理资源和社会资源的系统化、集约化、协同化，最终体现在旅游服务、旅游管理和旅游营销三个方面。

（一）旅游服务

智慧旅游的核心是服务，利用信息技术为游客提升旅游体验和品质，让其在信息查询、计划决策、产品预订、享受旅游和回顾评价的全过程中都能感受到全新的服务体验，通过“指尖上的旅游”，可以最大程度地满足游客个性化需求和提供定制化服务，使旅游过程更方便顺畅，提升旅游的舒适度和满意度，为游客带来更好的旅游安全保障和旅游品质保障。

携程智慧旅游以游客体验为核心，同步高速发展的移动互联网市场环境，为目的地和景区构建智能化服务体系。通过微电商、微社交、微官网、微导航建立社会化服务体系；通过 API 接口输出 POI（Point of Interest）、旅游线路等，与各目的地智慧旅游平台对接，实现智慧输出，根据目的地和景区需求，提供相应技术服务方案，个性化定制 APP。采用720°全景技术、720°航拍技术等新兴手段，通过高空俯拍为景区提供航拍全景，更直观地展现景区的整体风貌实现全景导航式地图应用，景区智能硬件设备与携程智慧旅游电子票务系统配套使用，能高效便捷地帮助景区提高工作效率、节省人力、防止假票和人情票等带来的损失。

（二）旅游管理

通过游客信息收集，分析掌握客源构成、需求变化、意见建议以及旅游企业的相关信息，实现科学决策。并可及时准确地掌握游客活动和旅游企业的经营信息，实现旅游行业监管从传统的被动处理、事后管理向过程管理和实时管理转变。同时，通过与公安、交通、工商、卫生、质检等部门形成信息共享和协作联动，形成旅游预测预警机制，加强旅游应急管理能力，保障旅游安全，维护旅游市场秩序。通过信息技术，可以及时准确地掌握游客活动信息和旅游企业的经营信息，实现旅游行业监管从传统的被动处理、事后管理向过程管理和实时管理转变，智慧旅游依托信息技术，主动获取游客信息，形成游客数据积累和分析体系，全面了解游客的需求变化、意见建议以及旅游企业的相关信息，实现科学决策和科学管理，推动智慧旅游将实现传统旅游管理方式向现代管理方式转变。

上海市旅游景点人流量监控系统于 2015 年 10 月投入使用，通过市旅游局政务网、上海发布微信订阅号、东方网、乐游上海微信和多媒体触摸屏等各个信息发布渠道，向市民和游客发布市内 A 级景区实时人流量和舒适度信息。全市超过 80 家 A 级景区通过自动数据对接或手动按时填报的方式发布景区人流量数据，多家热门景区在大客流到来之际，根据客流情况实时调整景区舒适度，为游客提供更好的出游体验。系统的建设起到了连接景区与公众的桥梁作用，汇聚了各个景区的人流量信息和舒适度指数信息,实现了不同管理机制下景区实时人流量和舒适度指数的整合与管理,为公众旅游信息服务提供了良好的渠道。

(三)旅游营销

旅游营销主要体现在旅游产品销售、营销体系建设以及营销渠道创新等方面。旅游产品的“精准营销”和“关联推荐”使得营销的定制性和个性化以及整合性特点更加突出。通过大数据分析,按照游客的需求分类,将特定的旅游产品推荐给特定的旅游客户群;发现与目的旅游产品相关联的、游客感兴趣的附加旅游产品,从而为客户提供更优质、更满意的服务。

通过大数据、人工智能等技术与旅游营销的结合,以及旅游数据的共享和打通,对旅游舆论进行监控和分析,挖掘出旅游热点和游客兴趣点,优化量化分析和判断营销渠道,引导旅游企业策划对应的旅游产品,制定对应的营销主题,建立全链路、精准、高效、可衡量的跨屏渠道营销体系。智慧旅游还充分利用新媒体传播特性,吸引游客主动参与旅游的传播和营销,并通过积累游客数据和旅游产品消费数据,逐步形成自媒体营销平台。2016 年 6 月,去哪儿网成立“智慧旅游”营销中心,基于独有的技术优势、大数据分析能力及强大的线下网络,为国内外目的地和旅游机构提供一体化解决方案。通过大数据的整合、梳理、分析,服务内容涵盖网络口碑评估与分析、基于网络数据的游客画像与精准营销服务、景区目的地旅游市场数据分析与咨询等方面,涉及技术解决及线上旗舰店架设、线下活动推广、营销策划及公关传播、数据监控及流量分析、售后服务及支付对接等方面目的地立体化营销,实现目的地营销完整闭环,从量变到质变为旅游目的地提供基于大数据的智慧旅游服务完成“互联网 + 旅游营销”。

三、智慧旅游发展愿景

智慧旅游是基于“互联网 + ”、“旅游 + ”、云计算、大数据、物联网、人工智能等大背景下进行的关于科学技术、产业经济和管理能力的革命,是旅游业为适应大众旅游时代需求而进行的一次自我更新,通过搭建智慧旅游服务平台,实现旅游与科技高度融合、资源共享、数据对接、产品互补、网络化营销、互为目的地和客源地市场的智慧旅游大格局。智慧旅游是一次从硬件到软件、从游客到企业、从服务到管理的全方位优化,打通了智能设备、系统、处理器和人之间的联系;打通了游前、游中、游后等旅游各个环节之间的关系;打通了政府、游客、企业、市场之间的关系;还将打通旅游产业上下游之间的关系,真正实现“大数据、大监管、大宣传、大服务、大协同”的良性循环,实现资源高效整合,从而促进旅游业的管理规范化、科学化、智能化,推动旅游产业从粗放型向集约型发展转变。

(一)利用“互联网 + ”推进旅游资源整合

通过旅游和互联网的深度融合形成“互联网 + ”思维,利用云平台将区域内的旅游设施、旅游服务资源整合，统一管理，合理调配，同时协调及整合卫生、公安、工商、物价、交通等其他相关部门信息，加强流量监控、紧急调度和安全预警，构建旅游智慧管理体系。

（二）利用大数据构建智慧旅游服务体系

利用云计算、移动互联网、GPS定位、电子商务等技术，收集和处理旅游大数据，通过对游客自身特征及旅游行为的大数据分析为游客提供个性化服务，提升旅游体验和旅游品质，为游客提供"吃、住、行、游、购、娱"一体化服务，构建旅游智慧服务体系。

（三）利用电商服务深化产品精准营销

通过电商服务、大数据的应用，构建智慧旅游营销体系。重点围绕景区、旅游饭店、旅行社、农家乐、咨询服务中心、营销中心、房车、自驾车营地区等环节开展营销，大力推进在线咨询、在线预定、在线互动等智慧旅游服务，获得用户的核心需求，从而精准定位营销目标。

第六节　智慧家庭

智慧家庭是智慧城市中最小的一个组成部分，也是智慧城市建设在家庭层面的重要体现，随着消费者对自身生活水准和家庭智能化渴望的提升，借助智能设备、云计算和人工智能技术的智能家居和智能安防的需求量日渐增长，而智慧家庭能够考虑到家庭中的不同场景应用及各类潜在需求，达成从独立到协作的智能互联，为住户提供更为智能的各类居家用户服务，使其获得更为舒适、便利和安全的智能家庭生活体验。

一、智慧家庭背景

如今智慧化的浪潮正席卷着各行各业，"互联网＋家庭"，即"智慧家庭"概念正在逐渐深入人心，通过运用互联网、物联网等技术，整合互通互连的云端信息交互服务平台，结合软件与硬件设备，搭建设备、云端和平台的综合服务系统，能够为住户塑造更及时、多样化和个性化的智慧家庭环境，丰富住户的家庭生活体验。随着云技术的日渐完善和可应用载体的日渐丰富，物联网、云服务和大数据的新兴产业链正被精进和完善，更为完备和自主的智能化家庭信息服务与安防正在走入现实，助使住户们利用智能终端来更方便快捷地体验到高效、精准与优质的智能家庭生活。

在国家政策层面，国务院相继公布了《关于加快促进信息消费扩大内需的若干意见》和"宽带中国"战略实施方案，以政策扶植的方式开始加速智慧家庭产业在国内的应用和普及，智慧家庭已成为今后智能化发展的必然趋势。涉足智慧家庭产业的厂商也开始注重消费者的需求，舍弃高端情结，为智慧家庭提供新的诠释。在一个智慧家庭的相关调查中，几乎所有被调查者认可智慧家庭的美好前景，随着专业厂商相继开发出符合大众消费习惯、实用的产品,并逐步提高产品普及度,我国将迎来庞大的智慧家庭市场。

二、智慧家庭概念

在过去,信息化技术、设备的智能化水平和智慧家庭住户体验都有所受限,大众对智慧家庭的概念仅有较为模糊的认知,消费者对智慧家庭的定义大多为拥有可远程控制的家电(如冰箱等)或可使用智能手机等设备遥控电视等。如今,随着物联网技术水平的不断发展,智慧家庭已成为其实际应用的一大体现,各种先进的通信技术、感知技术、具备集成和控制照明设备、娱乐系统和安防系统的电子电气设备接踵而至,智慧家庭被赋予了新的定义,促使家庭生活变得更加安全、高效和节能。

基于物联网的智慧家庭,即指以云计算、物联网和互联网为支撑,利用信息传感设备使家庭中独立的智能产品实现一体化,既使其能够实现各自的功能,又与系统同步协调运作完成交互工作,进行实时信息采集和管理,实现家居智能化[27]。

从技术上而言,互联已成为智慧家庭的主要要素,例如,家庭智能音响在联网的场景下通过设备与云端数据库建立连接,将数据上传云端并进行存储,可以通过设备共享、管理和其他家庭终端智能设备(如手机等)与其他成员共享或管理自己的智能设备设置。云端能够整合分析使用者的使用习惯,做出判断并为其提供更贴切的服务,比如利用语音交互,帮助使用者在家中客厅或任何房间内享受音乐播放、电台收听、有声读物等娱乐服务,并提供语音打车、天气预报、备忘录记事、短信通知等其他日常服务,充分运用设备+终端+云平台的模式,为使用者及其家人带来更舒适和便捷的居家生活体验。

从内容上而言,近些年智慧家庭的解决方案也开始更注重智能安防。作为智慧家庭最早也最为成熟的应用,智能安防是短期内最容易获得普通消费者青睐的应用之一,因此运营商在物联网解决方案中也将其列为一大重要发展对象。国内运营商(如中国移动、中国电信和中国联通)的安防解决方案均选择让用户通过手机远程控制安防系统,当遇到不正常入侵的紧急情况时,使用者的手机和对应的安保部门都会在第一时间内得到警告通知。

此外,近年来智慧家庭的应用领域也在不断延伸,如今已逐渐拓展到办公、娱乐、健康等领域,如今手机等终端可与智能音乐播放器、智能厨房、智能健康系统协作整合,为用户带来更多丰富多彩的互连家庭生活。

三、智慧家庭发展应用

随着云计算技术、网络通信技术及智能终端的发展,云技术与设备结相合的智能家庭模式正在向大众普及,其模式即使用一个位于互联网中基于云计算技术的专用功能服务平台，提供消费者所需的各种家庭生活服务功能，例如，媒体娱乐、家居系统和智能安防等（见图5-7），同时在此服务平台设置更多用户所需的个性化服务，在智能手机大规模普及的背景下，利用智能终端通过注册的方式连接到该服务云上，进而实现智能家居管理的云端化。

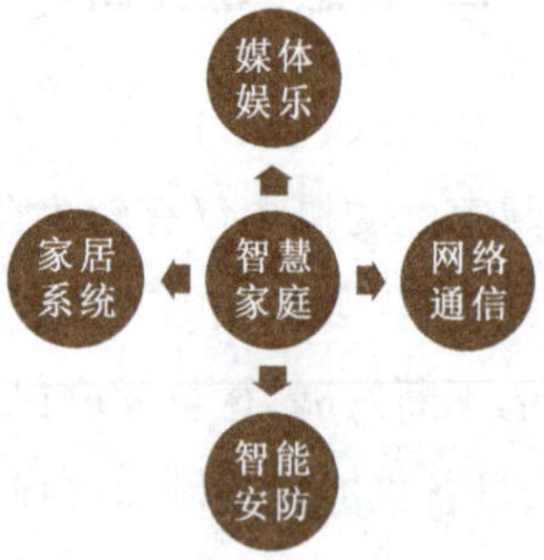

图5-7　智能家庭组成示意图

以住宅小区为该功能服务平台的控制范围，通过对各居住用户集中控制与联网通信，智能家居可实现楼宇对讲和能源计量等功能；而以每个住户的家庭室内空间为控制范围的话，则不必与外部用户进行信息交互，就可实现对室内家居的家电、灯光和部分安防的控制等，安防方面即运用新一代信息技术，通过门磁开关、紧急求助、烟雾监测报警、燃气泄漏报警、碎玻璃探测报警、红外微波探测报警等方面的应用，有效保护住户，提高家庭居住安全度并及时做出预警判断。运用智能手机终端，智能家庭的住户还能对居住的场所进行更加高效和便捷的远程监测和控制，即使在外地也能随时查看家庭状况，实现掌上化管理控制。其次，通过把本地家居测量的数据上传到服务云，还能够实现数据的高效管理。如在用户的电量管理上，不仅为单个用户进行电量的管理，而且云端数据产生的“聚集效应”能为分析大量用电负荷分布提供极具价值的参考数据[28]。

在室内家居的家电、灯光和窗帘控制等方面，智能家庭系统设备能对餐厅、客厅、主卧的灯光进行智能控制。比如在玄关入口处设置人体探测器，实现控制入口灯光开关的自动感应功能；在客厅和餐厅墙面设置智能开关面板，控制这几处的灯具；在主卧床头设置智能开关面板，控制主卧灯；还能通过网关（IP网关），利用手机等智能终端控制客厅、餐厅、主卧的灯具。同理，利用智能家庭系统设备实现对客厅和主卧窗帘的智能控制；通过IP网关，利用手机等智能终端控制控制客厅、主卧的窗帘开关。智能家庭系统设备还可通过系统配置使客厅、餐厅及卧室的照明灯光、电动窗帘等多种元素有机组合，满足符合不同使用需求的场景模式。比如居住者晚上回家时，无须动手，系统即可按回家场景需求，自动进入对应“回家场景”，自动开启灯光及相应设备；就餐时，餐厅灯光自动打开到最适宜的状态；居住者在家休闲时，整个市内的灯光自动调到符合居住者喜好的合适亮度，按照预先设置的自动控制，满足休闲空间的场景需求；而当居住者离家时，只需手指轻轻一按，就可以启动离家模式场景，自动关闭窗帘及室内所有灯光。

此外，智能安防也是智能家庭的重要组成部分，由于时下安防系统所涉及的范围较广，包含系统种类繁多，且各子系统的部署和管理相对独立，容易造成使用者在系统日常使用和管理上的不便；同时，随着安防监控系统由模拟向网络数字化的转变，智能家庭的应用需求不断扩大，安防监控从单一的视频监控和防盗监控向多子系统集成安防监控系统转变。因此,如何实现智能化和集成化的安防管理成为安防监控系统设计和部署中亟待解决的关键问题。目前市场上最为常见的智能系统以被动且不能进行远程布防的单向报警为主,当居住者家中发生险情时,只能简单地向外发声报警,而无法对警情进行更为及时的处理以减少生命和财产的损失,这导致其在功能上存在很大的缺陷。

而基于网络通信技术的智能家庭安防系统不仅能够对家庭异常人员入侵、煤气泄漏和火灾等情况实行实时监控,而且可以实现对多个重要的点进行监控和数据的采集,如有严重的警情,主控安防系统会立即实施报警功能利用电信宽带网络平台通知户主,不仅可以高速运行与处理各模块,而且性能更为稳定可靠,实用性更高。利用部署在监控区域的各类探测器和摄像机等前端设备,通过对各安防子系统的数据整合形成数据汇聚层,设计实现了将串行通信接口、USB 接口和以太网接口一体化的网络连接层[29],同时,利用现有通信技术和网络互连技术,通过对探测信息和摄像机图像等多源信息的协同分析,完成对紧急异常事件的及时判断并执行联动响应,实现基于物联网技术的智能安防系统集成,在系统部署、智能处理以及一体化控制方面具有较大的灵活性和良好的可扩展性,能够有效降低误报率并提高智能安防系统的集成化水平,使得智慧家庭的安防水平大大提升,更及时预警并帮助居住者进行相应防范和处理措施。

第六章
智慧经济

智慧城市建设离不开智慧经济的发展，通过整合信息、环境、科技和文化资源，高效利用土地、资本、人力和其他资源等，形成兼具战略性和创新性的绿色经济新形态。智慧经济以互联网、物联网等为基础，以智能技术和集约型平台为依托，以价值最大化和服务智能化为特征，推动智慧产业、智慧技术和智慧服务，给政府带来运行更高效的管理环境，给企业带来导向性更为明确的商业发展环境，给市民带来更精准和个性化的体验，充分体现出了智慧城市经济的内涵和结构特征，是实现整体经济优化升级的关键所在。

第一节　智慧经济概述

在信息技术呈现爆发式发展的21世纪，随着大数据、云计算、人工智能、下一代互联网等新一代信息技术不断取得突破和创新应用，为人类的生产和生活方式带来深刻的变革。近几年世界各国以数字化、网络化、智能化为特征的新兴信息技术发展战略的布局充分表明：一场“智慧化”的浪潮随之席卷全球，发展智慧经济、建设智慧城市已成为全球经济社会可持续发展的大趋势和大战略，对推动传统产业转型升级、助力企业技术创新、支撑新经济业态与模式培育发挥了至关重要的战略作用。

智慧经济是集知识、环境、科技、信息、文化等于一体的新型战略性经济、创新驱动型经济，已成为继农业经济、工业经济、信息经济、知识经济之后的第五大经济发展形态，具有创新性、学习性、知识性和开放性特点，更强调信息的市场化应用及对整体经济带来增值效用。党的十九大报告提出：“推动互联网、大数据、人工智能和实体经济深度融合，在中高端消费、创新引领、绿色低碳、分享经济、现代供应链、人力资本服务等领域培育新增长点、形成新动能”，进一步明确了国内产业发展方向和路径，加快发展智慧经济的信心和决心。

智慧经济作为国内推进智慧城市建设的重要任务之一，通过实施创新驱动战略，构建现代产业发展新体系，加快推进传统产业转型升级，深入推动“新产业、新业态、新技术、新模式”的新型经济发展，在增强地区、全国社会经济创新发展能力与国际竞争力方面发挥重要作用。在国内现代经济社会中，智慧经济形态最为显著的主要体现在分享经济、互联网金融、智慧商圈、智能制造、智慧园区等新经济业态与模式的培育与发展。

第二节　分享经济

近年来，分享经济浪潮正席卷全球，分享领域不断拓展，所涉及的企业日益增长，市场规模高速增长，涌现出一批又一批新兴的分享经济企业，使得行业竞争愈发激烈，竞争格局日新月异。在信息化技术和各类政策的支持下，未来全球分享经济将迎来新的发展机遇。在此大背景下，中国的分享经济成长迅速，创新创业蓬勃兴起，各领域发展潜力巨大。同时，在分享经济发展过程中也面临行业完善、信用体系建设、市场监管机制等方面的问题。整体情况上，中国分享经济仍处于发展初期，未来具有更大发展空间。

一、分享经济发展的兴起

借助“互联网＋”的热潮，分享经济新模式正推动着全民分享时代的到来，润物细无声地改变着人们的生活。通过分享经济新模式，供方能够获得更多额外收益，而需方则能以更低成本来获得所需的产品或服务。利用互联网可以降低交易成本、减少资源浪费、提高资源配置效率，达成可持续发展的经济模式。

理论上，分享经济是以社交网络、智能手机应用、移动终端、云计算等互联网技术为平台，以共同兴趣或互惠利益为纽带，以事物所有权或使用渠道的暂时性转移为关键[30]，从而实现商家或个人合作互利的一种新经济发展模式及合作消费方式。拥有者将闲置的物品（包括汽车、房屋等）出租或出借给使用者，实现物品利用和收益的最大化，且所有个人都能够同时成为生产者和消费者，拥有通过分享经济创造收入的能力。

同时，分享经济是信息革命发展到一定阶段后出现的新型经济形态。随着互联网、物联网、云计算、大数据、移动支付、基于位置的服务等现代信息技术及其创新应用的飞速发展，分享经济成为连接供方和需方最优化的资源配置方式。即使是同时面对资源短缺与闲置浪费的问题，分享经济依然能够借助互联网，迅速整合分散的闲置资源，准确分析并判断出各类需求，实现供需双方更有效率的匹配，并大幅降低交易成本。同时，分享经济体现了新的消费观和发展观，是适应信息社会发展的新理念，不同于工业社会强调的生产收益最大化和资源财富占有，分享经济更强调以人为本，而且还鼓励大众将碎片化时间利用起来，通过分享提供服务和商品获得一定收益，创造更多创造价值和增加收入的机会,在资源分配最优化的基础上实现可持续发展。

由于当今社会物质产品的极大丰富,消费者需求层次也在随之不断提升,消费理念发生了重大变化,更多人越来越注重个性化的消费体验和自我价值的实现,传统的经济方式渐渐无法满足消费者日益增长的个性化及多样化需求,而分享经济能够更灵活高效地处理和解决供需双方需求不同、成本矛盾、效率低下和信用缺失等问题,为其带来更好的经济体验,并促进产业的发展。

当前,国内分享经济发展迅猛,已经深入到衣食住行多个领域。从分享经济发展的需求来看,消费者的用户体验是核心,闲置资源是先决因素,安全与信任是保障,通过信息技术的有力支撑,达成资源利用效率最大化这一最终目标。其中,车辆和房屋等物品的分享是最为热门的,具有代表性的汽车分享平台为滴滴出行,而从事房屋分享中比较典型的平台为爱彼迎、小猪短租和蚂蚁短租等平台;与之相关的停车位同样可以分享,"泊泊停车"这一 APP 即可为用户更快速地搜索到附近住宅小区可供停车的地下停车位。此外,还有分享创意的猪八戒网平台;分享医疗服务的春雨医生平台等。

近年来,分享经济创业企业也逐渐成为全球资本市场的投资热点。根据 Crowd Companies 的统计结果显示,2010 至 2013 年全球流向分享经济的投资额累计达 43 亿美元,2014 年和 2015 年的投资额则增长为 85 亿美元和 142.06 亿美元(合计 227 亿美元),两年内流入分享经济的风险资金规模较之前增长了 5 倍多,而在中国,分享领域内获得风险投资的企业数量和融资金额也呈现出爆发式增长,仅在 2015 年,滴滴出行公布的融资总额就已超过 229.45 亿人民币,美团网和蚂蚁金服则分别获得融资总额 138.6 亿和 121 亿人民币[31]。

移动互联网和信息化技术的飞速发展俨然成为培育创新精神和分享精神的土壤,智能终端的普及化和移动支付技术提高了供需双方在分享经济活动中的参与度,位置服务(Location Based Services,简称 LBS,也即定位服务)更是进一步使得分享活动变得便捷,利用大数据和人工智能,能更精准地分析供需双方的需求并提供高效的匹配,大大降低双方的时间和金钱成本,使其获得更为满意的体验,并由此推动社交网络及信用评价机制的完善,使分享经济朝着更为健康和持久的方向发展。

二、国内分享经济发展态势

随着产业规模的持续快速扩大,国内分享经济对经济发展的影响度将显著提升,近年来分享经济的热门发展领域主要为住房、教育、医疗、家政和交通等与大众日常生活密切相关的服务业领域,未来将更多地拓展到基础设施、能源、农业、制造业等生产性领域,而创新实践也意味着会引发新现象和新问题,这一切都需要持续的跟进研究。

分享经济的不断发展可能会导致国内经济学范式与理论体系的重构,根据相关研究表明，现有的国民经济统计、核算体系和方法已不能更及时准确反映分享经济对国内经济水平和就业情况的影响，这表明在政策评估与调整、监管和安全体系建设、法律法规和标准规范制定等方面将会存在很多问题。由于分享经济的巨大潜力市场和低进入门槛，越来越多的平台企业想要加入其中分一杯羹，而因为上述问题，目前尚未形成稳定的竞争格局，之后分享经济领域的竞争则会变得更加激烈，部分发展较快的领域将会存在少数企业独占鳌头的现象，同时在未来几年中诞生占据市场大份额的巨无霸平台型企业也具有极高的可能性。

虽然相比传统型经济企业，分享经济对企业的要求并非很高，但相同之处在于，如果分享型企业要想在激烈的竞争格局中超群绝伦，则应当始终坚持以面向的用户为中心，依靠价值创造来得到可持续发展能力。虽然当前存在制度缺失或管理的灰色地带，但分享型企业应加强自我监督，主动履行社会责任，不能就此放松对自身的要求，更不能以侥幸心理利用制度漏洞获取不正当收益。从国外经验看，加强自我监管不仅有助于企业获得公众信任和塑造品牌，对于促进政府完善相关法律法规和制度及推动行业健康发展也具有积极意义。较为典型的案例为美国的 eBay(即电子湾或易贝)，在缺乏有效的在线交易市场监管法规的情况下，制订了一系列行之有效的规则，其中有些成为了后来美国制定相应正式法规制度的重要参考依据。

面对分享经济发展大势，传统型经济企业普遍有三种应对表现：无所适从、冷淡观望和积极参与。但一旦企业认识到分享经济还能够成为新的发展机遇时，越来越多的企业会采取适合自身情况和未来发展的不同策略来适应并参与分享经济，依次获取新的竞争优势。有一些企业已经开始通过与创新型经济企业合作来创造新的价值，例如，在办公空间分享领域，万豪集团和微软等公司与擅长打造私人办公室的流动空间(Liquid Space)公司开展合作，喜达屋(Starwood)酒店集团也与提供分享办公室服务的 Desks Near Me 网站开展了类似合作，拓展新的销售渠道；在零售领域，美国最大的有机食品超市全食超市(Whole Foods)与精通分享物流配送的公司 Instacart 在全美 15 个城市进行合作，提供 1 小时到达的配送服务，客户平均采购量迅速上升到之前的 2.5 倍，每周销售金额增加了 150 万美元[32]。越来越多的制造业企业正在积极实施转型发展战略，推进基于互联网的个性化、网络化、柔性化制造模式和服务化转型，在此环境下，所有的企业都有可能成为分享经济的参与者和受益者。在以租代售和停车分享等领域，宝马、奔驰、奥迪等汽车巨头通过引入分享经济模式，已经取得了很好的效果。通过提出了“人人创客”的转型战略，海尔集团大力推动了海尔从制造产品的企业向制造创客转型，来满足目前愈发增多的个性化消费者新需求和生产分散化的市场新动向。

此外，分享经济的全面发展也会对政府治理创新产生显著的“倒逼”效应，促使政府加强服务性和办公效率，起到一定的监管作用，并为建设多方参与的协同治理模式提供宝贵的经验积累、技术与数据支撑，而协同治理模式既是分享经济发展的客观要求，也是其必然结果，政府、企业、社会组织和个体用户在其中分别发挥重要且独一无二的作用。

对政府而言，在分享经济的发展过程中，既需要为分享经济发展创造促进其发展的宽松环境，又需要妥善处理由创新和缺陷引发的利益平衡矛盾。尤其是在分享经济发展初期阶段，多数企业和产业发展仍处于探索创新阶段，政府需要着重注意创建与完善底线性和保障性的法律法规和制度规范等方面，及时修改已经不适用当前情况的法律法规政策，制定以用户安全保障为底线的创新准入政策，加快推进公共数据开放和社会信用体系建设，尽快完善适应分享经济这一新业态发展的社会保障机制，辅以大数据等最新技术手段实现更为精准的治理。

对企业而言，企业内生性治理将成为社会协同治理的重要组成部分，并发挥日益重要的作用。分享经济平台在发展过程中不断改善的准入制度、交易规则、安全保障、风险控制和信用评估机制等自律监管体系，将能够既保障企业自身的可持续发展，企业发展过程中形成的数据信息又能成为政府实现有效监管的重要依据。

对社会组织而言，产业联盟、行业协会在加强产业间联系与协作、推进信息分享和标准化建设等方面将发挥越来越重要的作用。美国的 Indiegogo 公司、Rocket Hub 公司和 Wefunder 公司三家联合成立了众筹业务监管协会，英国的 Zopa 公司、Funding Circle 公司和 Rate Setter 公司发起成立了 P2P 网贷协会，对加强行业自律和促进与监管部门沟通等方面发挥了不可忽视的作用[33]。近年来，中国分享经济各领域也出现了许多满足不同需求的行业组织，未来在促进协调沟通、资源分享和行业自律等方面将会发挥更大作用。

在制度与法律层面，创新性的商业实践通常都是领先于当前情况的，而在这个过程中，不能一味强迫新生事物迎合旧的制度框架，需要给其创新留有试错的空间。从未来发展趋势看，分享经济发展带来的挑战和问题需要通过制度层面的积极调整给予适应过程和引导，而非用固有的条条框框去强行矫正和扼杀创新。支持和鼓励创新将成为政府监管与各项制度设计的基本原则，这有利于新事物成长的试错余地将越来越大，并将惠及每一位参与分享经济活动的社会成员，推动建设更加包容、开放和和谐的社会。

从全球范围看，分享经济大致可分为分享和租赁商品、二手产品再流通和分享服务或生活方式等三种主要模式，并主要呈现以下四个特点：

一是创新业务日趋丰富。分享经济所涉及的业务范围早已远远超出以爱彼迎和滴滴为代表的住宿和交通领域，并不断加快与传统行业的融合，创新业务层出不穷，为其输送新鲜血液，带来巨大创新活力。

二是商业前景日趋广阔。分享经济有助于对经济运行和宏观调控产生积极和广泛影响，能够减少资源浪费，为消费者带来更满足的体验，因此分享经济企业的数量将会日益增长,同时,对于其风险资本的注资也将随之增加。而物品租赁服务、二手电商和租车分享这三个分享经济市场的重要组成部分将为企业带来更多商业机会。

三是商业模式加速向O2O(Online To Offline,即线上到线下)和N2E(No boundary fission e-business To Everyone,即无边界电商)转变。尽管目前的分享经济仍是由点对点的个人消费市场所统治,但是基于线上线下融合的O2O模式以及打通全产业链实现一体化服务的N2E模式正在加速增长,并通过融合创新快速拓展业务范围。

四是目标人群主要集中在中产阶级。普华永道报告指出,在美国,千禧一代(泛指出生于1980年至2000年的人)是最热衷于分享的群体,占总人群的40%。随着这一代人成长为中产阶级,英国《经济学人》预计,未来十年分享经济将会成为新中产阶级生产与消费的主流趋势。

三、分享经济带来的效益

分享经济的快速发展推动了创新经济模式的发展,也促进了经济新动能发展,并改善了就业情况,其行业热点、竞争格局和平台情况都与中国经济转型有着密切的联系。分享经济活动的活跃有助于推动供给侧结构性改革,有利于推动"大众就业,万众创新",通过整合资源满足多样化需求,为信息化社会的经济可持续发展提供支撑。

根据初步估算,2016年中国分享经济市场交易额约为34 522亿元,比上年增长103%。其中,生活服务、生产能力、交通出行、知识技能、房屋住宿、医疗分享等重点领域的分享经济交易规模共计达到13 660亿元,比上年增长96%(见表6-1);资金分享领域交易额约为20 860亿元(其中,P2P网贷市场规模20 640亿元,网络众筹市场规模220亿元),比上年增长110%①。

表6-1 中国2016年分享经济重点领域市场规模

重点领域	交易额(亿元)		
	2015年	2016年	增长率
资金	10 000	20 863	109%
生活服务	3 603	7 233	101%
交通出行	1 000	2 038	104%
生产能力	2 000	3 380	69%
知识技能	200	610	205%
房屋住宿	105	243	131%
医疗分享	70	155	121%
总计	16 978	34 522	103%

① 数据来自2017分享经济发展报告

2016 年分享经济之所以快速增长，除了用户认同度和参与度明显提高、技术和商业模式日渐成熟外，资本市场的热捧也是一个重要原因。与互联网行业投融资相对趋冷的大环境不同，分享经济企业的融资规模继续保持大幅扩张。2016 年分享经济融资规模约 1 710 亿元，同比增长 130%。其中，交通出行、生活服务、知识技能领域分享经济的融资规模分别为 700、325、200 亿元，同比分别增长 124%、110%、173%，如图 6-1 所示。

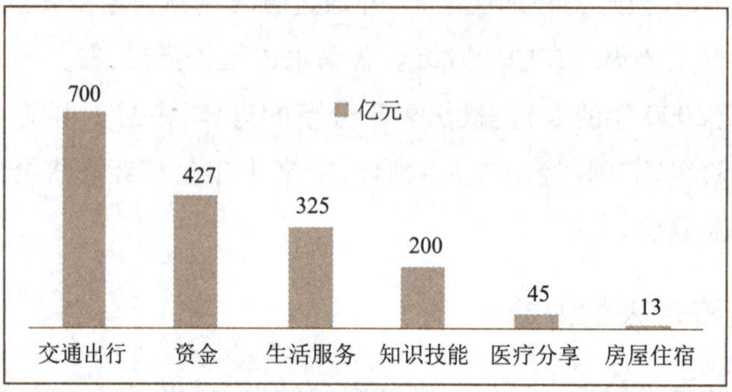

图 6-1　中国 2016 年分享经济重点领域融资规模

2016 年国内参与分享经济活动的人数超过 6 亿人，比上年增加 1 亿人左右。分享经济的提供服务者人数约为 6 000 万人，比上年增加 1 000 万人；分享经济平台的就业人数约 585 万人，比上年增加 85 万人，中国 2016 年分享经济重点领域参与者人数如表 6-2所示。

表 6-2　中国 2016 年分享经济重点领域参与者人数

分享经济领域	参与者人数	提供服务者人数（含平台员工数）
生活服务	5.2 亿	2 000 万(341 万)
交通出行	3.3 亿	1 844 万(12 万)
知识技能	3 亿	2 500 万(2 万)
医疗分享	2 亿	256 万(5 万)
房屋住宿	3 500 万	200 万(2 万)
生产能力	900 万	500 万(151 万)

未来几年分享经济仍将保持年均 40% 左右的高速增长，到 2020 年分享经济交易规模占 GDP 比重将达到 10% 以上，到 2025 年占比将攀升到 20% 左右。未来十年国内分享经济领域有望出现 5～10 家巨无霸平台型企业，将会有越来越多的企业和个人加入分享经济的行列。

到 2020 年分享经济提供服务者人数有望超过 1 亿人，其中全职参与人员约 2 000 万人。分享经济仍将保持年均 40% 左右的高速增长，到 2020 年分享经济交易规模占 GDP 比重将达到 10% 以上，到 2025 年分享经济规模占 GDP 比重将攀升到 20% 左右，未来十年中国分享经济领域有望出现5～10家巨无霸平台型企业。越来越多的企业与个人将成为分享经济的参与者与受益者。在近些年出现的"独角兽"企业(即科技创新型企业)中,分享型企业基本占到三分之一以上。

分享经济将进一步提升就业岗位的创造能力和就业市场的匹配能力,增加大量灵活就业岗位。分享经济的发展将有效对冲经济增速放缓、技术进步带来的就业挤压效应。社会组织和分工将被进一步重塑,"公司+员工"将在越来越多的领域被"平台+个人"所替代。分享经济的发展让参与者比较自由地进入或退出社会生产过程,减轻了个人对组织的依赖程度,个人的创新创业潜力将从办公室、流水线的束缚中释放出来。越来越多的个人将不再依附于某个特定的企业或机构,分享经济平台将成为灵活就业、个人创业、社会交往的综合性空间。通过大国市场优势、网民红利、转型机遇的三重利好叠加,大大加快中国分享经济企业从模仿到创新、从跟随到引领、从本土到全球的进程。分享型企业加速全球化布局,生态化扩张将成为越来越多的分享型企业的战略选择。

四、分享经济健康发展的启示

(一)分享经济内涵持续深化

未来较长时期,分享经济治理应以包容创新为前提,一方面引导分享经济自身规范化发展,另一方面提倡创新监管模式和监管工具,更多注重建立和完善补位性、底线性和保障性的制度和规范等方面,对易于把握其发展的新业态量身定做监管制度,对难以预测其发展水平业态则要实行兼具弹性和包容性的监管方式。

(二)监管要与时俱进

为了持续改善针对分享经济的监管,需要加强对分享经济业态的科学监管。由于国内经济活动的主要监管手段包括设置固定标准的执业资质、准入许可、数量控制和价格管制等,由于分享经济自身创新所带来的不确定性和开放性,地方政府出台的相关政策和法规很难实时跟进并加以实施。同时,分享经济型企业也存在着很多不容忽视的问题,如身份资质不明,主管部门难以界定;创建了超出国内原有经济行政管辖范围之外的企业。比如在线租房企业无法找到相应的主管部门,仅靠企业自我管理,未来发展存在隐忧;征信基础薄弱,信用数据不完整,供需双方的交易安全难以得到应有的保障。由于国内的信用信息的归集和应用还处在起步阶段,获取成本过高和获取效率低下是当前面临的主要难题;从企业角度看,由于分享经济是跨界融合的新兴模式,主管部门难以采用传统的标准设置和准入门槛,而缺少行业标准和规范,则使得各类平台企业鱼龙混杂,增加用户的使用风险,容易使其蒙受不必要的损失;从用户角度看,由于缺少个人信用信息,交易双方难以判别对方的信用等级,很可能导致一些恶性事件的发生。新业态新模式,现有监管规则难以适用;分享经济是"互联网+"时代的产物,其经济形态和商业业态已经超出传统经济监管范畴,无法轻易界定其经济形态和业态，也不能轻易判断是否直接纳入传统的经济型企业监管范畴或重新制定一套监管规则，比如，交通运输部起草的《网络预约出租汽车经营服务管理暂行办法》征求意见稿，将其按照传统出租车行业进行监管，要求车辆必须有营运牌照，必须为司机缴纳“四金”，而在线租车企业往往无法完全满足要求，导致引发所涉及的平台企业和学术界的反对。

（三）协调利益，保护竞争

分享经济也面临知识产权保护方面的困扰，尤其是一些专家和技能人士分享的经验、知识、创意等，如何在保护知识产权、保护竞争的基础上实现分享经济模式的持续和健康发展，是当前的一大重要目标。

从企业层面来看，分享企业必须坚持以用户为中心，依靠价值创造获取可持续发展能力，并在发展过程中，加强自我监督，主动履行社会责任，赢得公众信任，塑造品牌形象；传统企业想要获得新的发展，既需要积极接纳分享经济，通过与创新企业合作共赢创造新的价值，获取新的竞争优势，又需要在保持原有优势的基础之上积极实施转型发展战略，大力推进基于互联网和其他信息化技术的个性化、弹性化制造模式和服务化转型。

从政府层面来看，政府部门既要加大政策支持力度，为分享经济发展提供条件，以此调动广大人民群众对于创业创新的热情，激发其无穷的创造力，带动分享经济的发展，创造更多相应的就业机会，促进社会分配的公平公正，并要转变治理思维，做好监管体系重构工作，及时修改相关法律法规，研究制定创新准入政策，妥善处理利益平衡矛盾，推动保护新技术、新产业、新业态、新模式的茁壮成长。

从社会层面来看，一方面，产业联盟、行业协会等社会组织在交流协作、资源共享、标准化建设等方面发挥着越来越重要的作用；另一方面，大众作为分享经济的主要消费者、成果的受惠者和服务的提供者，也已成为影响分享经济发展的重要力量，能够直接决定分享经济的发展规模。因此分享经济还需要借助社会组织和大众的力量，将分享经济的理念、模式和益处普及、融入各行各业之中，形成社会全员参与、共同创新、成果分享的新局面，以此继续拓展新的发展空间。

第三节　互联网金融

随着互联网的快速发展，以云计算、搜索引擎和移动支付为代表的现代信息科技正在对社会上的金融模式产生巨大的影响，改变了人们对传统金融企业的认知，推动了金融市场的改革创新。中国互联网金融有着广阔的发展前景，鼓励互联网金融的创新和发展，营造良好的政策环境，是金融管理部门工作的基础，如何促进国内互联网金融的健康和持续发展已成为一个至关重要的研究问题。

一、互联网金融概述

互联网金融(Internet of Finance,简称 IOF)是指金融服务商以互联网为平台提供的银行、证券、保险等多种金融服务,对以计算机网络为技术支撑的金融活动的总称[34]。狭义的互联网金融是指以金融服务提供者的主机为根基,以因特网或通信网络为主要媒介,通过内嵌金融数据和业务流程的软件平台,将用户终端作为操作界面,由此运行的一种新型金融运作模式;而广义的互联网金融则包括与其运作模式相配套的互联网金融市场、金融机构及相关金融监管等外部环境。

随着以互联网为代表的现代信息科技(如移动支付、云计算、社交网络和搜索引擎等)飞速发展,作为信息网络技术与现代金融相结合的产物,现代金融理论与金融实践的发展推动了金融中介理论的不断发展,对社会金融模式产生了深远的影响。与传统消费金融不同的是,互联网金融的目标客户由收入较高的银行优质客户延伸至中低收入的客户,即年轻的消费群体也能成为申请者,产品形式由大额消费贷款转变为可小额可分期的消费贷款,放款速度比传统更快,服务从线下申请转变为线上申请,同时由原本的人工审核转变为机器审核,互联网金融与传统金融对比如表 6-3 所示。

表 6-3 互联网金融与传统金融对比

项目	传统金融	互联网金融
目标客户	中高收入消费群	中低收入消费群
产品特征	大额贷款	小额/分期贷款
申请方式	线下申请	线上申请
审核机制	人工审核	机器审核
放款时间	周级	分钟级

根据货币种类、资金筹集融通、支付结算方式和互联网金融的性质,目前互联网金融企业主要可分为以下三类。

第一类是 P2P(Peer-to-Peer lending,即点对点信贷),P2P 网络贷款是指通过第三方互联网平台进行资金借贷双方的匹配,需要借贷的人群通过网站平台寻找到有出借能力并且基于一定条件愿意出借的人群,帮助贷款人通过和其他贷款人一起分担一笔借款额度来分散风险,也帮助借款人在充分比较的信息中选择有吸引力的利率条件。P2P 在一定程度上降低了市场信息不对称程度,对利率市场化将起到一定的推动作用。由于其参与门槛低、渠道成本低,在一定程度上拓展了社会的融资渠道。P2P 主要针对的目标群体为小微企业及抵押物不多和收入水平中下的普通个人用户,贷款额度相对较低。

第二类是第三方支付,指具备一定实力和信誉保障的非银行机构,借助通信、计算机和信息安全技术，采用与各大银行签约的方式，在用户与银行支付结算系统间建立连接的电子支付模式。从发展路径与用户积累途径来看，目前市场上第三方支付公司的运营模式可以归为两大类：一类是独立第三方支付模式，即指第三方支付平台仅仅为用户提供支付产品和支付系统解决方案，完全独立于电子商务网站，以易宝支付等为典型代表。以易宝支付为例，其最初凭借网关模式，针对行业做垂直支付，而后以传统行业的信息化转型为契机，量身定制全程电子支付解决方案；另一类是以支付宝为首的依托于自有 B2C（Business to Customer，企业对消费者）、C2C（Customer to Customer，消费者对消费者）电子商务网站提供担保功能的第三方支付模式。货款暂由平台托管并由平台通知卖家货款到达、进行发货；在此类支付模式中，买方在电商网站选购商品后，使用第三方平台提供的账户进行货款支付，待买方检验物品进行确认后，就可以通知平台付款给卖家，这时第三方支付平台再将款项转至卖方账户。

第三类是大众筹资或群众筹资类（简称众筹），是指用团购 + 预购的形式，向网友募集项目资金的模式，本意是利用互联网传播的特性，让创业企业或个人面向公众展示他们的创意及项目，争取大家的关注和支持，进而获取所需要的资金援助。众筹平台的运作模式主要为需要资金的团队或个人将项目策划交给负责的众筹平台，经过平台相关审核后，在平台的网站上建立属于自己的页面，用来向公众介绍项目情况，并设定具体的筹资目标和筹资天数，在设定天数内，达到目标金额即成功，发起人即可获得资金；项目筹资失败则已获资金全部退还支持者，另外所有支持者一定要设有相应的回报，众筹平台会从募资成功的项目中抽取一定比例的服务费用。

中国互联网金融有着广阔的发展前景，在监管规则和框架的设立上，应当坚持采取开放和包容的理念，注重监管的自我调整和完善，防止监管套利，坚持监管规则的公平性。在当前金融监管框架内，按照现有的金融监管规则进行监管，加强协同监管，形成监管合力。在市场主体要正确理解监管与行业自律的关系方面，行业自律水平与监管强度之间实质上体现的是监管层面对效率和风险的平衡。一旦潜在风险过度累积和暴露，会迫使监管部门降低监管容忍度、强化监管刚性，确立更为严格的监管理念，采取更为严厉的监管措施，导致在某种程度上抑制行业发展。督促各市场主体深入理解效率和风险的均衡，需要监管部门和从业机构之间保持良好的沟通。此外，加强国内互联网金融发展问题研究，对促进国内互联网金融的健康、有序、持续发展具有重要的理论和现实意义。

二、国内外互联网金融发展历程

从互联网金融的历史发展追溯，美国是互联网金融的创始者。20 世纪 90 年代，随着信息技术革命的开展，美国金融体系对它的传统金融经营模式和业务方式进行了一系列升级。在美国，网络金融并无确切的称呼，还有电子金融，在线金融等诸多类似的称谓。尽管美国在此领域中发展历史较为长远，也较为稳健，但是它始终没有作为一种独立的业态从传统金融中分离出来，因为它更多体现的是传统金融形式的信息化。目前，它的主要业务有以下四种。一是传统金融业务的互联网化，包括银行业、证券业、保险业和基金等通过互联网实现其传统业务的金融形式。二是金融支付的互联网化，包括第三方支付和移动支付等利用移动终端来实现的一系列金融活动。由于其便利性和高效性，受到了较多非金融企业的大力支持，比较典型的互联网和支付体系结合的成功案例有脸书的 Credits 支付系统和 Paypal（贝宝）的微支付系统 Digital Goods；三是信用业务的互联网化，主要包括存贷款和众筹等一些新兴的互联网金融信用业务，以互联网的通畅性为前提为业务双方搭建交易平台，并提升资金的流转性。四是虚拟货币，以比特币为代表，能够可以顺应信息化社会的消费及交换需求，并在国际市场变革的过程中，提供一种更直接的低门槛货币兑换方式。

通过美国的互联网金融行业发展可以看出，它的业务更多的是传统金融业务的互联网化，即金融业务形式的一种延伸。总的来说，美国互联网金融的健康发展依托于完善的社会信用体系，且美国的政府和金融机构对中小企业贷款的重视程度远远高于国内，造成这一差异的主要原因之一在于国内中小企业的信用评估难度大，操作成本过高，从而导致中小企业难以获得贷款。这也是美国和中国互联网金融发展路径不同的重要原因之一。

国内互联网金融大致经历了以下三个发展阶段：传统金融机构互联网化阶段、互联网金融公司兴起阶段和互联网企业向金融业渗透阶段。

1997 年，招商银行率先推出“一网通”，首次开设网上银行业务，将线下的业务向线上转移，以网上银行作为物理网点的有效补充，标志着信息化金融机构发展起步。随后，中国银行、建设银行、工商银行、农业银行等各大商业银行也陆续推出网上银行业务。继网上业务后，各大信息化金融机构又开始利用通信网络与设备相结合，开创出电话银行和手机银行（掌上银行）业务。至此，从整个金融行业来看，商业银行建立起了一整套电子银行服务系统，包括电话银行、手机银行、网上银行和自助银行。

国内首家互联网金融公司上海环汛电子商务有限公司于 1998 年成立，但互联网金融公司的全面应用是从 2005 年开始。第三方支付平台的全面应用成为电子商务发展的新趋势，开始大规模出现并快速发展。随着国内利率市场化改革深化及互联网金融的飞速发展，众筹融资平台的数量也快速增长。2011 年 5 月，国内首家众筹融资平台“点名时间”在北京成立，成为最早和最深入了解智能硬件产业的专业平台，至今已成为现阶段国内比较成熟和最大的众筹网络平台。

而互联网企业向金融业渗透在这一阶段，互联网企业以电商企业为代表结合自身优势，以自身庞大的客户数据为基础，利用云计算技术，更快速和精准地获取信息，以数据优势开展金融业务。比如，阿里巴巴通过淘宝、天猫、支付宝等平台的对接，获取大量的交易数据，通过针对交易数据的分析和挖掘，分析客户的真实性和信用水平，得出更为客观科学的客户信用评价，在此经验基础之上，2013 年 9 月百度小额贷款公司成立，通过借助百度关键技术（如人脸识别技术和语音识别技术），利用百度搜索平台和各种网络场景为百度业务圈内的企业及个人提供金融服务。

在当前国内互联网金融发展的过程中，也存在一定的问题。其中最明显的是相关制度和法律体系的完善，以及银行、互联网企业和第三方支付平台等诸多参与主体带给传统的监管方式的挑战。一个值得关注的问题就是网贷，以目前的发展环境，这项业务基本上没有完备的相关政策来规范和引导其发展，因此并无行业自律标准。其自身的特殊性使其涉及范围极为广泛，借贷行为的具体情况也较为复杂，客观上加大了有关部门监管的难度。而另一个问题则为在基于第三方支付的层出不穷的网购活动中，参与主体的合法性无法认证，如账户注册信息无法核查，缺乏用户的评价机制和商铺的信用担保。在当前阶段大体只能凭借企业自身的信誉，通过广告和消费者的口碑来体现自身品牌优势，这样不利于一些中小企业的发展，容易造成市场资源的分配不均。此外商家对于商品过度美化（包括采取有歧义的描述性语言或是虚假宣传）等行为，最终也会导致消费者的利益受到损害。

三、国内互联网金融的发展现状

根据业务类型和参与主体的不同，目前国内互联网金融发展主要分为四种模式。

首先是互联网理财。国内的互联网理财主要是通过金融机构和电商进行合作来完成。理财产品由金融机构运营，技术支持由电商负责提供，而客户群以及商家自身的声誉为信用担保。这种模式最大的优势在于降低了买卖双方的信息不对称性，客户在购买相应的金融产品之后可以通过互联网及时和便捷地了解产品的收益，比较典型的产品有余额宝。

其次是第三方支付。目前国内第三方支付企业已有上百家，如大众所熟知的支付宝和财付通等。伴随着互联网金融的不断发展，第三方支付平台也如雨后春笋般涌现出来，支付宝就是一个第三方支付平台的代表，并且受众非常广泛，在给消费者带来支付便捷的同时，也为支付宝平台本身带来了极大的利益，实现了共赢。支付宝的口号是“提供简单、安全、快速”的支付解决方式，首次出现是在 2003 年 10 月份，淘宝网首先推出了支付宝支付，到 2004 年支付宝业务开始脱离淘宝，发展至今支付宝的受众极大，在中国就有超过两亿人口的实名制注册，并且每天通过支付宝支付的手机用户非常庞大。作为第三方支付手段的支付宝能够发展如此迅速、受众如此广泛，自然有着自身的优势，可从以下几个方面进行分析。首先，支付宝是完全依托于网络平台，可以说支付宝的出现就是依附于网络技术的快速发展，作为一个第三方支付平台，只要有网络就能随时随地进行支付宝支付,支付时可以选择密码支付或者扫二维码支付,在很大程度上扩大了支付宝的适用人群,并且支付环境也进行了有效的保护,帮助消费者快速便捷地进行小额支付。其次,支付宝都是通过实名认证注册的,并且账号申请也是在网络端进行,申请时只需要提供身份证件、绑定银行卡就可以开户成功,实名认证在很大程度上加强了支付安全与查询的便捷度;支付宝账号还需要与本人实名注册的银行卡绑定,能够实现银行、支付宝的有效转付,支付宝与银行的关系不是一种竞争关系而是一种合作关系,例如通过支付宝可以直接对银行的信用卡进行还款,这在很大程度上减轻了银行的工作量,促进银行信用卡业务的发展。

第三是互联网信贷。国内的这种业务模式把传统的金融模式和民间的借贷活动移动到互联网上。当前,国内提供这种服务的单位除了传统的金融机构如银行外,还有新兴的第三方支付平台以及电商,主要有阿里巴巴的小微金融和京东供应链融资等。除了机构网贷,还有 P2P 模式,借款方在网贷中介平台公布借款申请,中介审查后通过招标或竞价来寻找贷款方以此完成整个借贷过程。众筹模式当前在国内的认可度还不高。因为这种模式下,双方并不存在资金的借贷关系,对出资方来说回报只是受赠方的某项成果,收益相对而言并不明显。[35]

第四是国内的比特币。比特币进入国内后,其投机性被无限放大,在 2017 年年初进入疯狂上涨的阶段,后被央行叫停。中国比特币的交易量占到全球的三分之一左右。业内人士分析,由于中国投资者的大规模进入,2016 年的比特币全球价格持续飙升。大批投资者的盲目追捧及网络的虚拟性充分暴露了比特币在国内的风险,并且这些风险无法被预知和充分化解;同时,由于国内持有者的庞大基数,一旦暴发相应危机,将会造成不可估量的后果。2017 年上半年,随着各银行按央行的部署进行工作,比特币在中国的发展受到制约。然而,当务之急是尽快改变国内投机性过重的市场环境,重新引入比特币或者其他虚拟货币。

此外,信息化金融机构包括信息化银行、信息化证券公司和信息化保险公司等。信息化银行方面,国内银行信息化建设已经达到了一定的水平,自助银行、电话银行、手机银行和网上银行形成了电子银行立体服务体系,并已基本覆盖所有传统银行。信息化证券公司方面,国内的国泰君安、华泰证券、方正证券等多家券商均已迈出了大胆尝试的第一步。其业务范围已不仅局限于传统的证券经纪业务,还包括了更为多元化的新型业务。信息化保险公司方面,国内保险公司纷纷设置保险公司官方或通过第三方电子商务平台开展保险业务。而国内的直销银行也发展良好。2013 年 9 月,阿里巴巴集团和民生银行宣布建立战略合作伙伴关系,双方联手打造了金融开放平台;随后北京银行也加入了直销银行行列,宣布与荷兰 ING 合作;2017 年 2 月 28 日,国内首家直销银行正式上线,推出两款金融产品,并设计符合用户使用习惯的金融支付渠道。总体而言,直销银行在国内的发展还是非常迅猛。

四、未来国内互联网金融发展前景

互联网金融是互联网模式与金融模式的创新性结合，这种金融模式凭借自身的特点和优势，对传统的金融模式产生了重大的冲击，所以互联网金融的未来发展前景，主要包括以下几个方面。

第一，将对传统金融机构产生深远的影响，会在一定程度上促进传统金融机构的改革与发展。一方面，能够更好地提高国内传统金融机构的服务意识，从传统的垄断行业向着服务行业进行转变；另一方面，互联网金融产品凭借自身的优势，对传统金融提出了严峻的挑战，互联网金融能够使得传统金融机构更好地与互联网进行结合，同时促进国内社会主义市场经济的不断发展。

在2016年里，P2P平台转型消费金融趋势明显，以京东为代表的电商系企业的加入将给市场带来更有力的竞争对手，P2P、传统金融以及消费企业也正在快步进入市场；数据资产成为在金融商业模式下可变现的重要资产，数据 + 模型成为互联网金融企业未来发展的核心工具；消费金融与支付业务相结合，拓展线下市场；产业发展后资产证券化来获得资金回流。互联网金融的创新将越来越重点集中在金融产品端创新及升级。得益于移动互联网的迅猛发展，第三方移动支付飞速普及。截至2017年第一季度，中国第三方移动支付市场交易中，支付宝和腾讯金融两大巨头已占据超93%市场份额，相比2015年第三季度87.5%的份额进一步提升。利用“社交粘性平台 + 支付”的模式，腾讯金融在微信支付发展后份额大幅从16%上升至近40%，在之后的发展过程中，还将进一步发展AI金融。

第二，互联网金融与传统金融面临着更加公平的竞争环境，当互联网金融刚刚发展时，由于进入门槛较低，从而利用自身的优势获得了部分用户的青睐。但是，随着互联网金融的不断发展，由于缺乏监管机制暴露出的问题日益增长。为了更好地促进社会主义市场经济的稳定和繁荣，国家将出台相关的规章制度，从而约束互联网金融的发展，进而使互联网金融与传统金融面临更加公平的竞争环境。

目前互联网金融在行业基础设施建设、监管体制完善、法律制度体系建立和消费者权益保护等方面还存在一定挑战。未来中国互联网金融行业将朝着更加规范方向发展，伴随“穿透式”监管实施，金融产品的合规性将进一步提升。合规审慎经营、强化风险治理将是互联网金融长效发展的持续要求，金融和科技融合发展需求动力更加强劲，开放竞争合作的发展态势更加明显，互联网金融的国际影响力和竞争力进一步提升。

第四节　智慧商圈

智慧商圈是实现商圈用户体验人性化、商家营销服务精准化、管理者运维管理精准化和消费环境融合化的新型商圈形态，是实现“互联网+商圈”发展的创新模式。智慧商圈的建设有助于为商圈用户提供个性化服务、加强推广商家品牌、提升商圈管理水平，并有利于打造良好的商业服务环境，提高商业服务水平和有利于促进社会消费，促进商圈商业的发展，并为政府未来的决策提供科学支撑。

一、智慧商圈概述

在“互联网+”经济迅猛发展的新形势下，以物联网、互联网、云计算和大数据等新一代信息技术为基础，智慧商圈通过动态感知、整合和分析商圈内所搜集的数据，改善消费者体验并提高其忠诚度，营造更高效、便捷和繁荣的商业环境。作为智慧城市发展过程中智慧经济的重要组成部分，智慧商圈借助信息化促进传统商业转型升级，提升商圈整体经营、管理和服务水平，其智慧应用平台包含智慧商务、智慧营销、智慧环境、智慧管理和智慧服务等各项需求。

从产业链角度来看，智慧商圈的建设涉及的主体包括：政府、运营商、解决方案提供商、内容及业务提供商以及最终用户等。从智慧商圈解决方案来看，其产业链上下游涵盖了RFID等芯片制造商；传感器、物联网终端制造商；电信网络设备、IT设备提供商；终端应用软件开发商、系统集成商、智慧商圈相关业务运营商以及顶层规划服务提供商等多种科技型企业。

政府负责把握智慧商圈建设整体需求，深化政府各部门协同运作，直接面向受众群众。商业模式运营商负责项目投资、承建、运维，通信运营商负责提供商圈基础通信、宽带网络建设及优化。解决方案提供商负责提供完整的智慧商圈行业应用解决方案、提供智慧商圈咨询和规划、提供项目具体方案及技术支持、拥有丰富的系统集成经验和提供本地定制和服务的团队。内容及业务提供商（线上线下商户）负责提供行业化、本地化的智慧商圈内容信息和智慧商圈定制化服务。最终用户则为改善消费者用户体验、提高商圈企业开展精准营销、提高商圈综合管理效率，智慧商圈核心配套示意图如图6-2所示。

图6-2　智慧商圈核心配套示意图

智慧商圈大多是围绕不同用户对象的生活配套、商圈消费、商圈管理等服务需求，实现由传统商圈向智慧商圈的转型升级和商业模式创新。通过加大各类商圈或商业中心重点区域信息基础设施建设与升级，推进重点商圈高速宽带和无线网络覆盖，能够打通商圈在网络空间上的禁锢；通过整合商圈众多服务资源，推进交通诱导、购物导航、信息消费等在传统商业企业服务中的创新应用，以互联网的方式实现商圈传统销售渠道的数字化与智能化改造，推进以智能终端和商圈联动的模式,引导商圈线上线下消费,实体商圈与虚拟商圈融合发展。以信息化促进传统商业转型升级,可以更高效快速实现消费者多元化需求和商圈智慧化服务;通过智慧商圈内的公共 Wi-Fi 覆盖,可以实时获知商圈用户的人流量情况,并进行相应的宣传消息推送。融合大数据、移动互联网、智能传感器等信息技术,能搜集、存储和分析商圈用户资料,促使商业企业营销模式创新和商圈布局优化完善,可以提升对商圈突发大客流的预警、防范和应急处置能力,维护城市及商圈安全运行,最终形成“互联网+”时代商圈“人和服务”的互动互连,打造智慧城市建设在商业领域的“新地标”。

二、智慧商圈发展现状

智慧商圈是智慧城市的重要表现形态和组成部分,其体系结构与发展模式是智慧城市在商业领域范围内的鲜明体现,同时在一定程度上又具有不同于智慧城市发展模式的独特性。2015 年国务院办公厅印发《关于推进线上线下互动加快商贸流通创新发展转型升级的意见》(国办发〔2015〕72 号),明确提出推进城市商业智能化建设,鼓励具备条件的城市探索构建线上线下互动的体验式智慧商圈,支持商圈无线网络基础设施建设,完善智能交通引导、客流疏导、信息推送、移动支付、消费互动、物流配送等功能,健全商圈消费体验评价、信息安全保护、商家诚信积累和消费者权益保障体系。2016 年《关于推动实体零售创新转型的意见》(国办发〔2016〕78 号)文件,对实体零售企业加快结构调整、创新发展方式、实现跨界融合,不断提升商品和服务的供给能力及效率进一步做出重要部署,鼓励发展设施高效智能、功能便利完备、信息互连互通的智慧商圈,开展智慧商店、智慧商圈示范创建工作,示范引领创新转型。得益于国内良好的智慧商圈政策环境、先进的行业应用理念以及多方共同参与的建设模式,国内智慧商圈建设持续稳定推进,以长三角、京津冀、珠三角等主要城市群在商圈信息基础设施建设、智慧化应用推广和商圈运营模式进行了积极探索,积累了诸多极富价值的优秀经验。

北京消费规模在全国城市消费市场中连续九年排名第一,近年来最终消费对北京经济增长的贡献一直保持在 60% 以上。在“互联网+智慧商圈”的趋势下,伴随现代技术的推动和消费需求的增强,服务性信息消费将成为总消费增长的主引擎。2016 年 6 月,北京市商务委员会联合市发展和改革委员会共同印发了《北京市“十三五”时期商业服务业发展规划》(京商务综字〔2016〕5 号),明确提出要适应商业服务业跨界融合发展趋势,加快“互联网+”商业服务业创新发展及传统实体商业转型发展,促进商业服务业与科技、金融、文化等产业融合创新,加快实现全市商业服务业智慧化、融合化发展。以西单商圈为例,通过建立 3D 街景、搭建 3D 地下管理模型、全面开通微信支付及 Wi-Fi 网络全覆盖等措施,为消费者带来更加便捷的服务和更加精准的营销推送,深入推进传统实体商业转型和模式创新。

自2015年7月以来,上海在全面推进智慧城市区域创新试点过程中也颇有成果,徐家汇、淮海中路、中环商贸区、南京西路、第一八佰伴、五角场和新虹桥商业中心这七家单位先后获得首批“智慧商圈”试点,豫园商城、大华虎城、赵巷商业商务区、金山嘴老街、上海环球港共5家单位荣获第二批“智慧商圈”试点,为智慧城市区域创新提供了一系列具有先进性、实操性、特色化的示范性的解决方案。在探索智慧商圈发展方面,上海智慧园区与智慧商圈自发融合,基于信息化实现商圈信息向周边开展都市产业园区推送,使园区成为商品展示体验地,园区规划与商圈发展逐步实现协调发展,代表了产城融合的发展大方向,更好地推动了上海产业经济创新转型发展。

重庆市政府目前已相继完成南坪商圈,观音桥和南滨路等商圈信息基础设施试点建设,并于2015年将主城九区所有建成商圈纳入智慧商圈建设,对全市智慧商圈总体建设规划分为两大阶段。第一阶段为到2017年,需搭建较为完备的智慧商圈信息基础设施,完成主城区和其他部分区县智慧商圈总体建设布局;第二阶段为到2020年,全面完成数据采集、商圈消费、交通引导、物流配送、公共服务及商圈管理“六个智慧化”商圈建设(即智慧商业、智慧交通、智慧政务、智慧公共服务、智慧物流、商圈金融),打造具有高端品牌效应的重庆智慧商圈,后续将持续向万州、涪陵、黔江、永川、合川、江津等区域中心城市以及商贸发达区县商圈推广,最终实现智慧商圈服务全覆盖。

三、智慧商圈建设情况

近年来,国内实体零售规模持续扩大,商界业态正在不断创新,促进了国民经济的发展,,但随着经营成本不断上涨、消费需求结构需要调整和线上零售快速发展,传统的实体零售发展遭受了巨大的冲击。为了应对经济和信息化发展所带来的新挑战,智慧商圈成为推动传统实体零售及商圈转型升级和模式创新的关键所在,且已成为各地区增强经济竞争的焦点。智慧商圈的根本价值与功能在于提升传统商圈的商业服务和管理水平,赋予消费者更好的消费体验,辅助管理部门更加有效的商圈管理,从而构建更有利于商圈变得更繁荣的商业环境[36]。

智慧商圈建设的主要内容包括:免费Wi-Fi全面覆盖,利用Wi-Fi打造智慧商圈的移动互联网入口;位置感知,综合利用多种室内定位技术感知用户的位置(以Wi-Fi室内定位技术为主,并辅以低功耗蓝牙、地磁、二维码等技术);数据分析,深入挖掘和分析智慧商圈运营产生的海量数据,包括位置数据、线上行为数据和商业经营数据等,打造大数据分析和服务体系;应用服务,围绕智慧商圈的主体(政府监管、商场经营和顾客服务等),开发和建设相应的应用服务平台,提供一站式智慧商圈信息服务。

在面向核心企业、商户、消费者等主体的智慧化应用方面,智慧商圈重点聚焦智慧交通、智慧公共服务、智慧物流配套、线上线下融合等领域,为了达成消费引流、导流和聚流目标,进一步整合商圈周边旅游、文化和休闲等重要资源,通过信息化技术支撑、商圈运营管理和协调合作等手段构建智慧商圈综合服务体系。同时，利用大数据和云计算，智慧商圈能够采集用户在商圈内的行为轨迹、消费水平、消费习惯、到访次数实时位置和客流信息等数据资源，基于分析结果进一步优化消费者购物体验，辅助商家开展二次营销和精准营销服务，同时为商圈管理者优化商圈日常管理和商圈布局提供科学的决策依据。

具体而言，通过商圈的宽带无线网络以及商家提供的免费无线网络接入服务，消费者能够享受免费且安全可靠的无线 Wi-Fi 上网环境，获取更好的消费体验，同时通过店家引导通过微信公众号、支付宝、商圈 APP 等渠道在线使用各类智慧化服务（商圈导览、停车诱导和移动支付等服务），实现各类用户反馈信息及商业信息等数据资源的实时沉淀与实时采集；商场和商户经营者可以使用定制的智能终端应用，实现实时精准的智慧营销。商场可以随时发布或更新店内的商品信息和促销信息等，吸引客流，通过实时查看客流分析和经营分析报告来制定兼具多样性和个性化的营销计划，完善精细化的客户关系管理，并实时查询和处理顾客订单，为消费者提供移动支付收银，提升经营效益；而商圈的管理者可以通过 Wi-Fi 位置分析获取丰富的人流量监控和分析报告，实时掌握各区域人流量情况，实现主动式人流量管理，优化商圈内的经营布局。

通过大力发展智慧商圈，能够有效提升智慧城市管理手段和信息化水平，向外界展示智慧城市的风采和独特魅力，扩大其影响力和知名度。同时，通过 Wi-Fi 位置服务和智慧商圈应用平台，可以促使传统商场以线上与线下互动的模式实现经营模式的转型，稳固实体商业在城市人口就业、房地产开发和吸引外来资本方面的重要作用。另外，通过智慧商圈的建设，可以为探索智慧城市的商业模式方面积累丰富的经验，突破现有的商业服务瓶颈，从而从积极的层面上刺激经济发展。

四、智慧商圈建设经验与启示

在“互联网 +”的潮流下，国内智慧商圈的发展已经初具规模，传统商圈面临数据分散片面、有效供给不足和业务需求无法实时跟进等挑战，利用信息化技术来转变消费途径和商贸流通创新是创造更多商业价值提升商圈服务水平和综合竞争力的必然趋势。在实时动态改变、充满挑战的新型经济发展环境下，线下商圈如何科技发挥自身特色优势、提升管理效率、借助互联网创新思维与高新技术，并满足特定需求，以技术与基础、运营与保障、服务与体验、创新与融合和建设成效为五大要点，打造具有丰富互联网属性的智慧商圈新业态，推动信息消费发展，成为地方政府部门、企业和大众等市场主体应深入思考的战略问题。

在国家层面政策环境以及智慧商圈建设现状上，智慧商圈顶层设计是全行业关注的焦点问题，各地区、各级政府部门需要从全局角度考虑，加强组织领导和统筹协调,研究制订具体实施方案和相应的配套措施,因地制宜发挥人文和资源等优势,统筹规划整个商圈的生态体系。在政府主导与市场参与相结合的基础上,积极推动多种形式的智慧商圈建设模式,贯穿智慧商圈整体规划、建设、运维和服务全过程。同时,在政府宏观统筹的基础上,发挥智慧商圈实体在互联网市场经济大环境中的作用,促使其突破制约实体零售创新转型的机制障碍,形成多元化和市场化的商圈运营模式。

在新型经济的背景下,整合各类商圈资源已成为实体零售行业推进实现转型升级与创新发展的重大命题。智慧商圈能够基于商圈各类信息资源的大数据采集、分析和应用,利用商圈统一数据库平台,深度挖掘和分析研究消费者、商家和管理者等不同角色的行为需求,在政府管理、民生需求和商圈发展等三大领域展开积极探索,从而推进商圈商业服务与科技和金融等业态融合创新,科学管理,构建商圈发展精细化管理和运营的一体化机制,增强经济发展动力。通过完善多元、融合、智慧的商圈生态系统,智慧商圈不但能够提升消费者购物体验满意度,明晰消费导向,而且能够加快推进传统商业转型,提升商圈综合竞争力并为其释放新活力。

在智慧商圈自身发展层面上,现代商圈的发展除了需要商业自身繁荣作为基础,如何更有机地与文化旅游等融合也是提升商圈吸引力的重要基础。商圈不仅是一个消费的场所,更是一个充满人文需求的社交空间,商圈管理者和商家应该注重独特性,避免商圈陷入同质化,从而满足消费者的各项需求来带动消费。作为区域经济发展不可分割的一部分,商圈吸引着来自不同场所的消费者,而周边的广大消费群体则为商圈带来稳定的客流和持久的购买力。随着消费者的精神和物质需求不断增强,高科技、具有人文关怀、高品质和定制化的商圈服务更能使消费者感到亲切和贴心,从而刺激消费,并增强消费倾向和对于商圈的忠诚度。一个典型案例为上海虹桥商务区,在推进智慧新城建设过程中,虹桥商务区大力推进商圈与产业园区和社区等的资源整合互动,基于信息化技术促使多种业态资源相互融合、相互渗透,为虹桥商务区消费者提供周到和立体式的休闲娱乐创新体验服务,实现产城融合,同时满足消费者的物质消费和人文需求,丰富商圈未来的发展模式。

第五节 智能制造

制造业是我国国民经济的重要支柱,如何提升国内制造业发展水平,更好地适应全球制造业网络化、智能化和服务化的发展趋势,把握制造业面临的机遇并进行调整,是使我国从制造大国转变为制造强国的关键。依托人工智能技术和智能制造系统促使生产活动智能化,协同企业及相关行业的业务工作,提升制造业自主创新能力、资源利用率和信息化水平,深度融合信息化和工业化,为制造业带来变革。

一、智能制造发展背景

以云计算、大数据、人工智能为代表的尖端信息技术正在深刻地影响着人类的生产和生活方式,以信息网络、智能制造、人工智能为代表的新一轮技术创新浪潮正席卷全球,引发影响深远的产业变革,从中诞生的新型生产方式、产业形态、商业模式和经济增长点对传统制造业的发展产生了深远的影响。

在此次技术革命浪潮中,信息化与工业化不断融合,基于信息物理系统的智能装备、智能工厂等智能制造正在引领制造方式的变革,促使全球传统制造业逐步向数字化、网络化、智能化方向发展,并成为影响未来全球制造业竞争格局和国内制造业转型升级方向的根本性要素。产业价值链体系正在被越来越多的产品个性化定制、网络众包、协同设计、全生命周期管理、电子商务和精准供应链管理等重塑,而制造业新领域也被可穿戴设备、智能家电、智能安防系统和智能汽车等智能终端产品不断拓展。传统制造业唯有主动适应潮流并加快促进智能制造领域的技术攻关和全方位推广应用,才能从容应对新一轮技术革命对全球制造业可能造成的巨大冲击。在"互联网+"时代,工业互联网作为高新信息技术与制造业深入融合的产物,日益成为新技术变革的关键支撑和深化国内"互联网+先进制造业"的根基,对未来国内制造业发展将产生全方位和深层次的影响。

当前,全球产业竞争格局正在发生重大调整,工业互联网与智能制造正处于产业格局未定的关键期和规模化扩张的窗口期,发达国家纷纷实施"再工业化"战略[37],重塑制造业竞争新优势,一些发展中国家也在加快谋划布局,积极参与全球产业再分工,因此国内制造业正面临遭受发达国家和其他发展中国家"双向挤压"、风险隐患增多的严峻挑战,迫切需要发挥体制优势和市场优势,加紧战略部署,深入推进智能制造发展,通过更大范围、更高效率和更加精准地优化生产和服务资源配置,加速推动国内传统制造业转型升级,催生适应"互联网+"时代的新技术、新业态和新模式,为国内实施制造强国战略提供新动能。

二、智能制造的核心与特点

(一)智能制造的内涵

智能制造是伴随信息技术的不断普及与传统制造业转型升级路径选择逐步发展起来。1988 年,美国纽约大学怀特教授(P. K. Wright)和卡内基梅隆大学布恩教授(D. A. Bourne)出版了《智能制造》,首次提出智能制造的概念,并指出智能制造的目的是通过集成知识工程、制造软件系统、机器人视觉和机器控制对制造技工的技能和专家知识进行建模,以使智能机器人在没有人工干预的情况下进行小批量生产[38]。2012 年 4 月,英国《经济学家》发表了专栏文章《第三次工业革命》,通过描述产品在生产、管理、营销等环节的应用场景，指出智能制造的内涵为实现产品生产过程的数字化、自动化、网格化和客户服务的定制化应用。

综合智能制造在传统制造业及工业领域应用，智能制造技术可概括：将传统生产技术与数字化、人工智能、物联网通信技术的集成应用于设计、生产、管理和服务的全方位制造流程，在制造过程中进行感知、分析、推理、决策与控制，实现产品需求的动态响应，新产品的迅速开发以及对生产和供应链网络实时优化的制造活动的总称，可分为智能设计、智能生产、智能管理、智能制造服务四个关键环节。人工智能、边缘计算、虚拟现实、区块链等新技术的不断突破应用，促使智能制造的概念进一步向系统化、集成化、一体化纵深发展，从而催生了精准制造等方式的革新，最终以人、机、物全面互联的新型网络基础设施为手段实现对生产制造全流程的管控，尤其是突出工业互联网对传统制造方式和模式的革命性影响。

（二）智能制造综合特征

相对于传统制造业，智能制造增强了新型传感技术、控制系统设计技术、系统协同技术、故障诊断与健康维护技术、通信网络技术、功能安全技术、特种工艺与精密制造技术等智能技术的特点，智能制造核心示意图如图 6-3 所示。

首先，智能制造是一个复杂的大系统工程。在智能制造活动贯穿于产品的设计、制造、使用、维护、报废等全生命周期，从而达到产品生产成本最低、资源消耗最少、产品本身价值最高的效果；在空间维度上，智能制造活动一方面涉及企业内部各部门的业务协同，同时涉及产业链上下游企业及相关行业之间的相互协同，使生产活动处于一个相互协作、相互渗透的立体系统中。

第二，智能制造关键技术设计。智能制造技术是用计算机模拟、分析，对制造业智能信息收集、存储、完善、分享、继承、发展而诞生的先进制造技术，主要应用于以下领域：智能服务可通过物联网感知产品状态，实现预测性维修维护，及时提醒客户更换备品备件，同时可在线采集产品运营的数据信息，基于大数据技术辅助企业市场营销决策。例如，目前市场应用较为广泛的应用 APP，其后台能够根据客户购买的产品信息，通过分析客户行为偏好帮助商家或企业后续提供更有针对性的营销服务。

智能装备能够支持设备联网，具有检测功能，可以实现在机检测，从而补偿加工误差，提高加工精度。过去制造所需的一些精密装备对环境的要求很高，现在由于闭环的检测与补偿，可以降低对环境的要求，有利于制造效率的提升。

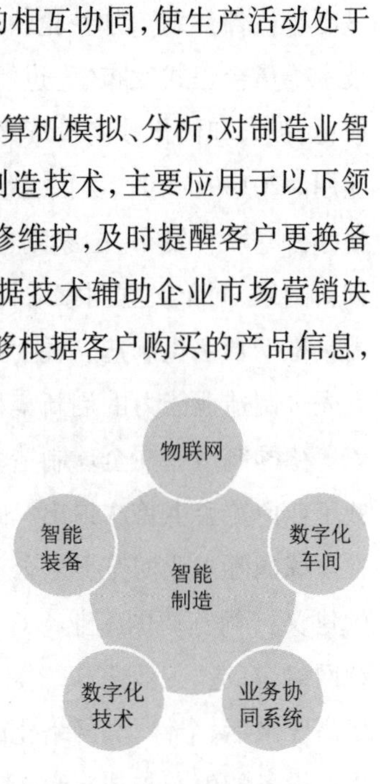

图 6-3　智能制造核心示意图

智能制造的支持技术主要为数字制造技术（CNC、CAM、CAD、CAE、CIMS）、传感与控制技术（新型光机电传感系统、嵌入式控制系统等)；人工智能技术：深度学习、分析计算等；互联网、物联网、电子标签(接触式，如IB电子纽扣、IC卡；非接触式，如射频识别技术RFID)；数学与物理学基础理论：数理逻辑、数学机械化、随机过程与统计分析、运筹与决策分析、计算几何、非线性系统动力学等。智能制造生产装备的关键技术则为装备运行状态和环境的感知与识别技术、性能预测和智能维护技术、智能工艺规划和智能编程技术和智能数控系统与智能数控驱动技术。

三、智能制造整体发展现状

从全球发展角度，为寻找金融危机以来经济发展解决方案，美国、德国和日本等世界制造业发达国家政府纷纷实施“再工业化”战略，提出通过发展智能制造重振制造业的战略布局，通过加大科技创新力度，推动3D打印、移动互联网、云计算、大数据、生物工程、新能源、新材料等领域取得新突破，以此抢占未来世界制造业发展的制高点。同步发展的智能制造技术产业也完成从新兴产业向战略性支柱产业的转型，成为全球制造业发展的客观趋势，世界上主要工业发达国家正在大力推广和应用。

金融危机后，美国政府将发展先进制造业上升为国家战略，希望以新的革命性生产方式重塑制造业。2009年12月，美国政府出台《重振美国制造业框架》，通过具体分析重振本国制造业的理论基础及优势，提出具有建设性的发展意见，成为美国发展先进制造业的战略指引。2011年6月，美国政府正式启动包括工业机器人在内的“先进制造伙伴计划”，加快抢占21世纪先进制造业制高点。2012年2月，美国国家科学技术委员会正式发布《先进制造业国家战略计划》，明确提出通过加强研究和试验税收减免、扩大和优化政府投资、建设智能制造技术平台等措施，加快智能制造技术创新与应用。2013年1月，美国总统执行办公室、国家科学技术委员会和高端制造业国家项目办公室联合发布《国家制造业创新网络初步设计》，投资10亿美元组建美国制造业创新网络，同年设立国家增材制造业创新学院和数字化制造与设计创新研究院，集中力量推动数字化制造、新能源以及新材料应用等先进制造业的创新发展，打造一批具有先进制造业能力的创新集群。

德国制造业在全球制造装备领域拥有领头羊的地位，在2011年4月举行的汉诺威工业博览会上首次提出“工业4.0”的概念[39]。2013年4月德国“工业4.0工作组”在全球国际工业博览会上公布了《保障德国制造业的未来：关于实施“工业4.0”战略的建议》(简称德国工业4.0战略)，借助德国制造业的传统优势，通过建立信息物理系统网络，打造“工业4.0”生产的智能环境；深入研究智能工厂和智能生产两大主题，形成高度灵活、个性化、网络化的产业链；实施领先的供应商战略和市场战略，实现智能生产设备的生产制造与制造业市场的有效整合；推进产品生产过程纵向集成、产品整个生命周期不同阶段数字化集成以及制造业产品研究、开发、应用拓展、标准化策略以及商业模式的横向集成，从而掀起了新一轮制造技术的革命性创新与突破。目前“工业4.0”已经上升为德国的国家战略，日本制造业规模约占国内生产总值的20%，高于美英法等其他发达国家，非制造业受制造业辐射效果影响非常明显。为扭转制造业比重降低的局面，日本政府高度重视高端制造业的发展，并出台相关政策措施把信息通信、节能等产业作为国家重点培育领域，尤其加强对制造业信息化、信息物理融合系统、机器人、人工智能、3D打印机等领域研究开发项目的资金倾斜。

改革开放以来，国内制造业发展极为迅速，2016年全国制造业总产值达22.35万亿元，占国内总产值的30%，同比增长6.80%，增速连续4年维持在7%左右，在工业乃至整个国家经济社会发展中发挥至关重要的作用。随着国内制造业的崛起，在世界制造业中的国际地位也不断上升，1994年国内制造业增加值占世界比重仅为3.64%，2006年则增长为11.26%，超过日本成为世界第二，2015年比重达到25%，成为世界制造业巨头。与此同时，“中国制造”也成为世界各国工业产品需求的重要来源，2014年国内制成品出口额占世界工业制成品出口额的18%，居世界第一，工业制成品出口额高达22 020亿美元，约占美国制成品出口额(11 640亿美元)的2倍。国内制造业出口结构也不断完善，在钢铁、化学品和纺织服装制成品等传统出口产品规模不断增加的基础上，通信设备、集成电路和电子元件、电子数据处理和办公设备等新兴制造产品的市场份额也大幅增加，出口产品的科技含量与市场竞争力不断提升。伴随国内制造业突飞猛进的发展，成长并壮大了一批世界级的制造业企业，在生产规模、技术研发水平、管理能力、市场拓展等方面已有多家企业成功跻身国际制造业佼佼者行列，根据2015年《财富》杂志评选的世界500强结果，有近60家中国大陆的制造业企业入选。

伴随国内经济发展进入新常态的时代趋势，经济发展必然面临速度变化、结构优化、动力转化的迫切需求，当前国内经济社会发展既面临着土地和资源等约束性条件的限制，粗放式的发展模式迫切需要向形态更高级、分工更复杂、结构更合理阶段演化，又需要加快发展新业态、培育新模式以引领产业创新与经济发展的任务紧迫，集约各类创新发展要素，调整自身发展形式。

目前，依靠低成本要素获得竞争优势的粗放型经济增长模式已无法适应产业和经济的发展，制造业依靠低成本、高消耗、高排放推动增长的模式受到严重挑战。自2012年以来，国内最低工资的增长率平均超过20%，城镇平均工资幅度更大，人力成本上升已成为制造业不可忽视的问题，低成本劳动力的竞争优势正在丧失。同时，以印度和柬埔寨为代表的东南亚、南亚国家凭借相对较低廉的劳动力成本，在一定程度上分流了国内制造行业的利润。

产能过剩也是国内制造业面临的一个刻不容缓的重大问题，由于习惯于国内利好的产业政策、较低人力成本和过低土地价格等条件，国内制造业的固定资产投资率年均增长速度在20%左右居高不下，地区之间产业结构同构、重复投资、恶性竞争等现象严重，进一步导致钢铁、汽车、家电等传统行业与风电设备、太阳能光伏发电等新兴产业产能过剩愈演愈烈，严重抑制国内工业和国民经济持续健康发展。

此外，由于国内制造企业以引进技术和组装生产为主，申请的专利普遍存在交叉，许可专利少、同族专利少和专利影响力低等现象，国内制造业企业普遍对国外先进技术依赖性较强，有些企业自身又存在研发能力不足、重复研发、技术覆盖面较小等问题，很大程度上影响了制造企业的创新能力，进一步制约国内制造业整个行业的高端发展。

如今，国内正处于经济转型发展和全面深化改革的关键时期，仍面临着创新能力相对较低、产能过剩较为突出、传统产业急需转型升级等诸多困难与挑战。在面对互联网技术发展所带来的挑战的同时，国内制造业发展也存在互联网技术所带来的机遇，2015年国务院印发了国内实施制造强国战略第一个十年的行动纲领，明确提出要凝聚全社会共识，着力提高国家制造业创新能力、推进信息化与工业化深度融合、强化工业基础能力、加强质量品牌建设、推行绿色制造、推动重点领域突破发展、推进制造业结构调整、发展服务型制造和生产性服务业、提高制造业国际化发展水平等战略任务，加快制造业转型升级，力争通过“三步走”实现制造强国的战略目标，国内智能制造的发展也将跨入新的阶段。

四、国内企业智能制造发展之路

由于发展阶段的原因，大量中国制造群企业目前仍处在工业2.0状态，且对传统渠道的依赖过大，导致很多企业管理者对于探索新技术、新生产方式和新管理手段缺乏积极性，这不利于国内制造业企业的智能化转型。但中国企业有自己的战略立足点和定位，之于智能制造也具有一些先天优势：企业管理者具有非常旺盛的企业家精神，后发优势明显；随着国内电商环境逐渐成熟，线上交易不断普及，消费者接受新事物的速度也不断加快，为中国企业的商业模式和产品创新提供了一个非常好的外部环境；此外，在社会上也有数量庞大的勤奋努力且报价合理的专业工程师队伍；中国的互联网创新处在领先地位，通过实施行动纲领，加快推动中国制造大国向制造强国转型，中国企业也在从效率驱动向创新驱动转变，这为中国企业走出具有社会主义特色的智能制造道路提供了广阔空间和肥沃土壤。

以三一重工为例，其自主开发的信息系统“ECC全球企业控制中心”（即全球客户管理系统）开启了国内制造业对于物联网及大数据的大规模应用。通过采集终端设备中的数据信息，ECC全球企业控制中心可以监测设备所在位置，并利用运用大数据分析实时监测设备的运行状态，并实现远端控制和对设备故障进行诊断预测，为客户提供实时的就近派工和诸多增值服务，掌握客户资信情况，充分提升服务质量，并减少企业受损风险。同时三一重工还通过在线监测分析销售的挖掘机的开工、负荷情况，实时了解全国各地基建情况，进而对于宏观经济判断、市场销售布局、金融服务提供调整依据，通过分析 ECC 数据所反映的客户需求，让产品的研发制造更有针对性。其中，位于上海临港产业园的 18 号厂房是亚洲最大的智能化制造车间，也是三一重工总装车间，厂房内有混凝土机械、路面机械、港口机械等多条装配线，其规划全面应用数字化工厂仿真技术进行方案设计与验证，已建成车间智能监控网络和刀具管理系统、公共制造资源定位与物料跟踪管理系统、计划、物流、质量管控系统、生产控制中心中央控制系统等智能系统，能够智能化、数字化地分析判断制造生产与人员情况，促进品种、效率和质量的提升，并相应地降低成本。

中国制造和“互联网 +”是不可分割的，要使中国制造向智能化的方向发展，必须充分利用互联网、大数据和云计算，实现传统制造业的转型，使得中国的工业产品能够跃上新的水平。制造业企业和管理者应当把握这一机遇，积极总结和借鉴国外先进经验，结合本土特色优势，以智能制造为突破口推动国内企业技术升级，实现制造企业竞争优势由传统要素优势向技术优势的转型。

五、国内智能制造发展前景

2016 年、2017 年，工信部和国务院先后印发《智能制造发展规划（2016—2020 年）》（工信部联规〔2016〕349 号）、《关于深化“互联网 + 先进制造业”发展工业互联网的指导意见》，均提出要将发展智能制造作为国内长期坚持的战略任务，以智能制造工程为重要抓手，聚焦发展智能、绿色的先进制造业，提升国内智能制造整体发展水平，为实现制造强国建设提供新动能。

以德国、美国和日本等国家为例，智能制造战略基本是由本国龙头企业组成的产业联盟发起推动，企业存在着内在动力进行宣传、推广和实施，可提供切实可行的智能制造解决方案和示范案例（如西门子安贝格工厂），市场亲和度较高，在推行过程中容易得到业界认可。以此为鉴，国内发展智能制造也需要充分发挥龙头企业的引导带动作用，组建智能制造综合性产业集团和产业联盟，让龙头企业成为战略实施的主力军，实现市场占有率的突破，使中国智能制造的新理念和新成果更快落地，且更广泛地被市场所采纳。

在国家战略大环境下，智能产品要与创新设计结合，与大数据和云计算结合，提升对于产品设计、制造、加工以及管理技术的自主创新，及时把握市场和客户的需求，总结一线加工人员和智能车间管理经验，并系统性地进行推广，适当融合军用与民用，助使中国制造企业转型升级，提升加工效率和加工质量，降低制造成本。

在智能制造中，运用人工智能和机器人等关键技术是未来制造业的发展趋势，同时作为智能制造的重要组成部分，智能产品也将从独立的个体转型为一体化互连互通的系统。国内的制造业企业必须在重视基础软件系统和标准制定的同时，研发本土自主的智能制造产业设施，避免在硬件制造中再次受制于国外操作系统。由于起步时间、发展阶段、发展条件和目标不同，国内的机器人产业不能受限于传统技术，而应大力推动核心关键技术和最新关键技术的学习运用，培育具有国际影响力的机器人骨干企业，发展一批创新力强的中小型企业，加强对技术研发成果的知识产权保护，提升国产自主制造业产品的国际竞争力。

对于人才培训，国内制造业企业也要加强提供智能制造所要求的职业技能教育和专业培训，以适应制造业变革的日新月异的技能要求，提高劳动者素质，培训工人提高其劳动技能，同时还要注重吸引全球制造业人才，特别是高层次人才，充分利用全球人才资源适应先进技术发展的需要，发展中国智能制造。

政府的扶持与资金提供也是促使国内智能制造的一大推动力。美日欧等发达国家的先进制造业都获得了政府的大力扶持，财政资金也大量向研发创新倾斜，例如美国联邦政府对每个制造业创新研究资助达 7 000 万至 1.2 亿美元。为扶持智能制造产业的发展，国内也应从多个方面完善落实相关配套政策：加大财政和税收方面的扶持力度，建立智能机器人研发风险准备金，激发制造业企业创新活力；加大对国产智能制造装备的政府采购，给予新生产业一定的保护期；在部分地区、部分行业开展智能制造试点示范，探索新模式、新方法，并逐步推广普及。

第六节　智慧园区

与传统产业园区不同，智慧园区是国内各类成熟园区转型升级的典范，不仅能提升园区吸引力，而且能促进园区可持续发展，给予战略性新兴产业发展的基础，顺应信息技术创新与应用趋势。智慧园区的建设涉及云计算、物联网和泛在网络技术等多种技术，可应用于多个领域，有助于推动园区创新管理、提高资源配置效率，并促进未来的现代化园区建设。智慧园区的建设规划和运筹管理等需要政府、企业和员工三者之间的协同，丰富智慧园区的内涵和体系。

一、智慧园区概述与发展现状

产业园区作为产业集群的重要载体和组成部分，通过有效地创造凝聚力、分享资源、克服外部负效应，有效带动关联产业发展，在加快新型工业化进程，推动社会经济发展方面发挥重要作用。近年来，智慧园区作为智慧城市建设的一项重要内容以及创新理念园区备受关注，智慧园区与智慧城市关系如图 6-4 所示。在互联网时代，通过各种信息化技术，智慧园区能够更及时地响应园区使用者的需求，更便捷地获取所需的服务资源。

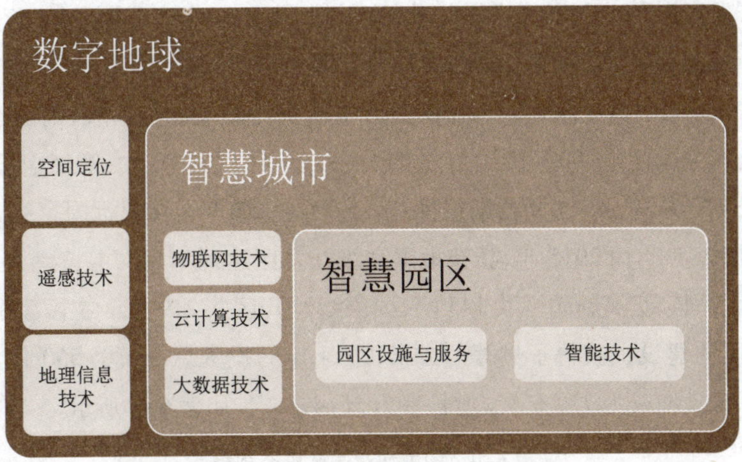

图6-4　智慧园区与智慧城市关系图

资料来源：《"互联网＋智慧园区"服务模式探索》

和传统产业园区相比，智慧园区能够达成地理环境智能化、社会智能化和经济智能化。地理环境的智能化是实体园区与智慧园区同步建设的过程，传统园区只需解决基础设施的问题，而智慧园区除了解决基础设施之外，信息技术与信息服务成为必要因素。智慧的园区管理需要将园区规划、建设、管理与服务整合在一起；社会智能化能够助使园区除了具有经济职能外具备社会职能，体现社会化的管理；经济智能化则体现在通过园区经济的智能化手段，最终使园区更加有效地为企业和个人服务。

在园区探索新型工业化、城镇化的发展过程中，呈现出逐步融合为内城组团和以产促新城的趋势[40]。智慧园区是在智慧城市背景下提出的，是智慧城市实践的关键，对于优化园区产城关系、调整经济产业结构、争夺高端产业发展要素、加快科技自主创新、推动产业转型升级、打造园区独特品牌等领域具有重大影响。通过开展智慧园区建设，能够整合先进的信息技术与资源，帮助园区在信息化方面建立统一的组织管理协调架构、业务管理平台和对内对外服务运营平台，充分降低园区运营成本，加强各类园区创新、服务和管理能力。智慧园区的重点在于"智慧"：一方面，它在现实的园区环境之外，综合应用各类 IT 网络技术，通过网上虚拟园区等实现方式，加强园区内部的互动沟通和管理能力，在更加广阔的范围内提高园区的知名度。另一方面，它更强调增强园区管委会政府、园区企业等各个方面的资源整合能力，把园区内各方的专长资源加以整合推广，为科技园区打造一个整体的强势品牌。

目前，国内正处于全面深化改革，加快转变产业结构，转变经济发展方式的关键时期，国内产业园区的发展也面临诸多问题与瓶颈。根据前瞻产业研究院发布的《2016—2021 年中国智慧园区建设趋势前瞻与投资战略规划分析报告》显示：截至 2014 年底，国内共有国家级产业园区 477 家，包括 215 家经济技术开发区、115 家高新技术产业开发区以及147家其他各类国家级产业园区；省级产业园区1 167家，市级产业园区数不胜数，平均每个城市拥有4.8家省级及以上产业园区，且园区整体空置率高达43.2%，可见国内产业园区存在比较严重的供给过剩、空置率较高的现象。目前国内有各类产业园区15 000多个，经济的贡献率达到30%以上。2015年国家级开发区数量增长到364家，年均复合增长率达13.5%。2014年新获批国家级开发区共9家，增长率仅2.8%，而2015年，新获批国家级开发区达到31家，增长率为9.3%。截至2015年底，国家级高新园区共145家，国家级经开区共219家。在国家的大力扶持下，智慧园区的建设也获得了显著的成果，2014年的投资总规模为550亿元，而2015年的投资总规模增长为750亿元，增长率为36.4%[41]，如表6-4所示。

表6-4　国内智慧园区投资规模

	投资总规模(亿元)	**增长率**(较之前一年)
2011年	500	10.8%
2014年	550	10%
2015年	750	36.4%

数据来源：《中国智慧园区发展报告》。

二、智慧园区主要功能

产业园区如何实现低功耗、低成本、高覆盖、强连接已经逐渐成为物联网络发展的主流。智慧园区通过软件、服务、物联网技术，能够提高办公和管理效率、提升园区产业服务水平和企业员工学习工作水平，以提高服务的明确性、高效性、灵活性，做到随需服务，建立自主创新服务体系的新型园区，实现园区经济可持续发展和产业价值链提升的目标。

智慧园区的功能主要通过五大层次得以体现，即基础设施层、智能感知层、网络通信层、支撑平台层和服务应用层。通过借助云平台、互联网和物联网等技术，依据软件系统数据运算分析，制定公共设备季节性和昼夜运行模式，提高园区内各环节运行质量，延长设备使用寿命，达到科学调度的目的。通过利用无线传感网等多项信息技术应用，实现海量数据的实时采集、传输、存储与运算和强化辅助决策功能，由此使得系统能够更准确直观地记录园区能源运行基础数据和能源负载情况，通过与园区的客户管理、电子支付、智能停车、电子商务等其他信息化系统数据共享，分析并得出信息资源的内在价值，智慧园区功能层次示意图如图6-5所示。

智慧园区的基础设施层是园区信息化建设的硬件基础层(包括移动通信网、公共区域无线局域网、地块内局域网)、通信机房(包括商务区公共通信枢纽机房、地块内集约化通信机房和楼层设备间)、信息化管理中心(包括通信机房、安防控制机房和配套服务设施等设施）。

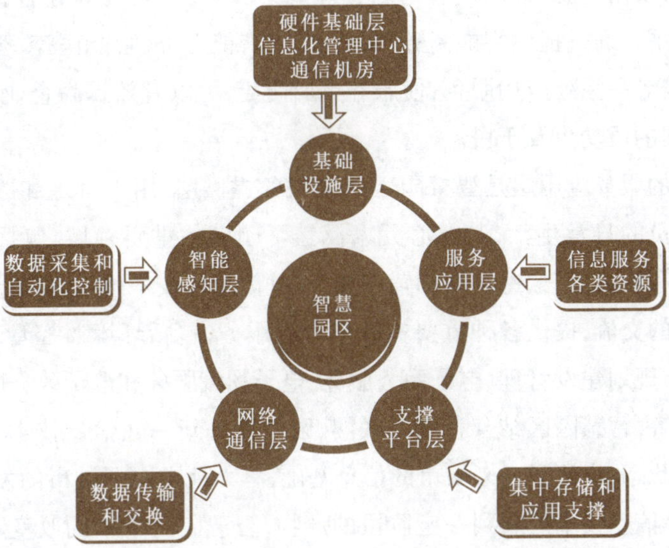

图 6-5　智慧园区功能层次示意图

智慧园区的智能感知层可用于数据采集和自动化控制层（包括对于园区的环境监控系统、智能交通系统、能源监控系统）；智能交通系统、能源监控系统、智能会展系统、安防控制系统、楼宇自控系统、信息发布系统、会议系统、紧急广播系统和智能微电网等。其核心技术元素包含了 RFID（射频识别）标签和读写器、摄像头、GPS（全球定位系统）、移动终端和个人计算机等，通过广泛分布的传感网和嵌入式系统，智能感知层使园区物理实体具备了感知能力，助使园区成员采集城市各类信息并将信息加以分享展示。

智慧园区的网络通信层是智慧园区的数据传输和交换层，主要包括通信网、互联网和物联网，支撑园区内商务区应用系统的管理信息网络和各种智能感知系统信息传输网络。通过物联网和互联网融合发展构成的宽带泛在网络，能够不限时空地实现人与人、人与物、物与物之间的智能互联，并且更为安全可靠。在一个“智慧园区”环境中，移动性是一大重点，通信视频也正成为越来越重要的沟通媒介，园区内的设备、应用与位置边界变得模糊化，通过互连互通来跨越多种业务模式访问所需内容和信息、提高工作效率和灵活性、提升园区内办公人员的生活品质。

智慧园区的支撑平台层是商务区园区数据集中存储和应用支撑层，即具有集成特征的综合、统一、互连的城市管理和服务平台，通过将信息采集及展示模块获取的信息进行传递和处理，同步协调所有园区管理和服务运营机构，实现各机构之间的业务互通和运营整合，其中包含门户集成、数据集成、应用集成和业务流程集成、外部接口等。智能园区的支撑平台中也包括智慧园区运行管理平台和智慧园区虚拟服务平台。其中，智慧园区运行管理平台通过物联网、视频监控、云计算等技术手段，实现对城市运行的监测，以及安防应急，提高政府精确管理能力，使城市运行得更加安全高效；智慧园区虚拟服务平台通过提供智能商务、智能商业、智能会务、智能医疗、智能教育、智能社区、智能家居等一系列应用服务，使服务更加便捷，可以有效提高企业与居民的满意度，将城市发展的成功惠及于民。

智慧园区的服务应用层是智慧园区信息服务提供层，用于管理和服务园区企业，丰富园区内人员的日常生活，其核心元素涵盖了园区的重要领域，包括医疗健康、教育、办公、休闲和物流等，这些领域相辅相成，通过信息化技术可实现信息的实时交换，促进园区人员的交流，提供各种重要资源和专业服务，包括环境监控管理、能源管理、公共信息服务、规划建设管理、电子商务服务、电子物流服务和电子政务服务等。

从技术理解，智慧园区结合利用物联网、云计算等新一代信息技术全面感知并整合城市的运行状态，构建了未来城市的信息基础，有力地支撑了城市的发展；从应用理解，智慧园区是信息技术发展到一定阶段的产物，智慧园区带来的改变不仅限于理念范畴，它将使园区的生产方式、生活方式、交换方式、公共服务、机构决策、规划管理、社会民生七个方面产生巨大和深远的变革。

通过深化以人为本、协同联动、全面感知和自我优化这几大特性，智慧园区能够推动园区转型实现智慧园区融合、创新和协同的目标，实现以园区人员的各项需求作为根本出发点，使得终端用户享受到更多优质服务和便利，满足其多样和独特的需求，改善其生活品质；能够通过构建统一的数据服务平台，实现更高效的信息集约化管理，解决数据采集孤立问题，降低运营成本，提升园区内的协同合作；能够利用感知技术，实现园区内人与物的互连互通，使园区环境更为开放；能够及时开展自我优化和调节，改善园区管理水平，积累实际经验为提供更优的园区服务和改善配置打下坚实基础。

三、典型智慧园区建设

随着国内智慧城市建设的不断推进，智慧园区的建设也得到了进一步的提升，从2012年至今，党中央和国务院已颁布了多项政策推进智慧园区的建设，依托于政策扶持、新一代信息通信技术、信息采集技术、智能事务处理和智能化服务，国内各类型传统园区相继投入智慧化建设中。

2018年初，上海市首批基于窄带物联网（Narrow Band Internet of Things，简称NB-IoT）通信技术的商用智慧园区项目在浦东软件园园区内应用落地，其主要示范项目为智慧停车、智能烟感、智慧环境项目等。作为国家级示范智慧园区的代表，浦东软件园园区内设置了上海展为智能股份有限公司所部署的窄带物联网地磁传感器，将管理力度精确到每个车位，全天候将车位占用情况实时汇集到浦东软件全景协同中心，并同时于用户端和诱导牌等多平台实时发布，提升了驾驶员查找车位的效率，同时也提高了车位利用率。此外,园区内也安装了少量由丁丁停车和上海展为联合开发的窄带物联网地锁,通过对重点区域的车位进行预约制管理,提供差异化停车服务,保证满足用户的各项需求。

上海浦东软件园全景协同中心目前已接入覆盖园区九大类、13 个信息化系统、近 16 000 个点位的数据和信息,形成智慧园区物联网,最终实现园区内人、车与物的互联、感知与精准定位。如今,园区内所有的餐厅、三十个停车场、楼宇电梯和智能电表等均能通过园区全景协同中心集中监控管理及数据分析,以可视化形式串联各类数据、设备、子系统,全面掌控园区实时状况,快速响应园区内的各类需求和事件,实现从初步数字化管理向精细化、智能化管理的转变,在智能交通,智慧停车,智能照明和智能消防等领域研发出包括以窄带物联网等技术为基础的物联网设备和物联网运营平台,真正实现了物联网在商业化部署运营。

园区部署了基于窄带物联网传输技术的空气质量检测器,可安装在任何位置。长时间有效检测空气质量指标,其中包括空气中的二氧化碳浓度、甲醛浓度、PM2.5 数值和园区温湿度等,实时掌控园区内的环境状况。对于软件园区,空气质量检测器安放于办公室、会议室和走廊等封闭场所。对于较为分散、偏僻和面积较小的场所,浦东软件园有针对性地部署了"小微(三合一)场所无线智能火灾报警监测系统",该系统具有及时发现警情、告警流程简单、处理警情自动化、自动通知火警场所及周边人员撤离等便利功能。另外,基于窄带物联网传输技术的智能传感器,为园区提供园区人员位置追踪、智能泊车、智能路灯、智能井盖、水质监测等多方面的场景应用。通过窄带物联网传输技术,将能够达成对园区智能公共设施的统一管理与调度,满足智慧园区建设要求。

四、智慧园区发展趋势分析

目前中国智慧园区未来发展主要有以下几个方面:

首先,信息基础设施与政务及公共服务依然是智慧园区建设的重点。智慧园区建设初期依然是以信息基础设施、电子政务服务为重点。智慧园区信息基础设施建设主要将沿着"宽带、融合、泛在、安全"的方向发展,通过有线与无线相融合、构建多种接入方式的高宽带网络,实现园区信息化网络全覆盖,使园区从业人员能够实时便捷地使用所需的信息资源。建设具备集约功能和数据共享的云平台,通过与园区企业平台的协同运作、资源共享和管理系统对接,完善园区政务服务,实现园区服务从分散式管理经营向集约化转变。通过强化传感技术来提高对园区内环境监测、安全监控和预警防范的准确度和效率,以此帮助园区管理者及时和有效地进行园区的治理工作。

其次,智慧园区建设仍需注重公共领域管理与服务,紧紧围绕公众需求,加快建设面向个人用户的社会信息服务网络,建立惠及人人的公共服务体系。同时,运营将变得更为社会化，园区的信息化运营模式变得更为多样，这意味着对人力与物力的双重需求，与提供商（设备、服务、平台等）开展合作和外包是一种趋势。

再次，智慧园区建设将强化与园区产业的互动发展。一方面，智慧园区将会朝向创新化、生态化发展。未来智慧园区建设将会更加注重高新技术、生态环保型等产业的发展，融入低碳管理理念将新的技术、管理手段、管理平台与园区的创新结合在一起。另一方面，智慧园区建设与园区产业发展相结合。引入一批发展潜力大、市场前景好的智慧产业，逐步形成"智慧制造"到"智慧服务"一条龙园区产业格局。

此外，智慧园区管理与城市化管理将得到进一步融合。产业园区透过核心和关联产业的聚集，达到产业规模效应，人才和知识聚集，生产力提升，供应链效率提升。未来城市发展与管理可以以智慧园区建设为牵引，拉动智慧城市建设，并将智慧园区的管理职能融入智慧城市的管理体系建设中去，实现智慧园区管理与城市化管理的高度融合，打造极具区域影响力的"智慧化"城市管理体系。

如今低碳环保和节能减排已成为社会新潮流，未来的智慧园区也将会更加注重发展生态环保型产业，顺应绿色环保和低碳管理，使用高新技术和集约化平台，融合园区的创新管理与发展，在完善园区基础设施、安全保障和管理服务的基础之上，进一步深化智慧园区的智慧化和深度化，推动智慧园区可持续发展，加速园区经济转型升级，提升园区综合吸引力，为智慧城市建设发挥更大的作用。

第七章 智慧治理

当前,以"互联网＋"为代表的信息技术与社会治理渗透融合日趋深入,智慧治理已成为推动社会治理现代化,提升城市管理和服务水平的有效手段,其核心是在城市建设与运行管理各个环节引入智慧城市最新应用成果,通过发挥新一代信息技术在数据采集、存储、分析、展示等方面的优势,引导信息化与城市联动联勤管理、基层创新治理、生态环境保护、食品安全管理、城市公共安全等领域深度融合,全面实现经济、政治、社会、生态文明等领域的高效管理与精细服务,有效支撑城市功能的提升。同时,政府作为城市建设与发展的重要管理者与服务者,伴随智慧治理在城市运行管理中的深化应用,其在衡量政府服务质量和水平方面也发挥着重要作用,通过信息技术应用服务于城市发展科学决策,保障城市各部件功能的有序发挥与安全运行,已成为优化政府服务,创新政府服务方式的重要措施。

第一节　智慧治理概述

社会治理是一个结构复杂、纵横交错的庞大系统,经济社会发展带来城市规模的迅速扩大和社会治理的深刻变化,从管理对象和范围上,社会治理涉及城市网格化管理、城管执法、环境卫生、水务治理、园林绿化、食品管理、公共安全、水电油气及通信保障等城市建设和运行管理的方方面面;从管理层次上,社会治理包括市级、区级、街道、社区、网格等多个层次的联动与协同,是一个层级关系多样、综合性强的综合管理体系。随着我国城市化进程的加快推进,在经济快速发展的同时也带来了环境污染、交通拥堵、公共安全事件频发、公共服务供给能力不足等一系列"城市病"问题。

为解决城市发展过程中存在的突出矛盾和问题,《国家新型城镇化规划(2014—2020年)》提出"推进智慧城市建设,实现物联网、云计算、大数据等新一代信息技术与城市经济社会发展深度融合",促使社会治理的内涵从以城市规划建设为主向以城市运行和社会协同发展为主转变。党的十八届三中全会将"完善和发展中国特色社会主义制度,推进国家治理体系和治理能力现代化"确立为全面深化改革的总目标,为统筹谋划社会治理各领域改革提供了根本依据。从我国智慧城市发展来看,社会治理属于智慧治理的范畴,其基本核心是以人为本及可持续创新发展。所谓智慧治理,主要是指在城市建设与运行管理过程中,基于城市管理精细化、可视化和社会治理协同化、透明化的发展需求,强调政府、市场、社会的开放互动,通过感知化、互联化、智能化等方式,推进信息技术与城市综合治理、城市重点领域管理、城市安全与应急处置等领域的深度融合,最终实现城市建设与运行管理联动协调、互联感知、决策引导的行为。从我国智慧城市实践来看,基于移动互联、位置服务(LBS)、大数据等信息技术对传统社会治理方式进行创新,支撑城市功能的提升与安全运行管理,已成为我国智慧城市建设过程中深化智慧治理的重要任务之一。

第二节　城市运行管理信息化

城市运行管理信息化建设是智慧治理的重要组成部分,需要立足城市运行、城市综合管理、基层创新治理,通过信息化手段实现政府、市场、社会等多领域资源的交互联动,提高城市运行与管理效率。从概念上来说,城市运行管理信息化就是借助于物联网、云计算、移动互联网、大数据及通信技术和各种智能终端的应用,在城市建设与运行管理过程中进行海量数据的采集分析,加强互联感知,推广智慧化应用和新型信息服务,促进跨部门、跨行业、跨地区业务融会贯通,加快实现基础设施智能化、城市规划管理信息化、公共服务便捷化、社会治理精细化,增强城市要害信息系统和关键信息资源的安全保障能力,构建以人为本的城市服务体系,从整体上推动形成人与城市和谐发展的现代化新格局。

一、城市综合治理领域信息化建设

城市综合管理是一项极为复杂的系统工程,涉及的领域大到城市基础设施建设、国民经济发展规划,小到与市民群众生活密切相关的水、电、油、气等日常性管理与服务。在现代社会,城市综合治理水平往往更能代表一个城市的文明程度与发展理念,体现城市的宜居水平和发展软实力。以城市这个开放复杂的大系统为对象,如何推进实现城市非紧急类服务整合互通、完善突发公共事件应急处置、提高城管行政执法效率、优化市容发展环境等问题一直都是人们关注的焦点,更是城市建设管理者提升城市品质的重中之重,同时也凸显了通过管理模式与机制创新提升城市突发事件应急处置和综合管理能力的紧迫性和重要性。

随着信息技术的迅猛发展与智慧城市建设热潮的大力推进,信息化已成为实现城市资源有效整合、城市管理系统互连互通,提高城市综合管理和安全防范能力的强大推动力。在上海新一轮智慧城市建设三年行动计划(2014—2016)中,城市综合管理信息化是其中的重要专项之一，要求在非紧急类城市服务互连互通、突发公共事件应急指挥、城市管理行政执法、“地楼房”监管等领域加大智慧化应用，同时，《上海市推进智慧城市建设“十三五”规划》也着重从市、区、街镇三级联动统一管理、新型市场综合监管以及城市应急管理与网格化管理和社区综合管理的深度融合等方面对全市城市综合治理信息化建设做了进一步深化。实践证明：在以信息化为主的新经济时代，通过信息技术融合应用加强城市综合治理方式创新是促进城市有机更新，提升人居环境水平的必要手段与必然要求。

（一）城市综合治理架构设计

从城市综合治理业务功能及应用领域来看，城市综合治理信息化应用总体架构大致可分为六层两保障体系，其中六层分别为：基础设施层、数据汇聚层、信息资源层、应用支撑层、业务应用层、平台服务层；两个保障体系为数据标准与运行维护规范、信息安全等级保护，如图 7-1 所示。

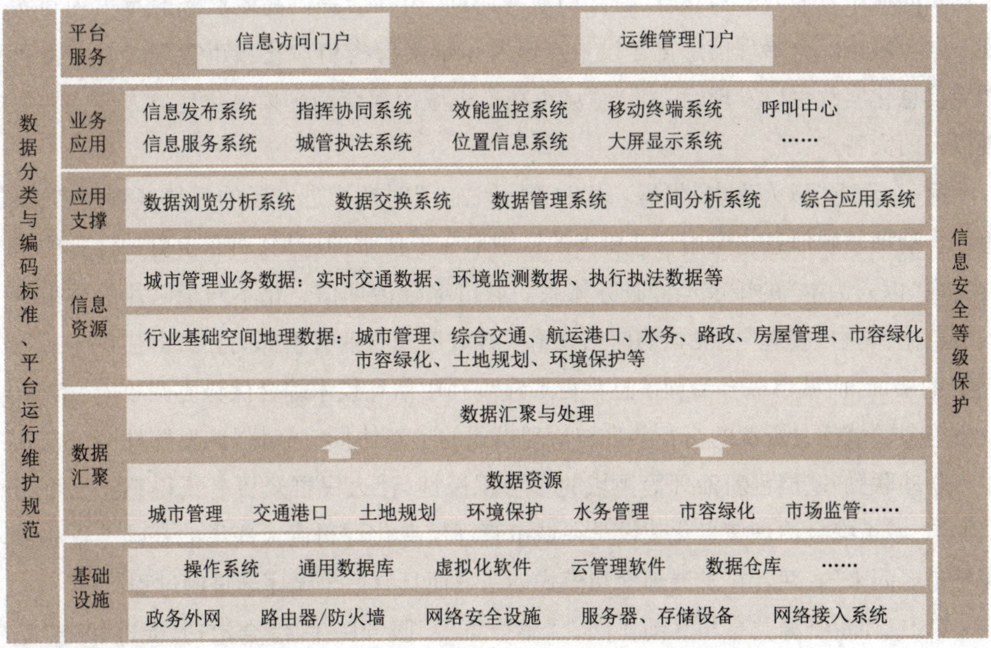

图 7-1　城市综合治理架构

基础设施层：包括服务器、存储设备、网络环境与安全设施、操作系统、数据库管理系统、虚拟化软件、基础设施服务云管理软件、空间地理信息私有云管理软件等。

数据汇聚层：包括城市运行相关行业和管理条线基础空间地理数据，通过数据上传下载通道汇集到平台，并进行相应的数据处理，支撑服务开展和管理。

信息资源层：通过实现与相关行业管理信息系统互连互通，汇聚了包括行业基础空间地理数据以及城市管理综合业务数据等方面的信息资源。

应用支撑层:该层是基础支撑平台,提供数据浏览与分析、数据在线共享交换、数据管理、空间分析工具、综合应用工具等功能,支撑平台业务应用层的应用。

业务应用层:面向用户提供全面智能、协同的管理服务,为不同用户提供信息发布、协同指挥、城管执法、移动终端管理等应用。

平台服务层:包括信息访问门户与运维管理系统门户,综合为城市管理部门、企事业单位等用户提供服务。

数据标准与运行维护规范:采用空间数据分类与编码标准,建立平台运行维护规范,保证平台的数据管理与运行维护。

信息安全等级保护措施:满足安全等级保护要求,保障平台运行环境安全可靠。

(二)城市综合治理信息化建设特点

城市综合治理信息化建设作为智慧城市在城市管理与社会治理领域的重要实践,经过近几年的发展,目前城市综合治理信息化建设重点已由城市运行信息基础设施建设逐步向城市资源开发与整合、跨部门业务协同、为社会提供高效服务的重大项目扩展。结合城市综合治理信息化建设重点以及东部沿海省市深化城市管理与社会治理领域信息化实践可以发现,我国智慧城市在推进城市综合治理信息化建设方面主要呈现以下两大特点:

第一,注重"以人为本"发展。相对于"十二五"时期推进发展的智慧城管而言,城市综合治理领域信息化应用与其更大的区别不在于技术的应用,而在于更加注重构建并实现"以人为本"的城市运行服务体系。城市综合治理信息化不同于以往的城市管理信息化,其中"管理"主要强调信息技术支撑政府及行业管理部门在城市建设与运行"管"的层面,而城市综合治理信息化更加注重利用信息技术综合优势协调政府、市场、社会等多领域信息资源的交互共享与治理模式的创新协同,同时强调发挥社会公众在城市联动联勤、基层创新治理等领域的参与积极性,让人民群众更有获得感。不可否认的是,城市综合治理信息化建设是在城市管理信息化取得巨大成果的基础上进一步深化拓展而来的,两者在发展理念和模式创新方面具有一个循序渐进的过程。

第二,注重资源共享与联动协同。"整合资源、服务民生、综合治理、促进和谐"是城市综合治理的最终目标,通过将城市管理与社会治理有机地融合起来建立社会大系统,推进城市发展各领域、各行业、各部门的联动协同,实现市、区、街镇、居村委以及区域之间、部门之间多层级联动是信息技术与城市综合治理领域深度融合的主要任务。从城市综合治理信息化建设优秀实践可以看出,目前我国在实现部门、行业、区域之间资源共享方面已取得巨大成果,最重要的经验就是国家和地方政府牵头引导营造的跨领域、跨部门、跨层级数据资源共享交换的良好环境,为相关行业信息系统互连互通与数据资源共享交换提供保障。例如,上海市建成的城市管理综合信息共享交换平台,汇聚城市建设、城市管理、绿化市容、水务、房管、交通、路政、环保、规划等行业基础数据，平台通过采用集中与分布相结合的方式建立逻辑一体化的共享数据库，解决了数据孤岛、缺少在线共享交换媒介等问题，目前已实现委局间跨行业、跨平台的服务共享调用和数据资源互连互通。北京市政府提出“十三五”时期要推广开放式网格化管理模式，推进网格化社会服务管理、城市管理、社会治安融合运行、城乡覆盖，并实现与首都之窗、微信、微博等公共平台系统对接，真正实现感知、分析、服务、指挥、监察等功能“五位一体”、实用高效。广州市提出“十三五”时期建设一体化智慧城管体系的主要任务，通过建设“多规合一”信息联动平台工程，形成跨行业、跨部门信息公共享交换的核心载体，推动涵盖交通、环卫、供电、林业园林、水源保护、综合管廊等涉及空间要求的信息“多规合一”，为城市各行业基础数据资源全面共享与在线调用奠定基础。

二、基层创新治理信息化建设

（一）基层社会治理现状

基层是社会治理的基础，城市的社区治理、农村的村落治理等都属于基层治理范畴，基层治理涉及范围广、数量巨大、事情繁杂，是联系服务群众的“最后一公里”，在整个社会治理体系中占据重要位置。基层社会治理内涵涉及的方面比较多，概括起来大致包括治理属性、治理权力、治理内容三个层面，从治理属性看，基层社会治理属于社会自我管理、自我约束的范畴，需要在现行制度和法律框架下充分发挥基层群众自治功能，政府做好引导和扶持工作；从治理权力看，基层社会治理一方面包括政府权力的授予、运行，另一方面包括对权力的制约和监督；从治理内容上看，基层社会治理不仅包括对基层各种事务的管理，也涵盖面向市民群众的服务，包括大量的社会化服务和公共服务，很多是属于政府公共服务在基层范围的延伸拓展[42]。基层治理的好坏直接关系到人民群众的切身利益，关系到国家治理能力和治理体系现代化的实现，是推动经济社会持续健康发展的重要命题。

长期以来，党和国家高度重视基层社会治理建设，并取得重要成效。例如，多数地方基层设立村级权力清单，力求做到重大决策、财务管理、集体资产管理等重要事项行政权力运行全覆盖；社区自治在我国城镇化进程中加快推进，多地成立社区自治组织或机构，基于社区居民意愿的基层群众自治和社区治理多元主体共同参与的基层治理模式成为联系服务群众“最后一公里”的重要措施。但是，由于我国基层治理内容繁杂，在某些领域仍面临一系列突出问题，主要表现为：基层群众自治在少数地方流于形式，居民、村民的权利得不到有效保障；基层治理中权力运行不公开、不透明的现象时有发生，群众的知情权、参与权和监督权未得到充分尊重和落实；基层群众自治的相关法律、具体政策没有得到很好落实，导致基层治理行为的民主化与法治化相对缺失等。为实现我国全面建成小康社会的宏伟目标，提高保障和改善民生水平，急需改变传统的基层社会治理方式，通过引入新技术、新思维提升基层治理能力和公共服务能级。

(二)创新基层社会治理的综合环境

基层是社会治理的第一道防线,也是加强和创新社会治理最基本、最直接、最有效的力量,基层社会治理是国家治理的重要基础,加快基层社会治理体系和治理能力现代化建设,对于实现全面深化改革的总目标具有重大影响。2017 年 3 月,李克强总理在十二届全国人大五次会议明确提出"2017 年要推动社会治理创新,健全基层群众自治制度,加强城乡社区治理",同年 6 月国务院出台了《关于加强和完善城乡社区治理的意见》,旨在全面提升城乡社区治理法治化、科学化、精细化水平和组织化程度,促进城乡社区治理体系和治理能力现代化。具体来讲,国家层面在基层社会治理发展领域的重要战略部署,对解决我国基层治理领域存在的问题,创新基层治理发展模式具有战略指导意义。

在地方层面,推进基层治理创新建设的政策环境不断完善,对指导部署基层社会创新治理具有积极影响。上海市委一号调研课题围绕创新社会治理加强基层建设形成了"1+6"文件,即《关于进一步创新社会治理加强基层建设的意见》以及深化街道体制改革、完善居民区治理体系、完善村级治理体系、深化拓展网格化管理提升城市综合管理效能、组织引导社会力量参与社区治理、社区工作者管理办法等 6 个配套文件,在指导各区基层社会治理建设"对接、落地、见效"方面发挥巨大作用。浙江省人民政府办公厅发布《关于创新基层社会治理的若干意见》,要求扎实推进社会治理基层基础建设,破解基层社会治理中的瓶颈问题,加快构建政府治理和社会自我调节、居民自治良性互动的基层社会治理体系。

以云计算、大数据、移动互联网为代表的信息技术发展应用,为推动我国基层社会治理模式创新,推进国家治理体系和治理能力现代化提供了关键性支撑,其支撑作用主要表现在以下三个方面:第一,在信息采集和应急处置上,实现基层各部门、各领域信息资源有效实时整合,最大限度发挥基层部门服务功能,避免因数据孤岛造成大量机会成本;第二,通过信息化实现简政放权,减少行政审批流程,实现市民群众事务在线"一口受理"和在线办理;第三,通过物联网、移动互联网、云计算等技术,激发城市公共服务功能的延伸拓展。从基层社会治理创新实践发展来看,借助信息化、网络化等新技术手段提高基层治理的公开性与透明度,促进资源整合与服务流程优化,实现基层社会治理与公共服务的创新已成为经济新常态和"互联网+"时代变革基层治理的一种趋势。

(三)智慧社区示范应用

新一代信息技术在深化智慧治理领域发挥重要的纽带作用,而基层创新治理则是实现智慧治理的基石。社区作为城市的基本组成部分,是政府与居民的重要联系纽带,在未来的城市建设和发展中发挥着越来越重要的作用,为更好地发展社区服务"最后一公里",提升社区综合管理能力与精细化服务水平,智慧社区建设成为推进基层创新治理信息化建设的重要示范。智慧社区是智慧城市建设热潮下社区治理的一种新理念，是新形势下创新基层社会治理的一种新模式，通过感知化、互联化、智能化方式，依托物联网、云计算、移动互联网等新一代信息技术，以社区居民为服务对象，物业管理、公共安全、健康、养老、休闲、信息服务等为服务内容，为居民提供安全、高效、便捷的智慧化社区公共服务，满足居民的日常生活和个性化发展需要，智慧社区总体设计框架如图 7-2 所示。

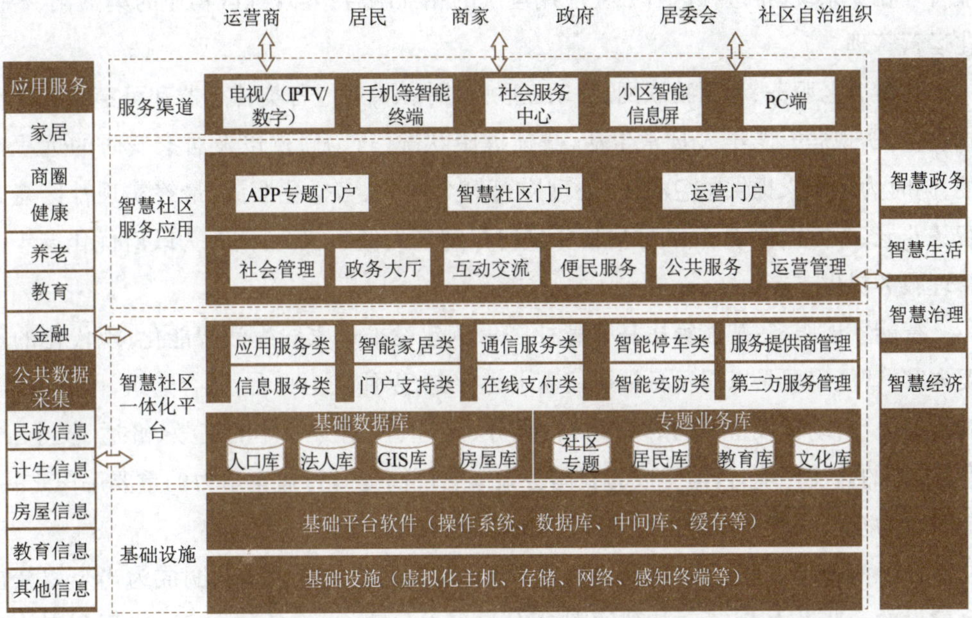

图 7-2　智慧社区总体设计框架

国家和各级地方政府力推、企业主体的积极运营以及市民群众的广泛参与，促使我国智慧社区从信息基础设施建设开始，逐步向资源开发与整合、应用系统等重大项目扩展，智慧社区支撑的社区高效管理能力与精细服务水平得到迅速提高，目前已经成为全国各地区社区治理的重要途径之一。以上海市为例，经过四个五年规划和两个智慧城市三年行动计划的持续推进，全市已初步完成信息化在国民经济和社会发展各个领域的渗透应用，智慧城市发展水平持续保持国内领先地位，部分领域已达到国际先进行列，智慧社区作为上海智慧城市推进区域示范，打造智慧新地标的重要内容，在按照“四个新作为”要求与《上海市智慧社区建设指南（试行）》指导下，围绕生活更便捷、更安全、更和谐，持续推进智慧社区建设，截至 2016 年底全市共确定 50 家试点智慧社区，有效提升了社区服务集成化、社区管理智能化和居民生活现代化水平。社区综合服务方面，以长宁区周家桥街道、浦东新区金杨街道等为代表的试点社区，通过整合社区涉及群众生活的各方资源，搭建社区公共服务云平台，基于手机 APP、微信公众订阅号以及服务号、IPTV 等服务渠道，为社区居民提供社区动态、政务办理、采购平台、信息告知、投诉建议、家政服务等便民服务;社区综合管理方面,取得了黄浦区瑞金街道建立社区治理数据库大平台,普陀区甘泉幸福社区建立老年人信息化管理数据库,松江区泗泾镇建立“城市 e 管家”等优秀实践,进一步强化了社区综合事项管理与社区自治能力建设,有效推动全市基层社会治理服务模式的创新。

从我国各地区智慧社区实践来看,智慧社区建设主要包括以下内容。

智慧物业管理:通过整合停车管理、门禁、远程抄表、梯控管理、小区治安管理等物业管理相关系统,推进社区各独立应用系统的相互融合,实现社区物业的集中化、智能化运营管理。

智慧养老服务:利用物联网、移动互联网等技术,通过各类传感器和可穿戴智能终端设备,实现居家老年人日常生活、身体健康状况、行为轨迹以及居家安防的远程监控,同时为老年人提供紧急救援、心理慰藉等个性化、多样化服务,最终实现社区老人智慧养老,一方面便于子女、家庭医生实时了解老人健康状况,同时为政府优化老年人管理服务提供支持。

智能家居服务:智能家居是智慧社区示范建设推进家居生活智能化、现代化的重要内容,智能家居是以居民日常居住需求为导向,以住宅为平台,融合建筑、网络通信、智能家电、自动化设备,集系统、结构、服务、管理、控制为一体的高效、舒适、安全、绿色、智能的居住环境,目前已成为我国各大家居厂商提升行业竞争力的重要手段之一,同时也为众多家庭提供了更舒适、便捷的居家方式选择。

社区商圈服务:整合社区周边商家资源,形成完善的社区生活圈成为当今智慧社区建设的重要发力点,通过构建商圈 O2O 系统社区平台,有效整合 PC、应用和实体门店,增强针对用户的精准推送能力,从而进一步优化社区居民线上线下购物体验,提升社区综合服务水平,社区自治平台建设总体思路如图 7-3 所示。

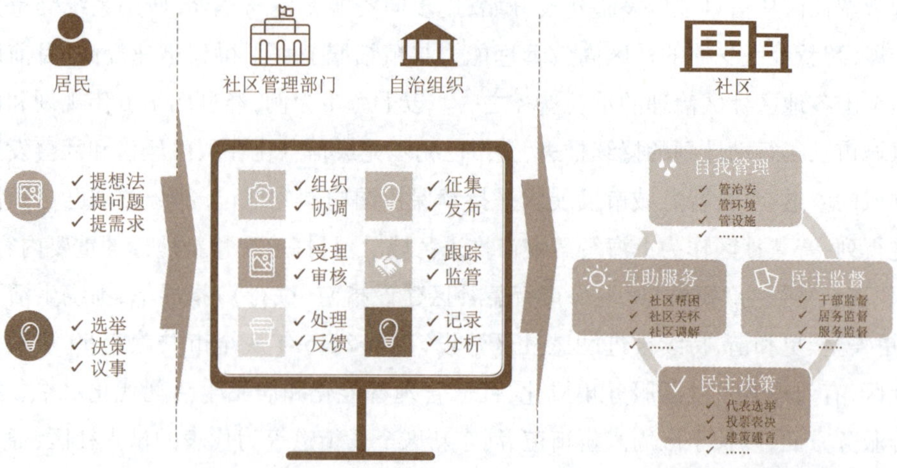

图 7-3　社区自治平台建设总体思路

社区自治管理:通过搭建社区居民、业主委员会、物业、居民委员会与其他社区职能部门之间的协作平台,利用手机 APP 应用、微信公众号、电视智慧社区频道、公共服务网站等渠道,实现社区自治的组织建设完善、民主管理规范、社情民意表达、社区环境共建等目标,增强社区居民对社区的认同感、责任感和荣誉感。目前深化社区自治建设已成为上海各区有效落实市委"一号课题"精神要求,构建"管理扁平化、服务网格化、治理现代化"社区服务管理新格局的重要措施。

(四)新形势下基层治理的发展方向

目前,基层治理还存在行政体制条条、条块关系不够明确,基层社会治理架构机制载体仍需加强等问题,而且政府强、社会弱的基层治理局面仍未改变。为适应新形势下创新基层社会治理建设,切实构建起基层党组织发挥引领、服务、整合和凝聚功能,需要基层党组织持续深化改革、积极创新,探索参与基层社会治理的新路径和新模式,更好地发挥统筹、协调、动员等职能,使更多居民、社会组织参与到基层治理中来,全面构建"政府、市场、社会、居民"全面互动的现代化基层治理格局。

基层治理的落脚点是在城市建设的最底层,关系着城乡发展与社会稳定,基层治理的透明化程度是判断基层治理现代化与基层治理水平的重要指标。在基层治理过程中需要建立使基层公共事务治理过程透明化的信息共享机制,确保基层民众的声音能够顺利地发出来,从而有效解决基层治理多元社会主体参与的广度、深度和有效性问题。同时,获取信息也是群众参与基层治理的重要一步,群众基于各类信息实现对公共事务治理程序和政府权力运行公正性和责任性的有效监督,最终使其知情权、参与权和监督权得到充分尊重和落实。

大数据时代为基层社会治理创新带来了新的机遇和挑战,如何把大数据技术应用到基层社会治理中,是需要各级部门深入研究的问题。大数据时代深化基层治理创新建设需要在政府统筹领导下,充分调动企业、公众等多元主体参与社会事务的积极性,实行协商、合作的治理方式,利用政务公开、政府网站等平台实现对社会的有效治理。在主张网络信息安全前提下推进数据开放的同时,有针对性地开发各种类型的公共服务应用,为社区居民推送、定制个性化、多元化的公共服务是大数据时代深化基层治理的趋势要求。

各地区在深化基层治理过程中,要按照社会治理现代化建设的总体要求,结合基层治理的实际需求,探索建立一套适合基层治理现代化需要的制度体系。一方面通过设立权力正面清单和负面清单形式,明确基层部门和多元社会主体的权力及权力边界,同时完善现行基层治理考核和任务分解机制,推进服务流程透明化,重视基层政府权力运行的规范性和依法治理的能力,使基层治理的目标、过程和结果清晰明确,使工作责任可跟踪、可追溯。

第三节　生态环境领域信息化

生态环境建设是践行"绿水青山就是金山银山"绿色发展观，建设和谐宜居城市生活环境的战略要求，党的十八大以来，党中央把生态文明建设作为统筹推进"五位一体"总体布局和协调推进"四个全面"战略布局的重要内容，始终摆在治国理政的重要战略位置。随着生态环境保护的全面深入展开，围绕环境要素监测、污染源管理、水务治理等领域的环境管理工作越来越繁重，传统的管理手段已显得"力不从心"。2016年7月，中共中央办公厅、国务院办公厅印发的《国家信息化发展战略纲要》，提出"构建基于信息化的新型生态环境治理体系，加快建设天蓝、地绿、水净的美丽中国"，强调利用新一代信息技术手段，创新自然资源管理模式，加强资源集约利用，健全生态环境治理体系，促进均衡资源供求关系，实现生态系统良性循环，有力支撑环境优美、生态良好的美丽中国建设。生态环境信息化已成为破解目前环境管理难题，带动整个生态环境管理转型和效率提升的重要手段。

一、环境保护信息化应用

（一）环境保护信息化发展历程

环境保护一直以来都是我国的基本国策之一，同时也是生态文明建设的重要内容。面对目前我国资源约束趋紧、环境污染严重、生态资源退化等矛盾日益突出的现状，基于智能GIS、遥感监测、云计算、大数据等新一代信息技术手段，深化环境保护领域信息化建设，推动环境治理与环境保护手段的根本转变，实现水、大气、噪声等环境要素实时监测、危险废弃物全程治理、区域空气质量联防联控以及环保信息实时发布等目标，成为破解我国环境发展瓶颈、创新环境保护管理模式、实现环境绿色健康发展的首要之策。

数字环保是数字地球在环境保护信息化和环境管理决策领域的应用，从发展历程与技术应用来看，数字环保相继经历了三代技术更迭：第一代是以短信为基础的移动办公访问技术，该技术应用存在信息查询请求得不到及时反馈、短信信息长度受限等问题，导致最早使用基于短讯数字环保执法系统的用户纷纷提出系统升级改造的需求；第二代采用了基于WAP技术的方式通过浏览器实现信息查询访问，但存在交互能力差、灵活性不足的问题；第三代数字环保采用基于SOA架构的Web service和移动VPN技术相结合的第三代移动访问技术，并融合了无线通信、GPS定位、CA认证、安全网闸等技术，有效帮助环保执法人员对环保业务信息快速查询、应急监控与决策指导。

智慧环保作为数字环保的延伸与拓展，也是近年来先进的信息技术在环保领域不断深化应用的成果，伴随智慧环保概念的提出和发展，其内涵与数字环保相比有着更加深刻的变革。从概念上来说，智慧环保是依托先进的信息技术采集、整合、分析各类环保信息，推进环保领域条线业务数据整合共享与跨部门协同互动，为政府、企业、社会公众提供智能化、可视化、协同化的环保智慧应用，为新型城市发展环境管理提供了有效的创新型管理与服务手段。从目前我国发达省市环保信息化建设的具体项目与工程来看，基于相关标准规范构建智慧环保信息化综合管理平台，在推动环保领域跨部门监管一体化、项目审批协同化、领导决策分析智能化以及市民信息服务高效化方面发挥巨大的作用，是全面提高环保信息资源处理与协同联动能力的必然，也为新时期环境保护科学发展提供崭新之路。

（二）智慧环保总体设计思路

从整体来看，智慧环保的总体架构大致包括信息感知层、网络传输层、应用支撑层和用户服务层（见图7-4），在实现过程中要利用基于物联网技术的传感设备（传感器、射频设备技术、GPS系统、红外感应器、激光扫描等）将信息感知层采集的大气、水、土壤、噪声、辐射、生态等各种环境监测信息与管理数据通过网络传输层技术提供到应用支撑层，通过构建一体化应用支撑平台，运用云计算、大数据等技术对海量环保数据信息进行专业化分析挖掘与整理，目前常用的数据挖掘方法主要有神经网络法、遗传算法、决策树方法等，最后将环保数据分析结果与数据趋势规律等成果推动到公众服务层，为政府部门、企业机构、社会公众等用户提供各类智能化服务。

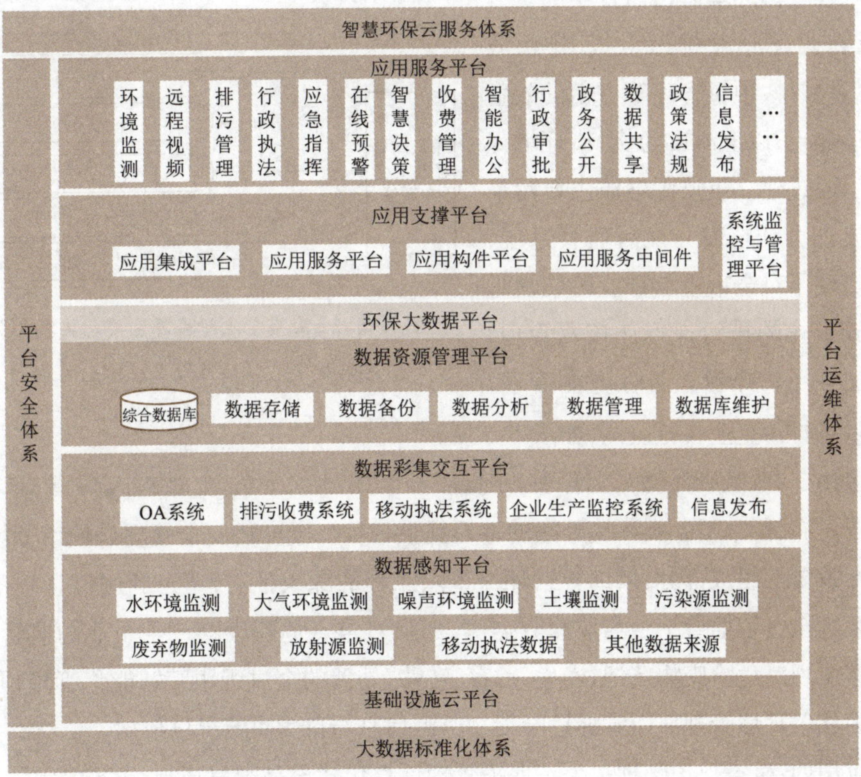

图7-4　智慧环保总体架构示意图

信息化在环境保护领域的应用涉及广泛，但从大的方面主要包括环境质量监测监控、污染防治与监督管理、危险废弃物安全管理、生态保护管理、环保数据资源共享与开放服务等领域，为强化生态环境治理提供更加智能化的服务与支持。

应用一：环境质量监测监控。建立并完善城市环境质量监测网络，实现对环境质量进行监测监控是环境管理的前提。目前城市环境质量监测网络已经基本覆盖全国各个地区，对大气、水、噪声、辐射、土壤、生态等环境要素监测的数据初步实现了精准采集与实时传输，为各地方环保部门提供更加全面的环境质量监测数据资源，从而为管理部门及相关行业了解环境污染情况、评价环境质量、评判环境形势以及采取科学决策等环境管理与决策工作的顺利开展提供了十分重要的基础数据支撑。

应用二：污染防治与监督管理。污染防治与监督管理是目前我国环境管理中的重中之重，通过实现信息技术在城市环境综合整治、大气污染防治、水污染监督治理、污染总量控制管理等方面的智慧化应用，能够有效提高环境污染源防治管理效率。随着信息技术在我国环境防污监督中的普及应用，在强化企业排污申报、排污收费、总量减排、项目管理等方面的效益已明显显现，以上海市为例，市环境保护部门通过建立重点污染源主要污染物排放许可证核发与证后监管系统，全面实现了对全市重点行业污染物重点排放企业的排污许可证核发管理，有效加强了污染源监督性监测管理，规范重点排污企业自行监测，如图7-5所示。

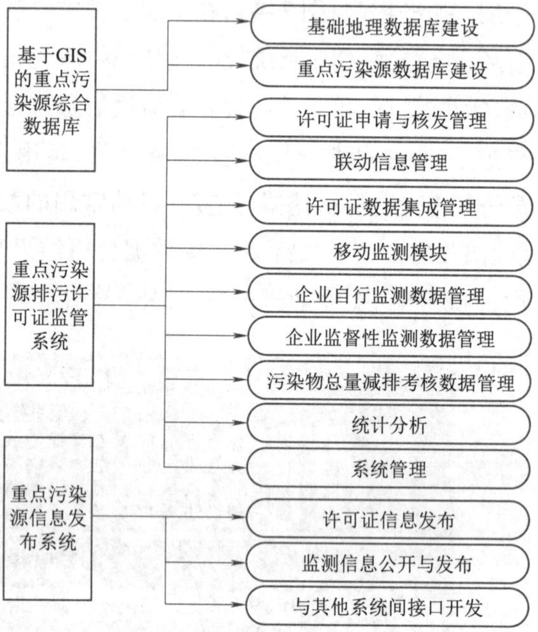

图7-5　上海市重点污染源主要污染物排放许可证核发与证后监管系统功能架构图

应用三：危险废弃物安全管理。随着"土十条""水十条""大气十条"等环境保护措施的发布，国家对各类环境要素的治理提上日程。废弃物安全管理是城市环境综合治理中重要的组成部分，借助智慧环保重点工程的深入推进，通过利用信息技术建立危险废物全过程监管平台与监测数据库，加强对重点危险废物产生企业的监管，一方面能够实现对危险废物登记、产生、贮存、转移、处置的全过程跟踪智能化管理，同时也可以为相关环境管理部门掌握危险废物监测信息与科学决策提供依据。

应用四：生态保护管理。生态保护管理信息化建设是智慧环保综合工程中一项长期性、常态化的重点任务，按照生态环境部有关推进生态治理体系和治理能力现代化的需求，通过对城市地理信息的专题图制作，实现对绿化、植被、野生动物、湿地、气候等生态资源信息的动态采集，有效提高各类生态资源的实时信息感应及处理能力，最终为城市或区域生态资源保护管理以及相关战略规划实施提供科学的辅助手段。

应用五：环保数据资源共享与开放服务。环境保护不仅涉及环保部门，同时与水务、气象等同级部门以及市、区、街镇等不同层级各部门以及区域跨省市不同部门密切相关，构建责任明晰、监管高效、部门联动、信息共享的智慧环保体系，实现从环保信息资源分散向跨部门交换共享的转变、从信息化各自为政向信息资源中心集约化建设模式的转变，是"互联网＋"时代深化环境治理信息化建设的重点任务。同时，面向社会公众持续加强环境保护信息资源开发利用，为不同行业、市民群众等受众群体提供更加精细化、个性化的环保信息服务，也是提升我国智慧环保服务水平的重要建设内容之一。

(三)智慧环保典型应用

经过多年的探索实践，围绕智慧环保各个领域，在环境保护信息化规划部署、业务应用系统建设、资源开发利用等领域积累了诸多富有价值的优秀经验，为强化环境治理智慧化应用，持续推进我国生态文明建设奠定了更加坚实的信息化发展基础。

北京市重点围绕"一中心、三体系、三平台、三服务"的总体框架指导"互联网＋环保"建设规划，分别从综合服务体系（综合办公平台升级、环境数据资源中心建设、移动应用服务整合、公共服务渠道拓展、环保科研创新等）、重点业务应用建设（生态环保大数据建设、环境监测网络建设、环境管理体系升级、环境应急系统升级等）、基础支撑环境建设（运维管理平台优化、资产系统运行监管、应用支撑平台完善、基础设施管理等）、安全保障体系建设（信息安全保障、信息安全防护、系统安全运营等）、标准规范体系建设五大领域展开部署。

上海长三角区域空气质量预测预报系统融合了数值预报、统计预报、污染在线源解析及各类辅助预报的集成技术，开展从临近预报、24 小时和 48 小时分时段预报、城市及长三角区域一周展望预报、高污染预警预报、临时管控预报等多维度的中短期预报业务，面向公众提供 24 小时分时段预报以及长三角区域未来 5 天空气质量信息及预报服务，同时系统实现了上海、江苏、浙江、安徽和江西等四省一市跨部门、跨区域的长三角区域空气质量可视化会商、数据共享及业务协同，为长三角区域空气污染预警联动提供重要技术支撑，长三角区域空气质量预测预报系统功能架构图如图 7-6 所示。

鄂尔多斯市环保局与 IBM 合作建成并投入运行环保大数据平台，平台除了汇聚传统的地面观测数据、排放清单、重点污染源监测数据、气象数据、地形地貌等数据信息，同时集纳了卫星遥感数据、企业生产数据、移动传感器数据、社会舆论、企业信用情况等数据资源，有效推进全市环境监测数据联网共享与大数据监管，为深化生态环境综合决策、环境监管和公共服务等创新应用提供服务。

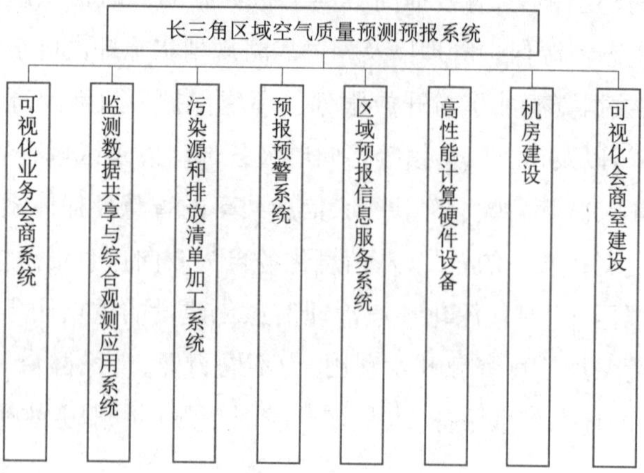

图7-6　长三角区域空气质量预测预报系统功能架构图

二、智慧水务建设思路及路径

(一)水务治理信息化演进阶段

随着我国工业的快速扩展，导致水环境污染、水资源短缺、洪涝灾害频发等问题不断出现，一定程度上制约了我国经济可持续发展，从很大意义上来说，水环境质量的高低已经成为衡量我国生态文明建设成效的重要指标之一，对维持城市生存功能和国计民生具有重大影响。生态环境领域信息化应用的不断深化，推进我国水务治理信息化建设向融合发展的高级阶段不断演化，随着信息技术的发展应用与水务管理需求的变化，水务治理信息化建设大体上经历了自动化、数字化、智慧化三个阶段，这三个阶段的变化呈现出不断融合、持续深化的趋势[43]。

自动化阶段：这一阶段我国水务治理信息化主要体现在基础信息的自动化采集上，逐步实现了阀门、泵站、生产工艺过程等的自动化操控，水质、水压和流量等涉水数据的测量水平也得到很大的提高，水务治理自动化很大程度上代替了艰苦的人工操作。

数字化阶段：这一阶段我国水务治理真正迎来了信息化业务系统建设的高潮。在这一阶段，利用无线传感器网络、数据库技术和3G网络围绕城市排水、供水、防汛等领域相继搭建业务系统和数据库，大大提高了信息存储、查询和回溯的效率，初步实现了行政办公和业务管理的信息化，目前我国大部分城市已初步完成该阶段的水务治理信息化建设。

智慧化阶段：这一阶段水务治理能够成熟运用物联网、云计算、大数据和移动互联网等新一代信息技术，致力于城市雨水、河水、污水、供水等各方面治理，并建立多层级监测网络，同时对海量水资源监测数据进行深度挖掘处理，推进信息技术和水资源监测、调度、管理的充分融合，实现以智慧水务为核心的水环境综合治理新模式。目前，全国信息化或智慧城市发展水平排名靠前的地区或省市的水务治理信息化建设正逐步向这一阶段迈进。

（二）智慧水务建设路径

智慧水务是对传统水务管理模式的一种智慧化变革，通过利用云计算、大数据、物联网和移动互联网等新一代信息技术，对各类孤立运行的应用系统进行整合和集成，以感知、协同、智能的方式有效地管理城市供水、用水、耗水、排水、污水等收集处理与再生水综合利用的过程，同时强调对海量感知数据的自动采集、实时存储、感知处理与智能分析，使水务管理部门实时掌握市政水务运行情况，实现水资源智能调度与应急预警，从而使城市整个水务管理系统达到"智慧"状态，是智慧城市发展与生态环境信息化建设的重要组成部分。从智慧水务内涵来看，主要为实现以下三个目标。

首先，资源利用高效化。借助 GIS、物联网等信息技术对城市水源、供水管网等进行实时监控与数据采集，之后再基于挖掘模型等相关大数据技术对大规模海量积累的高密度、高精度、高价值水务数据进行分析处理与智慧挖掘，实现水资源的合理调配与城市水务的智慧化、精细化管理及服务。美国加州在开展智能精细化供水管理中就特别强调对智能水表数据与住房地点、房龄、气候、入住率等多种信息的整合挖掘，根据分析结果面向用户提供更加具有针对性的服务，从而使加州在水资源极度紧张的状况下实现了 5% 的节水幅度。

其次，水务管理协同化。在智慧水务顶层设计基础上，建立集城市供水、排水、污水、堤防、水文、防汛、水资源与环境生态一体化管理等业务的综合管理平台，接入整合基础地形、水位、雨量、水质、堤防巡查、遥感影像等数据资源，支撑多部门、多层面数据共享和业务协同，实现各部门在城市水位水质、区域雨量、打捞、水文监测等各种水务业务经营、用户服务的协同化管理。

最后，信息服务便捷化。通过建设城市水务管理与服务统一门户平台，提供政务管理与民生服务对外接口，并对接手机端（APP、微信公众号）、智能显示屏、电视端等服务渠道，水务管理人员、企业、市民公众可根据权限随时随地查询水务信息和公共服务信息，实现水务服务便捷化。同时，公众还可通过无线终端在线预约相关服务，提高办事效率。

从整体层面，智慧水务综合管理与服务平台总体框架由信息采集传输层、大数据平台层、业务应用层、用户服务层四个部分组成。

第一，信息采集传输层。智慧水务大平台的基础层，也是平台运行的数据环境，主要是通过智能感知技术、识别技术等对各类水务基础信息进行实时自动采集，自动感知水源地、自来水管网、排水管网等的状态信息，实现数据信息的实时监控与动态采集，并通过物联网、互联网、无线网等实现水务数据资源的传输。这一层是实现信息共享、业务协同的基础,同时也是整个平台运行的数据基础。

第二,大数据平台层。由基础设施、数据资源库、大数据存储与管理系统、数据共享与应用服务平台、水务大数据统计分析系统等组成,在智慧水务大平台中处于核心地位。平台依托计算设备、网络、安全等基础设施,建立健全数据采集、处理和维护运行的管理机制和技术支撑体系,形成技术和应用模式创新支撑下的数据采集处理、数据存储、数据转换、数据更新、数据管理、数据统计分析、数据应用、数据共享服务的新模式,通过对城市供水、排水、雨量、水质等业务数据、服务资源数据、专题数据等信息资源的分类存储、管理、分析、挖掘、统计与可视化等处理,运用大数据技术在智能数据挖掘方面的强大优势,帮助水务管理部门真正实现智慧水务的目标。

第三,业务应用层。面向对象的系统功能模块,根据不同的业务划分和使用群体,形成模块化的体系结构,便于业务的管理与功能的扩充。从大的方面来讲,智慧水务综合管理与服务平台业务应用层主要实现了水务业务的集成管理功能,主要包括水务管理与公共服务两大功能应用,从具体应用层面,包括水务运行监测、供水、排水、水资源调度、防汛防涝、应急预警等方面的业务管理以及面向社会公众的水务信息查询、事项在线预约等公共服务。

第四,用户服务层。即通过互联网、政务网、无线网、移动终端、智能显示屏等多种渠道,面向各级领导、水务管理单位、相关企业、社会公众等不同服务对象提供各类智能化服务,其中包括面向水务管理者的水资源运行监测、预警调度以及其他大数据服务,以及面向水务企业、社会公众的信息查询、政策咨询、行业资讯查询等服务。

同时,在完善智慧水务管理与服务平台功能的同时,还应建立并完善包括信息安全保障体系、标准规范体系、运维服务保障体系的三大体系建设,保障平台顺利运行。信息安全体系是平台的重要组成部分,包括技术层面的安全保障(如网络安全、系统安全、应用安全、数据安全等)和各项安全管理制度。标准规范体系方面,由于智慧水务建设是一个大型复杂系统,具有涉面广、机构多、应用多、信息交换和接口多等特点,因此平台建设必须遵循相应的规范标准来加以实施,严格遵守既定的标准和技术路线,确保整个系统的成熟性、拓展性和适应性,规避系统建设的风险。运维服务是确保平台稳定运行的保障,一般而言运维服务保障体系主要从运营服务过程中的制度建设、保障措施等方面进行建设。

(三)智慧水务建设应关注的要点

第一,跨部门数据资源共享与业务协同。数据资源共享与业务协同是推进政务领域一体化建设的重要抓手,同时也是提高社会治理与政府服务整体效能的基础任务,随着信息技术的深化应用与城市水务治理需求的变化,智慧水务建设已经不只是涉及水务单一条线部门的具体项目,即已成为涉及水利、水文、堤防、排水、港口、海事、公安、气象、市容环卫等跨地域、跨部门的大型复杂工程,同时还需考虑城市生产就业、医疗卫生、住房保障、交通出行、环境保护等多方面的需求,需要在强调智慧水务顶层设计的同时，在全局上建立并完善跨部门数据资源共享和业务协同机制，推进相关涉水部门、行业之间的数据共享和数据交换，支撑多部门、多层面的联动监管与协同调度。在此方面，上海水务局已取得较好的实践经验，智能苏州河信息平台已建成具有智能感知、智能仿真、智能预警和智能服务特色的防汛预警和水资源调度两个智能应用，通过政务外网为各部门、苏州河沿线各区水务局、相关涉水部门提供防汛及水资源监测预警信息，从而有效支撑了多部门的数据共享与业务协同。

第二，多元数据价值挖掘与决策应用。大数据是推进智慧水务建设的核心，在完善数据资源采集共享基础上，开展智慧水务建设必须以数据开发利用为主线，重视数据资产的价值挖掘和价值创新，通过大数据强大的数据分析处理能力为城市水务综合治理提供决策支持。例如，对管理部门来说，水务大数据可视化发展将促进水务管理信息共享与协同发展，并为政府提供一系列数据分析支撑，为管理决策层提供更加直观的决策依据，为挖掘更深层数据价值提供可能；对水务企业来说，数据挖掘是通过对水务数据进行处理和分析，能够从中快速准确地找出企业所需有价值信息，同时可对水务治理行业洼地进行挖掘，诊断水务治理存在的问题并推演可行性项目。

第三，智慧水务关键技术突破与攻关。信息技术是推进智慧水务建设的重要支撑，是解决制约我国智慧水务事业发展瓶颈问题的关键要素。中国土木工程学会水工业分会秘书长刘文君指出：目前我国智慧水务某些关键技术，如传感器技术、控制系统等与发达国家相比还存在一定的差距。伴随智慧水务系统功能的不断深化与拓展，急需在政府统筹引导下推进智慧水务建设所需的人工智能、深度学习等关键技术突破。同时，在推进智慧水务重点项目过程中，还应积极发挥科研院所、专业协会等机构的行业技术研究和专业咨询作用，加强联合攻关，实现关键技术在水务治理领域的成果转化与融合应用。

第四，项目评估指标体系建设。项目评估是衡量项目推进落实情况和建设效果的重要依据，规范智慧水务建设工作，必须首先建立科学合理的智慧水务评估指标体系。2012 年，国家住房和城乡建设部围绕智慧城市建设公布了《国家智慧城市（区、镇）试点指标体系（试行）》，并根据智慧城市建设内容分别划分一级指标、二级指标、三级指标，为评估智慧城市发展水平提供重要依据。但是，围绕智慧水务方面的评估指标和方法仍需进一步细化和完善，后续仍需根据智慧水务建设内容进一步细化评估指标体系，并面向社会发布智慧水务发展水平评估报告，以量化指标衡量各类智慧水务项目建设效果，一方面有助于深化智慧水务建设，提高城市水务智能化管理和精细化服务水平，同时有利于接受社会公众监督，确保项目有效贯彻落实。

三、智慧气象管理与服务

（一）智慧气象概念及内涵

在云计算、物联网、移动互联网、大数据等信息技术推动下，发展观测智能、预报精准、服务开放、管理科学的智慧气象，成为全面推进我国气象现代化发展的重要诉求，同时也是社会生产、生活、环境、交通、治理、经济建设等领域发展运行必不可少的气象服务模式。智慧气象是通过各类信息技术在气象领域的深入应用，促使气象业务、服务、管理深刻变革，使气象系统成为一个具备自我感知、判断、分析、选择、行动、创新和自适应能力的系统。

智慧气象的内涵包括智能感知、精准预测、普惠服务、科学管理、持续创新五个方面。智能感知是指对各类气象要素、对经济社会影响、用户需求、气象工作运行状态等进行智能化感知，实现气象数据的精准、实时监测。精准预测即在信息技术的支撑下，基于所监测到的气象信息实现对气象要素、气象灾害、气象影响等进行精准化预测。普惠服务是围绕社会需求，将智慧气象的元素融入各行各业和人们衣食住行之中，让公众能够享受到个性化、专业化、多元化的气象信息服务。科学管理是指基于大数据技术对气象各种业务、服务、管理数据进行智能挖掘分析，为气象内部事务、社会事务、行政审批、事中事后监管等精准高效管理提供辅助决策支撑。持续创新即依托气象信息化体系进行科技和业务创新应用，开放的气象数据信息资源为万众创新提供支撑，使得气象事业能获得源源不断的发展动力[44]。

（二）智慧气象优秀应用成果

智慧气象作为智慧城市建设的重要部分以及生态环境信息化建设的重要内容，已在我国各地方、各行业逐步展开建设并取得明显效果，以上海、鄂尔多斯、津南等城市为例，展示我国智慧气象发展应用所取得的优秀成果。

2016 年上海市在实现气象数据、基础设施和业务应用等三类核心资源整合基础上，建立气象业务信息全流程可视化监控系统，并初步建成以气象专有云为主体、租用公有云为补充的上海气象云，所开发的“上海预警发布”跻身上海政务微信公众号前五名，智慧气象服务能力得到极大提升。2017 年全市持续推进智慧气象云平台、智能气象业务、普惠气象服务三大核心能力建设，应用“大数据 + 移动互联”技术和社会公有云，为各类用户提供高质量、高时效的实时历史一体化气象数据服务。同时，全市在远洋导航、航空气象、气象保险、健康气象等领域也加紧专业气象服务探索，并取得一系列阶段性成果。

鄂尔多斯市在中国社会科学院信息化研究中心与国脉智慧城市研究中心联合主办的“2016 年中国智慧城市发展年会”中，入选第六届（2016）中国智慧城市建设 50 强（排名 44），其智慧气象也成为智慧城市建设成果的一大亮点，通过建设气象大数据云信息平台、城市高影响天气精细化预报服务系统、交通灾害性天气预报预警平台等业务系统，开展城市内涝精细化预报预警、交通气象观测等业务，并通过模式识别、数据挖掘、人工智能等先进技术，实现气象预警预报预测的智能化，全面提升气象精细化预报服务水平与现代化应用能力，为城市运行、企业发展以及市民生活提供重要保障。

津南作为我国首批智慧城市试点城市之一，在深化智慧气象在气象灾害防御体系建设和经济社会发展中的应用方面取得良好成效，一方面依托基本气象基础业务产品和计算机通信网络、云计算、大数据以及地理信息系统、遥感技术、定位系统等技术，建成信息高度集成化业务高度集约化、决策高度智能化的智慧气象业务服务平台，同时以气象信息为核心，通过基础应用、延伸应用和战略应用实现多层次气象实时监控管理平台的集成，最终实现基于“互联网＋”的气象环境信息自动感知、数据汇聚、信息处理、智能决策、预报预警和信息共享等服务，有效提升相关部门的气象管理效率与公众气象服务水平[45]。

（三）智慧气象未来发展趋势

第一，拓展气象服务精细化应用。智慧气象是不断发展的动态过程，随着 IT 治理理念和信息架构技术的成熟应用，智慧气象在各用户、各行业、各领域的精细化预报预警业务范围和气象服务能力也需随之拓展深化。一方面需要深度结合信息技术的综合优势，融合信息位置、实时需求、风险偏好、行为目的等要素信息，为社会公众、企业等不同对象提供定制化、智慧化、精细化的气象监测预警和信息服务；同时需要聚焦相关行业，面向交通、卫生、农业、能源、民航等特定行业的气象需求，运用新技术改进传统专业气象服务的模型和算法，建立气象对相关行业影响的预测模型，优化行业领域气象智能化服务。

第二，探索“互联网＋气象”服务新模式。按照国务院的要求，到 2020 年全国将基本实现气象现代化。推进气象现代化，发展智慧气象，提供精细化的气象服务是“十三五”时期各地区气象事业发展的重中之重。发展智慧气象除了要大力发展气象技术体系之外，建立与现代气象技术体系相适应的发展模式也是智慧气象的重要内容。“互联网＋”时代需要建立并发展与“互联网＋”相适应的智慧气象服务模式，通过为服务对象开放数据接口使其按需获取气象数据资源，确保气象服务能够更好地、更贴切地满足社会需求。同时，在提供现代化气象服务的同时，应综合考虑公众、企业、行业等的综合性需求，通过整合相关资源提供综合性服务，例如在农业气象服务，可围绕农业生产活动提供气象、植保、信息等服务内容。

第三，优化智慧气象发展的科技创新生态。良好的科技创新生态是智慧气象不断深化拓展应用的重要保障和基石，为进一步深化我国智慧城市建设以及智慧气象发展应用，一方面需要国家和地方政府进一步完善气象科技创新体制机制，积极落实关于科技创新和人才发展的相关政策，鼓励并引导气象事业科技创新与信息化建设；在技术创新发展方面，着力推进制约气象现代化的核心技术突破攻关，同时加快实现智慧气象领域技术成果转化；在人才发展方面，通过科技创新和技术攻关造就一批战略科技人才与优秀领军人才，发挥人才队伍的战略资源优势，为智慧气象在经济社会发展各领域的深化应用与创新发展提供重要智力支撑。

第四节　食品安全管理信息化

食品安全是人类生存的基本需要，不仅是重大的民生问题，也是重大的政治问题，已成为国家稳定和社会发展永恒的主题，信息时代，利用信息化手段形成严密高效、社会共治的食品安全治理体系，快速智能感知与高效管理食品安全信息已成为强化食品安全的必然趋势。2016 年中央一号文件提出：实施食品安全战略，加快健全从农田到餐桌的农产品质量和食品安全监管体系，建立全程可追溯、互联共享的信息平台，加强标准体系建设，健全风险监测评估和检验检测体系，这一要求有效推动了我国食品安全信息化建设步入新阶段。同时，伴随《食品安全法》的颁布实施以及大数据、云计算、人工智能等技术的深化应用，食品安全信息化在行业态势感知、行政审批、安全隐患识别、食品信息溯源、检验检测等方面迎来了更多的发展契机。更为重要的是，习近平总书记在党的十九大报告中重申了将食品安全战略上升到国家战略高度的重要性与紧迫性，为进一步强化食品安全信息化在食品安全监管、追溯、社会服务等领域的重要作用提供了顶层设计上的治理思路。

一、传统食品安全管理现状

（一）我国食品安全存在的问题

近年来，随着我国工业化的不断发展，环境污染严重，食品安全在当前已成为人民群众最为关心的社会问题、党和政府高度重视的重大基本民生问题。食品从农田到餐桌的过程中要经过种植（养殖）、生产、加工、贮存、运输、销售等多个环节，每个环节食品都存在一定的安全风险。在食品生产源头，农药、化肥、抗生素、激素等的不科学使用和滥用，造成各类有害物质在农产品、禽类、畜类、乳制品、水产品等食品中的超量残留；在食品加工生产环节，一些违规经营的小型食品加工企业、小作坊使用病死、毒死畜禽等劣质原料加工食品，超量使用增白剂“过氧化苯甲酰”、防腐剂“苯甲酸”、甜味剂等食品添加剂，非法使用二氧化硫、甲醛、吊白块等非食品加工用化学添加物的现象也比较普遍。相关研究表明：化学性中毒已占我国重大中毒性事件的 40% 以上，如有机磷农药中毒、毒鼠强中毒、瘦肉精中毒等；在食品运输流通环节，也相继存在二次污染、包装破损、超过保质期等一系列问题，同样需要重点加强监管。

（二）食品安全管理解决路径

在信息化建设飞速发展的今天，互联网是人们获取信息的重要途径，国内外食品安全信息化建设实践表明：利用信息化手段实现食品安全监管和信息共享，为食品管理者和广大消费者提供更高效的食品安全管理手段与全面的信息，将有助于促进食品安全监管工作的发展和食品安全现状的改善。可以说，食品安全信息化建设是构成食品安全监管工作中不可或缺的组成部分，它的建立和完善有效地保障了食品安全长效监管机制的健全。“十二五”以来，随着我国食品监管体制机制改革不断深入推进，食品安全管理信息化建设也取得了长足的进步和发展。

食品从生产到消费、从土地到餐桌的整体链条中的食品安全监管职责涉及多个部门，所以说，食品安全管理信息化建设必须要做到有效的统筹规划、协调和协作，以保证各地方和部门间信息互连互通、资源共享。“十三五”时期是我国全面建成小康社会和全面深化改革的关键时期，党中央国务院及国家市场监督管理总局对食品安全提出了“四个最严”和“四有两责”的新要求（“四个最严”：用最严谨的标准、最严格的监管、最严厉的处罚、最严肃的问责，加快建立科学完善的食品安全治理体系；“四有两责”：落实食品安全有责、有岗、有人、有手段，履行安全日常检查责任和监督抽查责任），促使我国食品安全管理信息化建设工作面临全新的环境和更高的要求。

食品安全管理信息化建设涉及的信息技术包括生产、加工、贮存、运输、销售等全过程的信息感知与融合技术，其典型特征可概括为：全面互连感知、充分开放共享、高效业务协同、精细智能服务。（1）全面互连感知：通过建立融合食品安全管理各部门监控系统资源的感知系统，实现食品安全态势感知、监管预警、应急处置的一体化；（2）充分开放共享：通过建立食品安全数据资源内部共享和对外开放机制，将各类食品信息资源和监管数据整合为食品安全管理系统的知识体系；（3）高效业务协同：在完善数据共享与业务协同机制基础上，推进食品安全许可凭证、监管和处罚记录、检验检测结果等领域跨部门监管协同；（4）精细智能服务：基于信息技术综合应用，为食品安全管理部门、食品企业、消费者等不同对象提供智能决策、监管、食品追溯信息服务等。

二、食品安全监管和信息服务体系设计

（一）设计思路

食品安全监管和信息服务体系的建设，关系到食品安全管理与服务信息化建设的应用程度与实施效果。首先，需要对食品安全监管和信息服务体系建设进行总体部署，从食品产业发展、食品安全监管与公众信息服务等多个方面出发，协调推进不同部门（监管、执法、质检、信用等部门）、不同环节（包括原材料、生产、加工、贮存、运输、销售等环节）、不同层级（包括市、区县、街镇等层级）的食品安全监管能力与服务能力建设。同时，各地方政府在开展食品安全管理信息化建设过程中，要合理布局食品安全监管资源与服务资源，重点加强市、区县地区以及农村、城乡接合部等薄弱地区监管能力建设，优化食品企业准入、生产、流通、餐饮服务许可、食品安全追溯等信息服务。

目前，食品安全监管与信息服务资源主要分散于各个行业管理部门，各地方政府、企业等在开展信息化建设及相关平台功能设计之前，需要围绕食品安全领域监管和服

务两条业务主线，借助信息技术综合优势有效整合现有资源，推进食品安全监管信息、监测、检验、科技、宣教等资源共享与数据交换，一方面能够有效打破食品安全领域各类业务数据的信息孤岛，提高远程动态监管、稽查办案、日常监管以及应急管理等整体能力与食品安全信息服务水平，另一方面也有助于科学配置增量资源，帮助地方政府立足区域特色，突出食品安全监管与信息服务建设重点，避免重复、低效、无效建设。

标准规范是食品安全监管和信息服务体系建设的前提，在广泛调研、深入研究的基础上，建立一套符合实际、科学合理的标准体系，以确保在开展食品安全信息化建设过程中的数据管理规范、系统运维规范、平台应用规范以及数据更新机制的不断完善，进而督促食品管理相关行业部门及平台接入单位按照标准严格执行，保障食品安全监管与信息服务体系建设与运行的规范化。同时，在食品安全信息系统功能开发与日常运行过程中，应进一步加强信息安全体系的建设，其中包括对网络安全、主机安全、数据安全等系统安全等级的确定以及应采取的措施和策略，保障各类食品安全业务平台的平稳运行。

（二）设计架构

根据党中央国务院及国家市场监督管理总局对食品安全提出的新要求以及我国食品安全监管和信息服务体系设计思路，大致可以将食品安全监管和信息服务体系架构划分为基础设施层、数据资源层、应用支撑层、业务应用层和用户服务层，同时强化标准规范体系和平台安全保障体系建设，以标准数据交换技术为接口，安全支撑为保障满足食品行业跨部门监管和信息服务的需求，如图 7-7 所示。

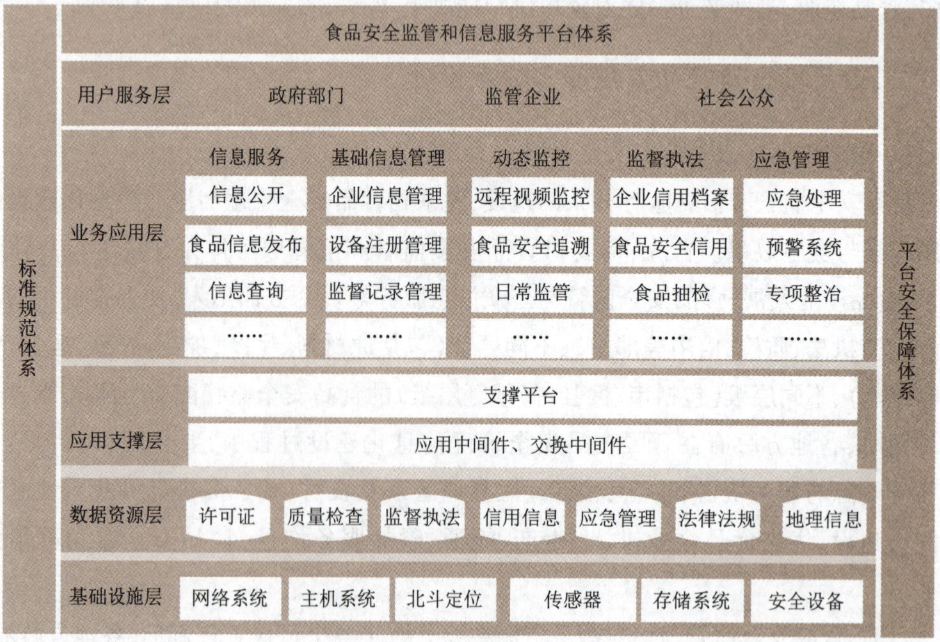

图 7-7　食品安全监管和信息服务体系架构示意图

基础数据是指平台运行的基础环境，主要包括硬件基础环境、网络基础环境（主机、存储、网络安全设备等）、系统软件环境等，基础设施层为整个食品安全监管和信息服务平台体系的应用提供基础运行平台。

数据资源层主要是系统运行的数据环境，数据环境是按照统一的标准和规范建立数据中心，是实现信息共享、业务协同的基础，同时也是整个系统成功建设和运行的数据基础。数据资源层主要包括基础数据库（企业法人库、GIS 数据库等）、监管部门信息库、信用信息库等。

应用支撑层是业务应用系统的基础平台，包括应用支撑平台、应用中间件、交换中间件，为业务应用系统的开发提供基础数据统一管理、应用集中管理、应用系统安全支撑、统一页面集成等构件化、模块化服务。

业务应用层是面向对象的系统功能模块，主要包括食品安全信息服务、基础信息管理、食品动态监管、食品安全监督执法、食品案件应急管理等，同时包括二次开发接口，便于业务的管理和功能的扩充。

用户服务层通过互联网、政务网、无线网、移动终端、显示屏等多种渠道，为各级食品安全监管部门、食品服务企业、社会公众等用户对象提供权限内的多样化服务，从而有效提升食品安全的综合监管能力和信息服务水平。

（三）食品安全监管和信息服务

开展食品安全监管和信息服务体系建设是“互联网＋”时期新形势和新体制下我国各地区食品监管机构转变管理理念，创新食品行业监管方式，以及优化政府职能的重要举措之一，已成为各省市地区寻求食品安全问题破解之道的重中之重，食品安全监管和信息服务迎来快速发展的窗口期。

从根本来讲，信息不对称是我国食品安全事故频发的深层次原因，所以在开展食品安全监管与信息服务过程中，首先要从消除信息不对称入手，通过健全政府信息监管体系，搭建信息综合管理平台，实施食品信息全过程追溯和预警等，能够有效确保食品安全生产链各环节参与者的知情权，实现各方信息的共享交流，上海市在这一方面的建设成绩十分显著。上海市食品药品监督管理局于 2014 年开展的食品安全监管和信息服务平台项目建设，截至 2016 年底已相继完成现有上海市食品安全网升级改造与行政许可信息共享系统、监督执法信息共享系统、督察督办系统、食品抽检信息共享管理系统、法律法规和标准共享系统、专项整治与协同监管系统、应急处置管理系统、食品安全追溯信息集成管理系统及后台相关应用支撑子系统模块的开发，纳入 14.2 万户行政相对人许可企业信息，10 万余户次监管记录信息，2.5 万件食品抽检样品信息，5 000 余件执法立案信息，7.2 万件投诉举报诉求信息等，有效打通了食品安全各类型业务数据信息孤岛，为各类食品安全监管和服务业务开展提供有力的支撑。

（四）食品安全信息全过程追溯

食品安全信息追溯作为加强食品安全信息传递、降低食品安全风险的重要手段，已成为全球各国加强食品安全管理普遍采用的措施之一。我国早在2001年就已经开始认识到食品安全信息追溯的重要性，尤其是近年来各类食品安全问题的频发，促使我国对食品安全信息追溯愈发重视。在制度体系建设方面，2013、2014年，我国分别提出要建立食品原产地可追溯制度和质量标识制度、从生产加工到流通消费的可追溯体系、消费品质量安全监管、追溯、召回制度等。2015年，“国家建立食品安全全程追溯制度”被正式写入《食品安全法》（修订）并专款规定，进一步凸显了开展食品安全追溯的重要性与迫切性。2016年1月，国务院办公厅发布《关于加快推进重要产品追溯体系建设的意见》（国办发〔2015〕95号），强调应加快应用现代信息技术建设食用农产品、食品追溯体系，为“互联网+”时期深化我国食品安全信息追溯提供了全新的解决路径与发展模式。

食品安全信息追溯是通过采集食品及食用农产品生产、流通、餐饮等环节的基本信息，实现从“农田到餐桌”整个食品供应链的全过程来源可查、去向可追、责任可究，确保消费者“舌尖上的安全”，是强化食品全过程质量安全管理与风险控制的有效措施。一般而言，通过信息化平台建设可实现以下食品信息的追溯。

- 原材料的基本信息：以一般蔬菜种植为例，包括农田基本信息、耕作者基本信息、种子来源、化肥使用情况、病虫害情况、采摘情况等。
- 生产加工的信息：基本包括原材料的来源、辅助材料的来源、食品添加剂信息、生产的基本信息等。
- 运输过程信息：基本包括运输者信息、班次信息、运输时长、贮存条件与环境等。

以上海市为例，2015年10月1日，上海市发布实施了《上海市食品安全信息追溯管理办法》，明确要求食品监管部门负责对食品生产、流通、餐饮服务环节和食用农产品流通环节的信息追溯，实施监督管理与行政执法。按照管理办法要求，上海市食品药品监督管理局综合考虑食品安全领域数据采集、数据存储及加工、数据应用等各类服务需求，建立了上海市食品安全信息追溯平台，全面覆盖《上海市食品安全信息追溯管理品种目录》规定的9大类20项重点食品的品种追溯。平台（见图7-8）搭建了第三方企业追溯平台、政府监管系统、公众查询系统，一方面为上海市食品生产（含种植、养殖）、食品流通和餐饮企业提供追溯数据的上传功能，为政府监管部门提供各类监管服务，同时消费者通过产品名称、批号或追溯码，便可实现产品信息查询和上下游商家信息链条的追溯查询。上海市食品安全信息追溯平台已有近4万家企业注册，其中1.6万家为《办法》规定纳入监管的企业，占应纳入监管范围企业的90%，累计可查询追溯数据约8亿条。

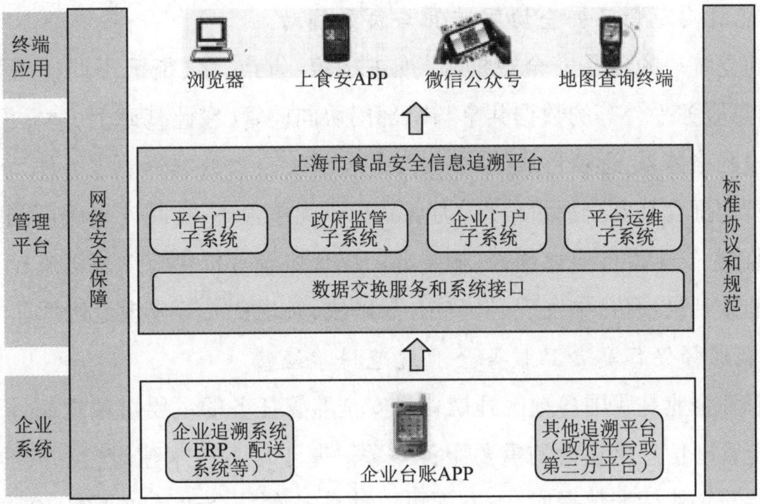

图7-8　上海市食品安全信息追溯平台功能框架

三、食品安全管理信息化建设的意义

食品安全管理信息化是我国智慧城市建设以及深化社会治理创新发展的必然趋势，随着《食品安全法》的正式实施，政府端的投入将带动生产端和消费端展开更多的业务模式创新，食品安全态势感知、隐患识别、食品溯源、病因食品关联等综合分析能力有望在大数据时代迎来更多的发展契机，进一步提升食品安全信息化在食品安全监管、追溯、检测、信息服务模式中的重要地位。

（一）能够实现食品数据的实时采集与管理

与食品安全密切相关的食品企业许可凭证、市场监管、处罚记录、检验检测、投诉举报、信用评价等数据资源分布于各个部门，通过开展食品安全信息化建设，将生产、加工、贮存、运输、销售、监管各个环节联系起来，利用信息化终端设备和信息感知技术对食品流通各环节产生的数据进行实时采集、集中存储和统一管理，形成跨领域、跨部门、跨层级的食品安全数据资源池，避免产生“信息孤岛”，便于后续对大量食品安全信息数据的处理、分析、应用。

（二）能够实现食品信息的全程感知与溯源

基于现代信息技术搭建食品质量安全追溯信息平台，将各类食品服务企业以及粮食制品、畜肉、禽类、蔬菜、乳品、水产品等食品纳入平台管理，并建立食品追溯信息共享交换机制，实现与食品监管部门信息系统互连互通，消费者和监管部门可以通过二维码、RFID 电子标签、无线传感等物联网技术设备和渠道，查询食品原材料来源、生产者、加工环境、运输条件、贮存环境等信息，实现食品“从农田到餐桌”的全程信息溯源，一定程度上解决食品安全中存在的信息不对称问题。

(三)能够实现食品安全协同监管与决策辅助

通过建立统一的食品安全数据库,推进国家、省市、区、街镇不同监管系统、法人库、信用信息服务平台等的数据共享与跨部门协同监管,在此基础上,建立畅通的信息监测和通报网络体系,逐步形成统一、科学的食品安全大数据资源服务体系,基于大数据技术分析挖掘食品安全海量信息,为食品行业优化管理、食品安全跨部门监管、食品安全风险监测、安全事件应急预警、相关部门综合协调等提供智能决策支持,从而对食品安全问题做到早预防、早发现、早整治、早解决,实现食品行业规范化管理。

(四)能够督促各类食品服务企业规范科学经营

食品服务企业是我国各地区开展食品安全监管任务的主要对象之一,同时也是深化食品安全管理信息化建设的重要服务对象。基于信息技术建设食品安全信息化综合管理平台与企业标准数据库,一方面可以使各类食品企业及时了解、查询行业信息和食品监管各项政策,规范自身市场经营行为,另一方面,对食品监管部门优化食品生产(含种植、养殖)、食品流通和餐饮企业的管理与服务,促进食品产业可持续健康发展也具有重要的意义。

(五)能够实现食品安全信息向社会及时发布

通过在开展食品安全管理信息化建设过程中建立食品安全信息服务平台,收集汇总各部门食品质量监督检查、应急预警的各类信息以及相关法律法规、政策等信息,通过信息服务平台及时传递、定期向社会发布,为社会大众及时了解、查询与其日常生活密切相关的食品安全信息提供服务渠道,同时有助于鼓励社会力量(包括高等院校、研究机构、专业企业等)参与食品安全管理和服务信息化体系建设,实现食品安全监管社会共治。

第五节　公共安全领域信息化

公共安全是百姓之福,更是民生之要、发展之基,确保公共安全事关人民群众生命财产安全,事关改革发展稳定大局。当前我国公共安全形势总体良好,但也面临着不少挑战,涉及民生安全的突发事件时有发生、国家应急体系尚不完善、社会共治能力较低等一系列问题仍是制约我国社会安全稳定与城市功能有效发挥的重要因素。当前我国正处于发展的重要战略机遇期,又处于社会矛盾凸显期,急需树立“安而不忘危、治而不忘乱”的公共安全意识,以现代治理方式逐步构筑“大安全”格局,加强公共安全领域的协调联动和信息共享,编织全方位、立体化的公共安全网络,推进公共安全工作精细化、信息化、法治化,实现公共安全事件全程管理、跨区协同与社会共治,切实增强维护公共安全能力与社会公共安全保障水平,有效防范、化解、管控各类安全风险,努力建设平安中国。

一、公共安全信息化发展概况

当前，在城市发展与社会治理过程中公共安全事件易发多发，维护公共安全任务繁重，迫切需要政府、企业、社会各方紧紧围绕“四个全面”战略布局，牢牢把握推进国家治理体系和治理能力现代化的总要求，主动适应新形势，切实增强风险意识，以提高人民群众安全感和满意度为目标，以理念、体制机制、方式手段创新为动力，以新一代信息技术为引领，以基层基础建设为支撑，完善立体化社会治安防控体系，构建全方位、立体化的公共安全网，提高维护公共安全能力水平，有效防范、化解、管控影响社会安定的突出问题，防止各类风险聚积扩散，促进百姓安居乐业、社会安定有序与国家长治久安。

中共中央办公厅、国务院办公厅印发的《关于加强社会治安防控体系建设的意见》，提出要加强信息资源互通共享和深度应用，推进公共安全视频监控系统建设、联网和应用，实现公共安全管理的数字化、网络化、智能化建设，提高社会治安防控体系建设科技水平。国家发展改革委印发的《“十三五”国家政务信息化工程建设规划》，将公共安全信息化作为新时期经济社会发展的重大系统工程，提出“十三五”时期要立足建设“平安中国”，建立健全社会公共安全治理信息资源目录体系和应急预案体系，进一步建设完善国家应急平台体系；充分利用云计算、大数据、物联网、移动互联、遥感遥测、视频监控、导航定位、社交媒体等技术，建设完善安全生产监管、公共安全基础综合服务管理、自然灾害监测预警、环境事故应急处置、公共卫生与传染病防控、应急物资保障等系统；以国家应急平台体系为数据汇聚和业务协同节点，按照平战结合思路，加强部门间的协调联动和信息共享，提高严格执法、预防为主、快速响应、有效处置的能力，加强舆情引导，切实增强社会公共安全保障水平，实现全程管理、跨区协同和社会共治等重点任务，以全面提高常态下安全管理创新、风险隐患预防化解和非常态下的快速应急处置能力。

从我国公共安全信息化发展来看，各地区在现有信息化与智慧城市建设成果的基础上，相继开展公共安全视频监控系统、数据中心、公共安全大数据综合应用平台等建设，并取得较好成绩。通过运用云计算、物联网、视频监控等技术手段，有效实现城市发展公共安全领域信息资源的优化整合，创新公共安全防控手段和方式，同时基于大数据技术加强分析研判，提高对风险的监测、预警能力，及时切断风险链，提高公共安全工作的智能化水平，在打击犯罪、治安防控、交通管理、服务群众等方面发挥了重要作用，有效提升地方社会治安整体防控能力。

二、信息技术在公共安全领域的应用

新型智慧城市下公共安全管理的本质，是在云计算、大数据、人工智能等新一代信息技术支撑下实现城市安全管理的全面联动与资源协同，主要体现在公共安全防控手段的根本升级、公共安全管理体系的全面优化以及监测预警与应急措施的有效部署。城市公共安全领域的信息化应用，大大提高了城市运行过程中安全防控、事态应对的集约化水平与整体效率，从而使城市安全防控体系和治安管理得到根本改观，市民获得更加全面的安全保障。从技术层面，城市公共安全管理信息化建设离不开物联网、云计算、人脸识别等关键信息技术的支撑。

（一）物联网技术的应用

城市公共安全事件一般都存在突发性强、破坏性大的特点，公共安全防控与管理需要很强的实时性，才能够快速、及时发现并处理各类突发事件。物联网技术为解决此类问题提供了很好的技术手段，通过变事后处理为事先预防，做到对各类公共安全事件提前预防、把控关口，从而使各类突发事件人员伤亡、经济损失等降到最低。从整体来讲，城市公共安全物联网应用架构可以分为感知层、传输层、支撑层与应用层。

感知层是城市公共安全物联网应用架构的基础，即通过在城市各个部件部署RFID标签、摄像头、温湿度探测器、报警器、人流量监控设备等物联网终端设备，从而对不同的环境进行实时感应监测，并获取各类监测信息。此外，不同感应器通过不同的感应环境设定感应参数，当环境指标超过监测值上下限或范围时自动发出报警，为工作人员提供及时的预警提示。

传输层包括无线网、通信网、互联网、政务网等内容，其主要任务是接收来自感知层的信息。城市部件的物联网感知设备通过网络环境将监测信息传送至通信发送器，通信发送器再将信息经互联网通过网关或网闸传送到应用系统端进行处理，从而实现城市运行监测信息的传输处理。

支撑层是保障应用系统稳定运行的中间层平台，同时实现对外部系统的接入与整合以及基础数据的管理，是应用层的基础支撑。

应用层面向城市运行的各个领域，提供公共资源安全监管、地下空间安全监管、突发应急处置管理等应用，为城市管理部门提供各类公共安全管理服务。

以上海市宝山区为例，2015年以来宝山区全面推进“平安宝山智联网”建设，通过开发设计“平安宝山智联网”系统软件，实现“地网”（区、街镇、园区、村居三级物理光纤专网）、“天网”（“平安宝山”APP移动互联网）和“无线网”（无线传感物联网）等资源在区级综治信息管理平台中的整合，同时系统与区公安、政法部门、区公共信息平台等系统完成对接，实现了区级平台与14个街镇（园区）、550多个村居综治信息平台的联网全覆盖，以及小区（村宅）视频监控系统、人员车辆门禁管理系统、门栋电控防盗门、实有人口动态管理系统、社区网络联网电话、社区信息发布、平安宝山APP系统等安全防控设施的统一管理，全面提升了基于物联网技术的城区综合治安管理水平。

目前，物联网技术正处于快速发展时期，各种新型传感器不断普及应用，为运用物联网技术解决城市运行中的各类公共安全问题提供了更多的手段和途径。随着城市功能的持续完善以及城市建设的不断发展,物联网技术在安全生产监管、自然灾害防控预警、环境事故应急处置、公共资源运行监测等城市公共安全管理领域的应用也将逐步深化和扩展,为创新城市运行安全管理,提高社会综合治理水平和能力提供了强有力的技术支持。

(二)云计算技术的应用

各地区城市公共安全防控信息化手段建设的不断深化,使基于云计算的智能化视频感知技术在城市治安视频监控系统中的效益充分发挥出来。云计算技术在城市公共安全管理领域应用的总体思路大致可以概括为:从基础服务开始建设基于云计算的城市公共安全信息化系统,然后将其逐步拓展到应用服务,前者主要是偏向于集中化和虚拟化的设施资源管理,从而使各类资源能够满足基础平台自动化的部署;后者更多的是强调各类应用功能规模伸缩能力的实现,SaaS 化(软件即服务)公共安全信息系统的应用,并提供数据存储与分析等服务。

基于云计算技术应用的城市公共安全信息化系统功能总体框架大致可以分为基础层、平台层与应用层。其中,基础层主要是实现各类基础资源的虚拟化功能,通过 API 接口将应用动态扩展等服务提供给上一层,用户通过门户平台就可以直接对系统基础设施进行管理,但由于业务需求的差异,需要对网络、存储、计算能力等进行综合权衡之后再对基础层进行设计。平台层主要是为系统提供 SaaS 服务以及分布式分级计算等功能,SaaS 平台将城市公共安全管理各类应用转化为服务,分布式计算平台为系统计算密集型数据的分析与应用提供必要的环境支撑。应用层主要是面向各类城市部件搭建交通管理、社会治安管理、应急指挥等各个应用子系统,通过各类服务渠道实现对此类服务功能的访问与应用。

从云计算技术在我国城市运行与社会治理各领域的发展应用成果,以及各地方政府云平台(政务云、市民云、文化云等)部署应用取得的显著成绩来看,云计算强大的计算能力和存储能力,为我国各地区深化城市公共安全视频监控建设,创新社会治安管理模式,增强城市安全防控提供了重要的技术手段,并成为强化社会公共安全,建设“平安中国”的重要方式。

(三)人脸识别技术应用

人脸识别技术是包括人工智能、模式识别、自动学习、图像处理、数据分析、模型分离等技术在内的综合性专业技术,其工作原理为:通过前端采集系统中检测出人脸的存在,经过人脸照片前置处理与人脸特征提取等技术获取人的面部特征信息,进而将待识别的人脸特征与数据库中存储的特征模板进行搜索匹配,将匹配结果按照相似度从高到低进行排列显示,最终提取出图像相关人员所体现的身份特征信息。目前人脸识别技术已在城市公共安全领域得到普遍应用,主要包括以下几种应用环境。

社区视频监控:通过在街道社区出入口建立动态监控系统,监控摄像头自动识别进出人员的身份,并通过人脸识别技术对外来人员或不常出入社区人员实施监控,并向社区管理人员发出警示,同时能够为公安系统相关案件的侦破提供人脸档案,便于公安搜寻可疑人员。

公安刑侦布控:通过在公安系统固定监控设备或移动监视车上部署带有自动识别技术的视频监控识别系统,能够对在逃人员、案件嫌疑人、重点监控人员等进行自动采集照片,并通过公安人口库自动进行匹配,有效支持公安系统刑侦案件的布控和侦破。

工地/通道等场所监控识别:通过在施工现场或禁行的通道部署自动识别视频监控摄像头,实现对受控地区的实时监控,若系统监测到有人员通过即刻发出警报,保障此类场所或地区的安全。

实名认证查验:通过在高速公路检查站、铁路出入通道、机场安全检查通道等出入口安装自动识别视频监控系统,对通过出入口的人员进行人脸自动采集识别,完成实名制验证,即根据身份证读卡器或其他设备读取人员有效证件照片,然后通过系统高清摄像头实时抓拍人脸,系统将抓拍的人脸信息与证件照片信息进行自动匹配,验证其身份照片与持证人是否为同一人,保障人证合一。例如,2017 年 6 月南方航空公司在南阳机场率先完成国内首个人脸识别智能化登机系统试点,旅客在登机口刷脸即可秒速验证登机。

三、智慧平安城市

(一)我国平安城市建设现状

平安城市是通过三防系统(技防系统、物防系统、人防系统)建设城市的平安和谐。一个完整的安全技术防范系统,是由技防系统、物防系统、人防系统和管理系统四个系统相互配合相互作用来完成安全防范的综合体。安全技术防范系统主要有入侵报警系统、电视监控系统、出入口控制系统、电子巡查系统、停车场管理系统、防爆安全检查系统。

为了更好地维护社会治安,降低犯罪率,提升城市的整体幸福感,国家提出了一系列的政策法规,与此同时,以安防监控为技术手段的平安城市建设逐步成为国家以及各地政府重点开展的城市公共安全建设工作。我国平安城市的前身是“金盾工程”,之后是“科技强警”战略以及“3111”试点工程,其发展历史大致经历了以下几个阶段[46]。

1996 年公安部出台《“九五”公安工作纲要》,文中提到“坚持走科技强警之路”,“科技强警”首次以文件形式出现。

2003 年,公安部发起第一批“科技强警”示范城市建设(北京、苏州、杭州、济南作为最早开展城市视频监控建设试点),共计 21 个城市。

2005 年,中共中央办公厅,国务院办公厅转发了《中共政治委员会、中央社会治安综合治理委员会关于深入开展平安建设的意见》。同年,在第一批 4 个视频监控试点城市的经验之上,“3111”工程迅速推进,第一批共22个示范城市开展视频监控项目建设。

2006年第二批“科技强警”示范城市建设开始,共计38个城市。同年“3111”工程第二期建设也迅速开展,共66个城市及其下属419个县市,平安城市建设的热潮正式在全国拉开帷幕。

截至目前,全国基本上所有地市和重点区县都已经完成第一期的平安城市建设,这些试点城市的示范效应正在全面释放。目前平安城市呈现出了新的变化趋势:一方面,先前的建设系统面临改造升级,同时平安城市建设逐步向地市级、县、镇深入。二三四线城市开始显现较大的市场潜力;另一方面,随着公安部《任务书》和GB/T 28181联网新国标的推出也为平安城市建设带来了新的建设任务,平安城市建设向图像资源联网和业务深度应用发展,最终将实现公安体系下的“全国一张”的宏伟目标,并且视频应用也将深入到公安各警种日常业务工作的方方面面。

(二)智慧型平安城市成为重点

在平安城市建设过程中,全国建成了众多的以单个城市为主体的平安城市项目,不可避免地造成了一个个视频资源的“信息孤岛”,无法实现图像资源的共享协同。鉴于此,2012年2月份公安部下发了《全国公安机关视频图像信息整合与共享工作任务书》,其中明确规定建立视频图像信息深度应用机制,推动视频监控系统的有效整合和视频信息共享。2014年,中央的相关文件也提出要结合智慧城市建设,整合各类视频图像信息资源,统筹视频联网监控系统建设,建立跨部门、跨区域的视频图像信息共享与协同应用体系,提升我国治安防范整体水平。近几年,在中央部委、地方政府、相关厂商、金融资本的合力推动下,以资源整合共享与治安管理协同为主的智慧型平安城市建设进入全面建设阶段。

智慧型平安城市是一个特大型、综合性强的城市公共安全管理系统,需要统筹考虑社会治安、城市运行、交通、应急指挥等多领域的需求,同时要兼顾城市突发事件预警、安全生产监控等方面安全防控、应用处置等需求,通过建设城市智能监控联网综合平台,整合城市各类食品监控系统,最大限度实现跨地区、跨部门视频监控资源共享和互连互通互控,为城市安全运行提供功能完善、运转高效、协同有序的服务。上海市在推进数字高清图像监控和社会单位联网项目建设方面取得不错的成绩,在全国开展智慧型平安建设中发挥了良好的标杆作用,截至2016年底,上海公安局自建及联网监控摄像探头达10万多个,集成智能应用的新版图像信息应用管理系统投入使用,该系统具备基本的视频检索摘要和图像增强等功能,进一步增强了城市运行公共安全防控信息化手段。同时,市公安局组织编制了《上海公安数字高清图像监控系统建设技术规范V2.0》、《上海公安图像监控系统与社会单位图像系统联网接入技术规范(V2.0)》及《上海市公共安全视频监控建设联网应用工作实施方案(2015—2020年)》,进一步指导公共安全图像监控联网应用与全市智慧平安城市建设。

第八章 智慧政务

政府创新建设是引领我国经济社会创新发展的旗帜，中共十八大后产生的新一届政府上任伊始，便正式提出了建设“创新型政府”的目标，拉开了我国政治体制改革的重要序幕。国务院总理李克强在十二届全国人大二次会议上作政府工作报告时强调，做好政府工作，必须加强自身改革建设，按照推进国家治理体系和治理能力现代化的要求，加快建设法治政府、创新政府、廉洁政府，增强政府执行力和公信力，努力为人民提供优质高效服务。伴随我国政府简政放权、放管结合、优化服务改革的不断深化，加快各级政府自我革新与职能转变，实现政府服务体系的“升级和重塑”，已成为推动我国经济社会持续健康发展的战略举措。

第一节 智慧政务概述

随着我国电子政务工程的不断发展与演进，目前电子政务已进入全新的阶段，即智慧政务应用阶段。智慧政务是深化改革的一项重要任务，对加快转变政府职能，提高政府服务效率和透明度，进一步激发市场活力和社会创造力具有重要意义。从我国智慧城市发展成果来看，目前智慧政务建设已成为各地方政府深化国家关于加快推进“互联网＋政务服务”工作决策部署以及提升自身管理效率的重点任务。

“互联网＋”时代背景下，信息技术正深刻地改变政府的治理模式和服务方式，智慧政务就是基于“互联网＋”与智慧城市这一大背景下提出的政府创新发展新模式。为实现我国政务治理现代化建设，推进政务管理与服务模式创新，在智慧城市建设过程中，着重以推行智慧政务建设为抓手，以数据集中和共享为途径，推进技术融合、业务融合、数据融合，实现政务领域各职能部门各种资源的高度整合与共享以及跨层级、跨地域、跨系统、跨部门、跨业务的协同管理和服务，深化跨部门流程优化与业务协同，推进形成高效、敏捷、便民的新型政府，全面提高政府部门领导决策的科学化水平、行政管理的精细化水平和公共服务的人性化水平。

智慧政务是我国智慧城市发展的重要组成部分和关键应用领域，是“互联网＋”时代优化我国各级政府服务和监管，创新政府治理模式，建设服务型政府、创新型政府、廉洁政府和法治政府的重要措施。整体来讲，智慧政务是一个相对复杂的系统性工程，其建设需要详尽的规划，统筹部署，并结合地方实际需求（包括政府管理需求、市民服务需求、企业发展需求、城市运行管理需求等），逐步推进信息技术与政府各部门业务的深入融合，深化数据资源跨部门互连互通与业务协同，最终实现智慧办公、智慧监督、智慧服务、智慧决策等目标。

从目前我国智慧政务应用实践来看，智慧政务深度创新应用建立于以下四个基础：第一，政务创新的相关理念、意识以及运营方式等逐渐成熟，能够支撑“互联网+”时期智慧政务开展建设；第二，政务数据资源的积累利用应当是多领域、多方面的，数据共享交换是深化智慧政务协同应用的基础；第三，云计算、大数据、人工智能等信息技术应用打破了传统政务平台框架分割的局面，使一体化政务建设成为趋势；第四，相关标准规范与政策法规日趋完善，为智慧政务规范化、科学化应用建设提供重要保障，智慧政务应用成熟度展示如图8-1所示。

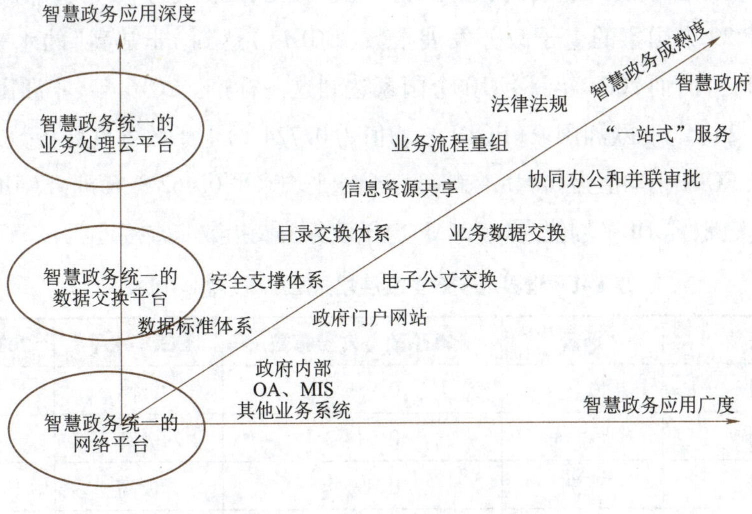

图8-1 智慧政务应用成熟度展示

第二节 国内外政务信息化概况

全球信息技术革命持续演进，以互联网、移动互联网、人工智能为代表的新一代信息技术为人类的生产和生活方式带来深刻的变革，同时为政府信息化建设提供强有力的科技支撑，深化政务信息化建设成为国内外各级政府提升管理效能和公共服务水平的重要举措，许多国家纷纷将政务信息化建设和发展上升为国家战略，成为全球经济一体化和我国经济新常态时代背景下的显著特征。尤其是近年来大数据技术在政务信息化领域的推广应用，逐步推动政府管理改革进入全新阶段，贴近互联网、开发大数据、造福全社会成为当前发达国家政务信息化的主流声音。改革开放以来，我国政务信息化建设相继经历了电子政务1.0、电子政务2.0、电子政务3.0、电子政务4.0四个阶段，在各级政府的共同努力下，我国政务信息化建设取得显著成效，政务信息化整体发展已处于全球中等偏上水平，支撑政府资源整合、流程优化和业务协同能力大幅提升。

一、国外政务信息化发展现状

进入21世纪，随着信息技术的推广普及与深化应用，信息化水平已成为衡量一个国家综合国力的重要标志之一。在政府管理领域，政府信息化建设作为国家信息化发展战略的重要组成部分，国外发达国家着力把政府信息化作为深化政府行政改革的重要手段和措施，以电子政务重构并优化业务流程，提升政府效能，推进管理与服务创新。

联合国经济和社会事务部发布的《2016联合国电子政务调查报告》显示：英国、澳大利亚、韩国、新加坡、芬兰、瑞典、荷兰、新西兰、丹麦、法国电子政务水平位列前十位（见表8-1），29个国家的电子政务发展指数（EGDI[①]）达到“非常高”的水平，数值在0.75—1.00之间，而2003年只有10个国家达到这一标准。2016年，非洲国家（EGDI平均值为0.288 2）和欧洲国家（EGDI平均值为0.724 1）电子政务发展指数差距很大；大洋洲国家EGDI平均值为0.415 4，略低于全球平均水平0.462 3，亚洲（EGDI平均值为0.513 2）和美洲（EGDI平均值为0.524 5）电子政务发展指数非常接近。

表8-1　世界电子政务发展领先国家（极高EGDI）

国家	地区	电子政务发展指数	EGDI水平	2016年排名
英国	欧洲	0.919 3	极高	1
澳大利亚	大洋洲	0.914 3	极高	2
韩国	亚洲	0.891 5	极高	3
新加坡	亚洲	0.882 8	极高	4
芬兰	欧洲	0.881 7	极高	5
瑞典	欧洲	0.870 4	极高	6
荷兰	欧洲	0.865 9	极高	7
新西兰	大洋洲	0.865 3	极高	8
丹麦	欧洲	0.851 0	极高	9
法国	欧洲	0.845 6	极高	10

① EGDI，即电子政务发展指数，是考察一个国家政府信息化绩效水平的综合衡量尺度，用于评估政府信息化过程中在线服务范围和质量、信息基础设施的地区合作和人力资源的开发。

续表

国家	地区	电子政务发展指数	EGDI 水平	2016 年排名
日本	亚洲	0.844 0	极高	11
美国	美洲	0.842 0	极高	12
爱沙尼亚	欧洲	0.833 4	极高	13
加拿大	美洲	0.828 5	极高	14
德国	欧洲	0.821 0	极高	15
奥地利	欧洲	0.820 8	极高	16
西班牙	欧洲	0.813 5	极高	17
挪威	欧洲	0.811 7	极高	18
比利时	欧洲	0.787 4	极高	19
以色列	亚洲	0.786 0	极高	20
斯洛文尼亚	欧洲	0.776 9	极高	21
意大利	欧洲	0.776 4	极高	22
立陶宛	欧洲	0.774 7	极高	23
巴林	亚洲	0.773 4	极高	24
卢森堡	欧洲	0.770 5	极高	25
爱尔兰	欧洲	0.768 9	极高	26
冰岛	欧洲	0.766 2	极高	27
瑞士	欧洲	0.752 5	极高	28
阿拉伯联合酋长国	亚洲	0.751 5	极高	29

资料来源:《2016 联合国电子政务调查报告》。

二、我国政务信息化发展历程

相对于发达国家而言,中国政府信息化起步较晚。从发展历程来看,我国政府信息化起步于20 世纪 80 年代中后期,主要经历了四个里程碑阶段:电子政务 1.0 阶段(办公自动化阶段)、电子政务 2.0 阶段("三金工程"及"政府上网工程"建设阶段)、电子政务 3.0 阶段("三网一库"阶段)、电子政务 4.0 阶段(资源整合、数据创新、协同应用阶段)。

(一)电子政务 1.0

20 世纪 80 年代中后期,经国务院批准成立国家经济信息系统领导小组和国家信息中心等机构,各部委局和地方省市县相继成立了信息中心,稳步推进国家和地方经济信息系统建设。在此阶段,中央及地方各级政府部门稳步开展了政府办公自动化建设,建立了各种纵向和横向的内部办公信息网络,利用信息技术完成部分最基础的政务活动。同时,在有条件的地方政府部门内部还开展了小型办公网络和信息中心建设,切实提高了政府部门各类信息处理能力和政务决策水平。

(二)电子政务2.0

20世纪90年代以后,我国政府信息化建设进入了蓬勃发展阶段,1993年,国务院成立了国家经济信息化联席会议,开始实施"三金工程"(金桥工程、金关工程、金卡工程)等重大信息化项目。1999年,由中国电信和国家经贸委经济信息中心联合40多个部委(办、局)信息主管部门共同倡议发起"政府上网工程",得到了各级政府部门积极响应,标志着电子政务在全国范围内全面展开,这一年也成了我国的"政府上网年"。在此之下,我国政府信息化建设有了实质性的进展。

(三)电子政务3.0

2000年,电子政务被列入政府"十五计划"的重要内容,北京、上海、广州等多个地方政府也相应提出了电子政务计划,政府信息化建设进入新时期。2006年1月1日中国政府网正式开通,成为我国电子政务发展的重要里程碑,同年国家信息化领导小组审议通过了《2006—2020年国家信息化发展战略》,把电子政务列为重点行动计划。经过多年的信息化建设,我国政府的信息化建设有了极大改善,到"十二五"时期基本形成"三网一库"的总体架构,三网即办公业务网(政务内网)、办公业务资源网(政务专网)、政府公众信息网(政务外网),一库即电子信息资源库。

(四)电子政务4.0

到"十二五"末,随着国内大多数省市电子政务发展的成熟与信息系统的不断完善,部分地区电子政务的发展开始进入信息资源整合、信息化协同应用阶段。《2016联合国电子政务调查报告》显示,目前我国电子政务发展指数EGDI为0.607 1,排名第63位,国际排名稳步上升,我国电子政务整体发展已处于全球中等偏上水平。2017年5月国务院办公厅印发的《政务信息系统整合共享实施方案》,提出要按照"五个统一"的总体原则(统一工程规划、统一标准规范、统一备案管理、统一审计监督、统一评价体系),有效推进政务信息系统整合共享。发展至今,上海、北京、广州等城市的电子政务已逐步进入以用户需求为中心,强调资源整合共享、数据创新管理应用与跨部门业务协同的电子政务4.0阶段——即智慧政务发展阶段,2016年我国城市电子政务发展水平(EGDI)十强排名如表8-2所示。

表8-2 2016中国城市电子政务发展水平(EGDI)十强

省市	城市	EDGI	排名
广东	广州	94.884	1
北京	北京	82.078	2
广东	深圳	77.501	3
福建	厦门	76.246	4
上海	上海	75.068	5

续表

省市	城市	EDGI	排名
浙江	杭州	73.702	6
山东	青岛	72.916	7
浙江	温州	72.903	8
浙江	绍兴	72.599	9
四川	成都	72.489	10

数据来源:《2016中国城市电子政务发展水平调查报告》。

三、我国政务信息化建设存在的问题

(一)资源整合共享与业务协同能力有待提升

“十二五”以来,通过统筹国家政务信息化工程建设,实施信息惠民工程等一系列举措,我国政务信息资源整合共享与跨部门政务协同在局部取得了积极成效。但是,由于意识、体制等原因,各级政府部门之间信息资源配置和利益相互割裂的制度性缺陷仍然存在,跨层级、跨部门的信息资源横向整合机制还不完善,“信息孤岛”、条块分割等现象仍然存在。由于前期政务信息化建设缺乏较完善的顶层设计以及统一的数据类型、数据标准与技术标准规范,导致市、区、街镇以及部门之间等不同层级政府间采用的数据标准和分类方法各不相同,不同系统之间较难实现互连互通和信息共享,或者说在实现信息资源共享方面的成本比较大。资源整合共享不足直接限制了我国政务领域跨部门业务协同的开展,国家行政学院电子政务研究中心发布的《省级政府网上政务服务能力调查评估报告(2017)》指出,目前我国各地区网上政务服务平台较为注重自身的业务需求,对于跨地区跨部门的业务协同考虑较少,没有形成多地区多部门协同推动政务服务的有效协调机制,部门间协同不足、配合不畅、缺乏流程、重复建设等问题仍然严重,既制约了政府部门整体性治理水平的提升,也妨碍了政府部门向公众提供方便、快捷、一站式的办事服务建设。因此,在建设智慧政务阶段,急需对战略问题倍加重视,在全局上做好数据共享和业务协同的机制安排。

(二)政务领域数据资源创新利用能力不足

从智慧政务建设任务来看,政务大数据应用的目标是实现智能化治理和智慧化服务,但从我国政务信息化建设实践来看,大数据在政务领域仍未得到有效开发和利用,如何基于大数据推进社会治理与政府职能转型,提升政府治理和公共服务能力和水平,成为一个全新的课题。目前,少数地方政府在推进政务数据资源利用过程中,依然存在对大数据的特点、规律了解不够,数据创新利用效果不明显的现象,也就是说,沉淀在政府层面的大量数据资源价值尚未充分挖掘,数据资源支撑转变政府职能和优化服务的价值没有充分体现出来。同时,由于我国政府跨层级、跨部门的信息资源共享机制还不够完善，数据资源互连互通和共享交换难度较大，客观上也制约了我国政府数据资源的创新应用建设。目前我国超过80%的数据主要集中在政府领域，加快推进形成有效的政企合作机制，深化政务数据资源共享和创新利用，释放政务数据红利，发挥数据在交通、工业、商务、民生、城市运行等各行业、各领域的巨大价值，成为大数据时代深化政务数据资源创新利用的重要诉求。此外，如何处理政务数据的合法公开和隐私保密问题，保障政务数据信息安全，也是智慧政务数据资源创新利用不可避免的难点问题。

（三）政务信息化建设绩效评估体系不够健全

基于一套完整、统一的绩效评估体系开展绩效评估，是对电子政务、智慧政务建设效果的综合反馈和评价，评估结果关系到其是否能持续发展的问题。以往的实践和研究均表明，由于缺乏有效的绩效评估体系和评估制度，我国部分地区在开展政务信息化建设过程中往往存在仅重建设、忽视效果评估的问题，对政务监测信息的科学性和实用性认识不深的问题更是普遍存在，从而导致整体政务信息化应用程度不高，无法全面满足政府高效化、透明化管理与精细化、主动化公共服务的需求。在智慧政务阶段，需要进一步结合“不可衡量，则无法管理”的公共管理理念，综合考量政务信息化数量指标、质量指标、使用情况、满意度、用户信任度、简便性、价值增值、业务流程、日常运营状况、线上与线下结合度、政务透明度、政府回应情况以及利益相关者等变量，建立符合实际的绩效评估模型，对智慧政务建设和应用情况进行综合绩效评估，确保各项工作有效落实。

第三节　智慧政务应用体系设计

智慧政务是推进我国政府从管理型政府向服务型政府转变的必然产物，也是引导我国新型智慧城市分级分类推进建设的主干线，云服务、平台思维、开放共享、一体化协同是新时期深化我国智慧政务建设的关键着力点。从政府管理角度看，资源共享与业务协同是建设一体化智慧政务的主线，同时也是我国各级政府创新管理和服务模式急需解决的重大工程。从政府服务角度看，基于信息技术应用进一步拓宽“互联网 + 政务服务”新领域、新应用，形成政府服务供给与群众需求之间相互促进的良性循环，是我国推进建设服务型政府，提升服务效能的迫切要求。从政务数据利用角度，立足政务数据资源存在的巨大潜在价值，基于云计算、大数据等技术深化政务大数据应用，对全面提升互联网时代包括经济发展、社会管理、环境保护、文化建设、城市服务等多方面需求的服务能力具有重大意义。

一、智慧政务一体化创新应用

（一）深化跨部门政务协同应用

跨部门政务协同是指在“互联网 + ”时代背景下，政府部门之间利用云计算、互联网、人工智能等新一代信息技术推进跨部门业务联动协同，通过改变传统政务管理方式、方法促使政府资源得到最充分利用，政务协同已成为我国深化智慧政务建设的新型政府工作模式。开展政务资源整合是打破目前电子政务建设各自为政、信息孤岛现象，深化跨部门协同应用的前提。目前我国各级政府部门建立了大量独立的政务信息系统，政务数据资源也分散在各个部门，不仅造成了大量重复建设，提高了电子政务建设成本，而且割裂了电子政务系统之间的联系，造成政务信息不能共享。为更好推动政务信息资源整合共享，《国务院关于印发政务信息资源共享管理暂行办法的通知》（国发〔2016〕51 号）、《国务院关于印发"十三五"国家信息化规划的通知》（国发〔2016〕73 号）、《政务信息系统整合共享实施方案》（国办发〔2017〕39 号）等文件对深化政务资源整合提出各项要求与实施办法，指导我国各级政府信息系统与资源整合建设。

跨部门政务协同是构建一体化智慧政务的必然要求，需要各层级、各部门构建统一的跨部门政务协同机制，发达国家电子政务建设虽然都在强调组织整合、跨界合作、网络化运作和多元主体共治，但在实际操作过程中，不同国家所选择的不同路径又使他们在共性之下呈现出了一定的国别特色，相继出现了协同政府（英国）、横向治理（加拿大）、整体政府（澳大利亚）和协作治理（美国）等实践模式。目前，我国政务协同建设成绩最为明显的主要反映在各级网上政务大厅、各部门网上办事平台之间的统一申请、身份认证和数据对接方面，以上海市为例，截至 2017 年底，上海网上政务大厅实现审批事项的 100% 接入，上线以来累计网上办理事项 1 000 余万件，市级网上政务大厅已有 100 个审批事项全程网上办理，各区级网上政务大厅共有 700 余个审批事项全程网上办理，全市 200 余家社区事务受理服务中心全部实现网上预约办事，66 个预约事项已实现全市通办，有效提高政府协同办事效率。

（二）一体化政务云平台

面对传统电子政务系统数据资源共享交换和跨部门业务协同难、分散建设模式等所导致的资源利用率低、内外部多重政务信息安全威胁程度高等一系列挑战，各级政府纷纷寻找问题解决之道。随着云计算技术在政务信息化建设领域的深化应用，其虚拟化、高可靠性、高通用性、高可扩展性及快速、按需、弹性服务的功能特征，为政府部门建设基础设施、支撑软件、应用系统、信息资源、运行保障和信息安全等综合服务平台，促进政府各部门之间的互连互通与业务协同提供重要的技术支撑。以政府各部门业务应用需求为导向开展集约化建设，运用云计算技术构建统一高效、弹性扩展、安全可靠、按需服务的电子政务云平台，将云计算的统一平台、共享数据、租用服务、统一维护模式应用到电子政务平台建设上，最大限度地共享数据资源，提供各部门政务活动所需的软硬件、应用等服务资源，有效节约建设运行成本、提高平台的负载能力、降低维护度，成为目前我国各级政府实现数据资源互连互通，有效促成跨部门之间业务协同普遍采取的重要措施。从电子政务云平台功能设计来看,主要具有以下四个应用价值。

有效促进政务数据资源整合共享,实现业务协同。信息时代,我国信息数据资源80%以上掌握在各级政府部门手里,需要建立统一的平台对所有系统数据资源进行统一存储与管理,并实现各类数据资源的有效整合、加工处理与交换共享。云计算模式的“信息集成、资源共享”特性在电子政务信息交换平台中发挥巨大作用,通过搭建交换平台,在政府部门之间、政府部门与社会机构之间建立“信息桥梁”,将各单位的电子政务系统接入云平台,通过云平台内部信息驱动引擎,实现不同电子政务系统间的信息整合、交换、共享和政务工作协同,大大提高各级政府部门整体工作效率。

有效降低政务一体化建设运维成本,节约工程投资。政务云平台建设能够充分利用现有的基础资源,有效促进各种资源整合,由电子政务云平台统一为政府各部门提供资源、安全、运维和管理服务。基于云平台智能维护,实现硬件资源、数据交换、应用支撑、资源管理的统一,平台物理资源和虚拟资源统一管控与集约化建设,有效减少政务信息系统运维人员和运维费用,大大节约智慧政务工程投资,同时也提高了政府效率。

以IaaS为核心的云计算中心为智慧政务应用提供统一支撑。我国各级政府智慧政务建设的深入推进,带来政务门户网站用户数量的快速增长以及网站内容的多媒体化发展,面向社会公开的政务公共数据资源也就包含了大量的图片和视频信息,这些海量、非结构化数据的处理就需要以IaaS应用为核心的云计算中心作为有效支撑。同时,随着政务数据资源开发利用的深入推进,海量数据的汇聚应用与信息交换要求高性能的计算能力,传统政务数据中心建设和运行的成本在上升,需要利用云计算模式建立高弹性、低成本、资源利用率高的硬件资源平台,提高政府数据中心的运行效率。

以PaaS为核心的云服务平台推动“服务型政府”建设。云计算在实现信息技术资源集约利用、促进信息共享利用方面的优势,一方面能够有效解决业务协同难、资源开发利用不足的问题,另一方面,政府加大采购云服务的力度,也有利于更好发挥政府采购对云计算等新业态、新模式发展的带动作用,为信息产业发展创造更大的市场空间。同时,通过将政务应用统一迁移到云平台上,能够使政府各部门工作人员及时联动了解市民群众最关心的问题,辅助政府部门制定更加具有针对性的政策法规,切实提升政府公共服务水平,推动服务于政府管理、产业发展、市民生活的服务型政府的建设。

(三)电子政务云平台功能设计

电子政务云平台建设是一个复杂性很高的工程,其功能设计应充分考虑目前政府各部门业务系统的内部整合与资源集约、统一管理的业务需求。通过政府采购,依托市场化专业团队建设基于云计算的电子政务公共平台,一方面大大降低政府部门信息化投资成本与风险,同时能够对多个政务系统的基础设施进行统一规划、统一管理、按需使用和资源共享，有效打破条块分割，加快实现跨层级、跨部门的信息共享和业务协同，为政府管理与服务模式创新提供统一云服务。从整体来看，为各部门提供电子政务云服务的基本架构主要由基础数据层、中间云处理层与云用户终端组成（见图 8-2），其中，基础层主要是由不同的数据库组成，这些数据库汇聚了政府多部门、多层级政务系统的数据资源，是电子政务云平台为各部门提供云服务的基础性资源。中间层是最关键的云处理层，可以是政府自己建立的云平台，也可以是政府租用云计算提供商的服务，主要负责对政府数据进行分析和处理。最上层是云用户终端，各部门用户通过浏览器、移动终端（手机 APP、微信公众平台）、智能显示屏等渠道在不同地点与时间基于平台用户权限调用这些服务资源。同时，电子政务云平台服务需要建立并完善两大机制保障，分别是网络安全保障机制与统一的标准规范保障机制，以保障平台安全稳定运行。

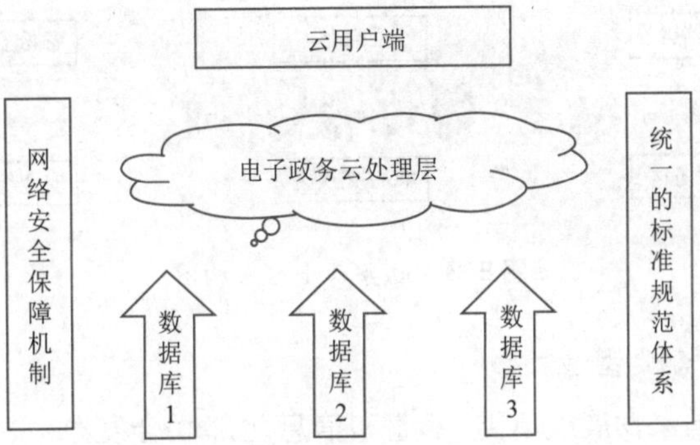

图 8-2　电子政务云服务模式

政务云是基于统一的虚拟数据中心进行建设应用的，数据中心能够通过云计算技术为政府多个部门、多种业务提供高弹性、低成本、资源利用率高的资源共享与按需服务，同时基于云管平台实现整个云资源池的统一运营与运维，从而实现基于电子政务公共云平台的跨区域、跨层级、跨部门的信息共享与业务协同，有效提升电子政务服务能级，增强安全防护能力。同时，为保障电子政务云稳定运行，还需要各级政府建立与政务云建设应用相适应的电子政务管理体制和工作机制，从体制机制建设与管理规范的角度，构建统一高效、弹性扩展、安全可靠、按需服务的政务云应用生态环境，以满足各部门业务不断发展和随时变化的需要。

电子政务云平台（见图 8-3）各个委办局的业务系统部署一般分为业务服务器和数据库服务器，根据业务系统对性能、标准的不同要求，业务服务器一般采用虚拟化部署的方式，数据库服务器采用物理机部署的方式。平台应用层面，通过采用应用集群和虚拟机迁移等技术为用户提供跨节点高可用的访问调度。政务云承载了大量政务业务系统，其对平台安全性具有更高、更严格的要求，为保障系统的高安全性和高可靠性，可以通过建立双活数据中心进行异地容灾建设，以确保在单个政务云节点出现故障的情况下，业务可以顺利切换至容灾节点保障系统稳定运行和数据安全。同时，在应用层面，通过采用监听及应用程序故障转移技术，能够使数据库集群在服务器或单个节点出现故障时，确保客户端在新的连接中继续工作，防止业务中断。

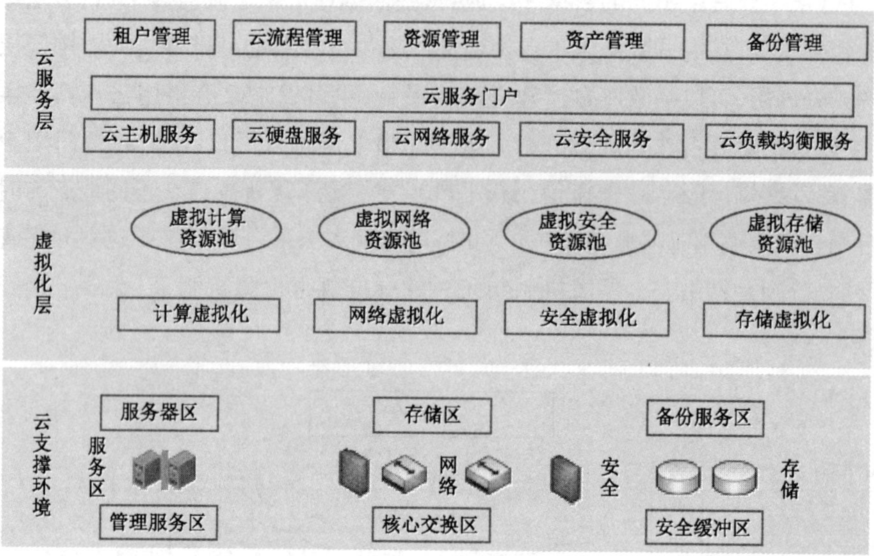

图8-3　政务云平台架构图

（四）政务云平台典型应用

早在2010年，国家发展改革委、工业和信息化部联合发布《关于做好云计算服务创新发展试点示范工作的通知》（发改高技〔2010〕2480号），确定了北京、上海、深圳、杭州、无锡等五个城市先行开展云计算创新发展试点示范工作。

北京市"祥云工程"行动计划（2010—2015）提出：推动电子政务全面向云时代转型，统一规划和抓紧建设电子政务云，2016年1月北京市经济和信息化委员会印发了《北京市市级政务云管理办法（试行）》，要求按照"上云为常态、不上云为例外"的原则，各部门[除公安、安全等部门以及涉密和信息安全等级保护市级（含）以上信息系统]现有信息系统逐步迁移上云，停止服务器、存储等软硬件采购。根据规划，北京市将通过采用PPP模式新建一套云计算平台和云网络，满足10个机柜的部署容量，并根据委办局应用系统迁云数量的增加平滑扩展基础资源。目前，北京市电子政务云已开始承接本市政务服务中心等政府部门的业务系统，未来，北京市所有委办局的IT业务系统和数据信息将全部统一迁至"云端"。通过电子政务云平台建设，各部门能够共用相同的基础架构，实现政务系统之间的软硬件共享，提高电子政务信息共享效率，扩大信息共享范围，促进各部门内部与部门之间业务系统的整合，为政府部门业务协同创造条件。

上海始终把"责任政府、服务政府、法治政府、廉洁政府"作为推进政府职能转变，创新政务服务模式的总体要求。2016年10月，市政府办公厅印发《上海市电子政务云建设工作方案》，指导市区两级电子政务云建设。全市政务云体系（见图 8-4）以“集中 + 分布”为建设原则，通过 16 个区政府自主建设区级云，与市级云在逻辑上实现一体化。根据市级云目标和要求，“十三五”期末全市将完成所有区级政务云建设，与市级云在设施资源层面分离、在中间平台层共享、在应用服务层联动，最终形成“1 + 16”市、区两级政务云体系，上海市级电子政务云架构图如图 8-5 所示。

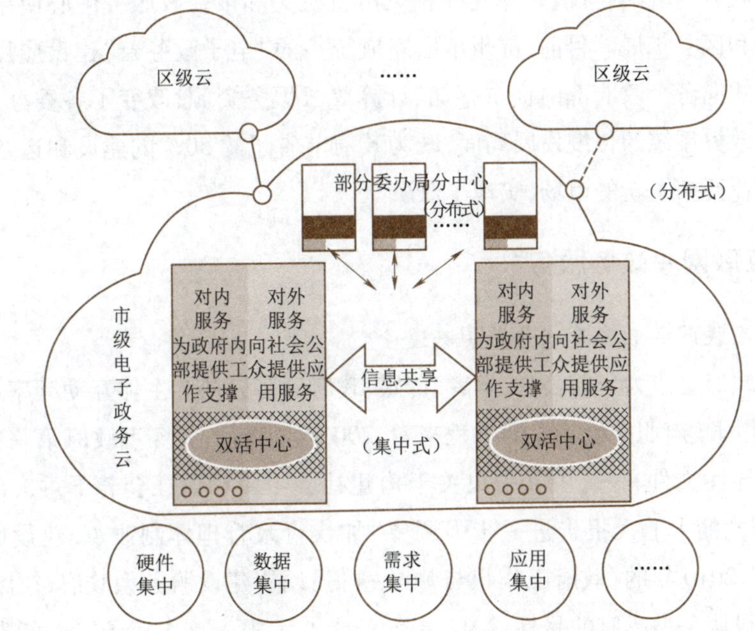

图 8-4　上海市电子政务云体系图

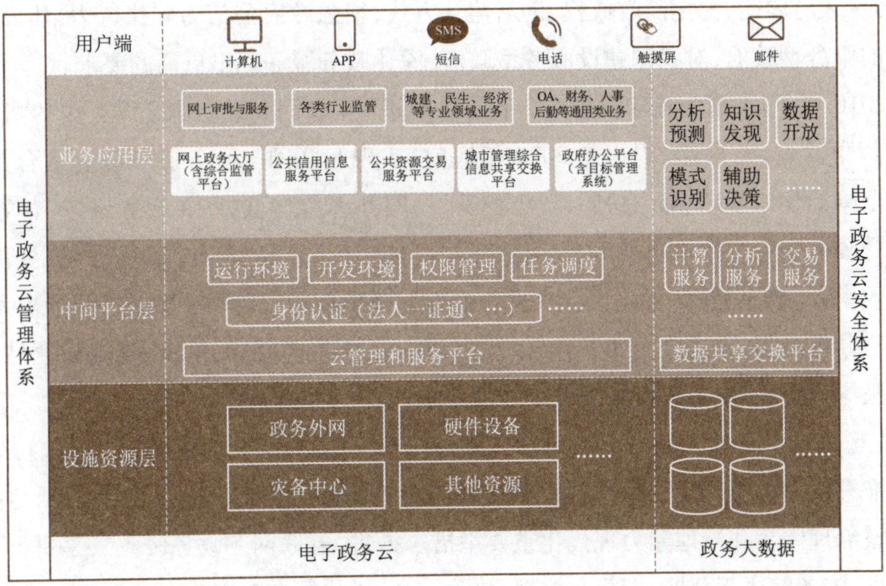

图 8-5　上海市级电子政务云架构图

此外，深圳、杭州等城市在电子政务云建设方面同样取得不错成绩，全面推进政务信息资源集约化建设，深化跨部门政务协同。例如，2016 年深圳市人民政府印发了《深圳市推进云计算发展行动计划（2016—2017 年）》，指出加快电子政务云平台应用示范，为政府各部门提供统一的信息基础服务，强化数据资源集中管理和分析应用，同时指出到 2017 年底完成向市各有关单位提供电子政务云平台服务的目标。2013 年，杭州市启动政务云一期建设，并率先在相关市直机关和市行政服务中心使用，逐步向更多的应用和区县扩展。目前，杭州市已完成统一的"电子政务云"建设应用，并以按需分配的方式向各个政府部门提供存储、计算等云服务资源，改变了各委办局各自独立建设电子政务系统的传统发展局面，既为政府节省了约 50% 的建设和运营成本，也为云计算企业开拓了新的市场，实现了双赢。

二、"互联网 + 政务服务"

（一）"互联网 + 政务服务"背景概述

服务型政府已成为目前公众、学者、传媒、政府等多元社会主体互动频率最高的符号之一，从我国政府职能创新发展进程来看，2006 年 10 月，服务型政府第一次被写入执政党的指导性文件——《中共中央关于构建社会主义和谐社会若干重大问题的决定》，2007 年党的十七大报告进一步强调要"加快行政管理体制改革，建设服务型政府"，2008 年、2010 年的《政府工作报告》也一再强调要建设服务型政府，"十二五"规划提出了建设服务型政府的目标，2012 年党的十八大报告首次赋予"服务型政府"以明确的内涵，2017 年党的十九大报告要求要善于运用互联网技术和信息化手段开展工作，转变政府职能，深化简政放权、创新监管方式，增强政府公信力和执行力，建设人民满意的服务型政府，对我国建设服务型政府，深化政务服务提出更高的要求。

2016 年 9 月，国务院印发了《关于加快推进"互联网 + 政务服务"工作的指导意见》（以下简称《意见》），提出到 2020 年底前，实现互联网与政务服务深度融合，建成覆盖全国的整体联动、部门协同、省级统筹、一网办理的"互联网 + 政务服务"体系，大幅提升政务服务智慧化水平，让政府服务更聪明，让企业和群众办事更方便、更快捷、更有效率。《意见》从解决人民群众反映强烈的办事难、办事慢、办事繁等问题出发，简化优化办事流程，推进线上线下融合，及时回应社会关切，提供渠道多样、简便易用的政务服务，充分体现了建设服务型政府的要求。

"互联网 + 政务服务"作为一项跨越行业、部门、层级、区域的复杂型系统工程，是大力推进放、管、服行政管理体制改革的核心内容，是系统性很强的惠民工程，也是推进国家治理体系和治理能力现代化重要举措。推进"互联网 + 政务服务"，是贯彻落实党中央、国务院决策部署，把简政放权、放管结合、优化服务改革推向纵深的关键环节，对加快转变政府职能、提高政府服务效率和透明度、便利群众办事创业、进一步激发市场活力和社会创造力具有重要意义。近年来,“互联网+政务服务”不断向纵深推进,从平台建设到事务办理,从信息咨询到互动回复,从开门办网到互连互通,各地政务服务平台服务质量和办事实效日趋完善。2017年8月,国务院办公厅政府信息与政务公开办公室对全国201个互联网政务服务平台(其中省级平台30个、地市级平台42个、区县级平台129个)的随机抽查结果显示:平台功能方面,北京、天津、上海、浙江、山东、广东、海南等地区平台搜索、注册、咨询等功能有效可用的比例在80%以上;服务事项方面,江苏、浙江、山东、广东、贵州、宁夏等地区平台80%以上的服务事项规范性、实用性、准确性较好,进一步反映了我国互联网政务服务质量与实效方面取得的较好成绩。

(二)“互联网+政府服务”应用思路

新形势下,随着智慧政务的持续建设,以及政府资源整合、流程优化和业务协同等工作的深入开展,深化“互联网+政务服务”应用需要着力推动“四个创新”建设。第一,要把握技术发展趋势,在线上服务上求创新。围绕政府职能转变与模式创新需求,把握好“互联网+政务”的云化和移动化趋势,整合政务服务网和网上业务应用系统,打通“互联网+政务”线上线下一体化服务,增加线上服务事项与通办事项,真正使企业和群众少跑腿、好办事。第二,深化技术融合应用,推动政务协同服务创新。大集成、高共享、大协同是我国政务应用系统发展的大趋势,在深化“互联网+政务服务”应用过程中,应主动对接政府、企业、群众业务应用需求,强化硬件设施、基础平台、应用系统的集约、协同供给,在协同服务上加强创新,着力实现各系统互连互通、协同办公,探索并联审批。第三,深化数据资源挖掘利用,在主动服务上谋求创新。智慧政务应用的不断深化带来海量数据资源的沉淀汇聚,如何利用这些数据资源更精准、更高效地服务于政务决策、服务于企业与群众生产生活,是大数据时代深化政务服务创新的重要任务。第四,强化政务信息安全,在权益保障方面深化创新。目前,网络空间的信息保护、技术保障、制度安排都面临新的挑战,推进政务服务,需要建立积极防御、综合防范、动态调整的政务安全保护体系,在深化政务大数据应用、推进主动服务的同时,应加大对个人、企业敏感信息的保护力度。

《关于加快推进“互联网+政务服务”工作的指导意见》指出,开展政务服务大数据分析,把握和预判公众办事需求,提供智能化、个性化服务,变被动服务为主动服务。主要体现在三个方面:一方面,既要整合更多政务服务数据资源,不仅包括行政审批服务、公共资源交易、公共服务等领域的数据,同时需要接入更多政务数据资源,整合互联网平台上社会群体与政府治理相关的经济发展、社会管理、文化建设、城市服务等公共活动在内的各种需求数据信息;另一方面,要深入挖掘大量政务数据的潜在价值,针对整合后的政务大数据进行分析判断、科学决策,以大数据分析为核心,重构智慧感知、智慧评价、智慧决策、智慧管理、智慧服务和智慧传播的政府管理新流程,为政府管理与公共服务提供智能化、个性化服务；同时，要面向社会开放政务大数据服务，分析政务数据的公共价值，通过对海量数据的深度挖掘与多维剖析，准确地掌握政府服务和管理的动态变化，挖掘公众潜在、内在需求，变被动服务为主动服务，全面提升政府治理能力。

从我国互联网政务服务平台建设与应用效果来看，大多数平台仍处在功能完善阶段，信息系统的应用仍聚焦于满足各部门日常管理的业务需求，业务开展与社会需求存在一定的错位，甚至有不少地方和部门尚未开展互联网政务服务工作。也就是说，目前我国互联网政务服务依然存在网上服务事项不全、信息共享程度低、可办理率不高、企业和群众办事不便等问题，在开展各项智慧政务公共服务项目过程中，尚未建立面向市民、企业等社会主体的主动服务机制。后续应加强政府部门基于大数据技术面向市民、企业等社会主体提供主动公共服务的应用，全面推进服务型政府建设。

（三）“互联网＋政务服务”平台总体架构

根据国务院办公厅印发的《“互联网＋政务服务”技术体系建设指南》，我国“互联网＋政务服务”平台体系（见图8-6）由国家级平台、省级平台、地市级平台三个层级组成，各层级之间通过政务服务数据共享平台进行资源目录注册、信息共享、业务协同、监督考核、统计分析等，实现政务服务事项就近能办、同城通办、异地可办。

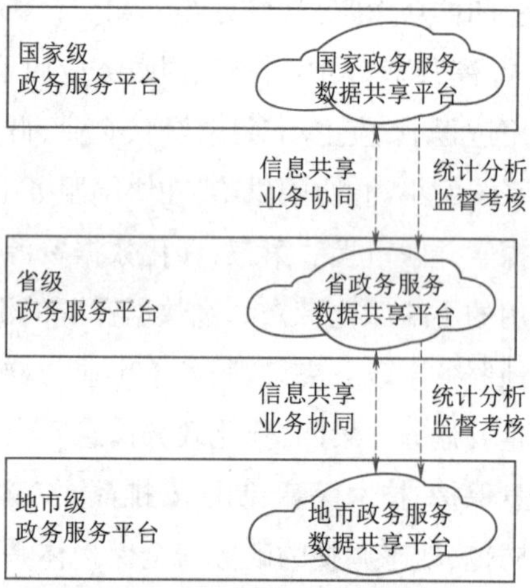

图8-6 “互联网＋政务服务”总体层级体系图

国家级平台。国家级平台包括国家政务服务平台和国务院部门政务服务平台。国家政务服务平台依托国家电子政务外网建设，主要实现各地区各部门政务服务汇聚、跨地区跨部门数据交换、跨地区统一认证、共性基础服务支撑。平台汇集各地区、各部门政务服务资源，形成统一事项目录库、证照目录库，实现人口、法人、地理空间信息、社会信用等基础信息资源库和业务信息库共享利用，发挥政务服务访问的“公共入口”、地方部门数据交换的“公共通道”以及身份认证、证照互认、安全保障等“公用支撑”作用。同时，利用国家数据共享交换平台，能够有效整合国家在线审批监管平台、国家公共资源交易平台、全国信用信息共享平台、国家企业信用信息公示系统等平台。

省级平台。省级平台是利用现有电子政务网络资源建设（原则上依托国家电子政务外网），提供省级部门政务服务事项受理、办理和反馈的平台。基于省（区、市）政务服务数据共享平台，依托统一信息资源目录，通过与国家级平台和地市级平台的数据交换，实现自然人、法人基础信息共享、用户认证信息交互、证照信息共享、办件信息交换、统计分析和监督考核。

地市级平台。地市级平台即利用各地区统一电子政务网络建设(原则上依托国家电子政务外网),提供地市级、县级、乡级政务服务事项受理、办理和反馈,有条件的地区可将代办点延伸至街镇、村级。依托地市(州)政务服务数据共享平台,实现与国家级平台、省级平台的数据交换,提供地市级范围内基础数据共享共用,实现地市级平台与本级部门纵向系统的衔接与整合。

根据国务院办公厅"互联网＋政务服务"技术体系要求,"互联网＋政务服务"平台(见图 8-7)主要由互联网政务服务门户、政务服务管理平台、业务办理系统和政务服务数据共享平台四部分构成,平台各组成部分之间需实现数据的互连互通。

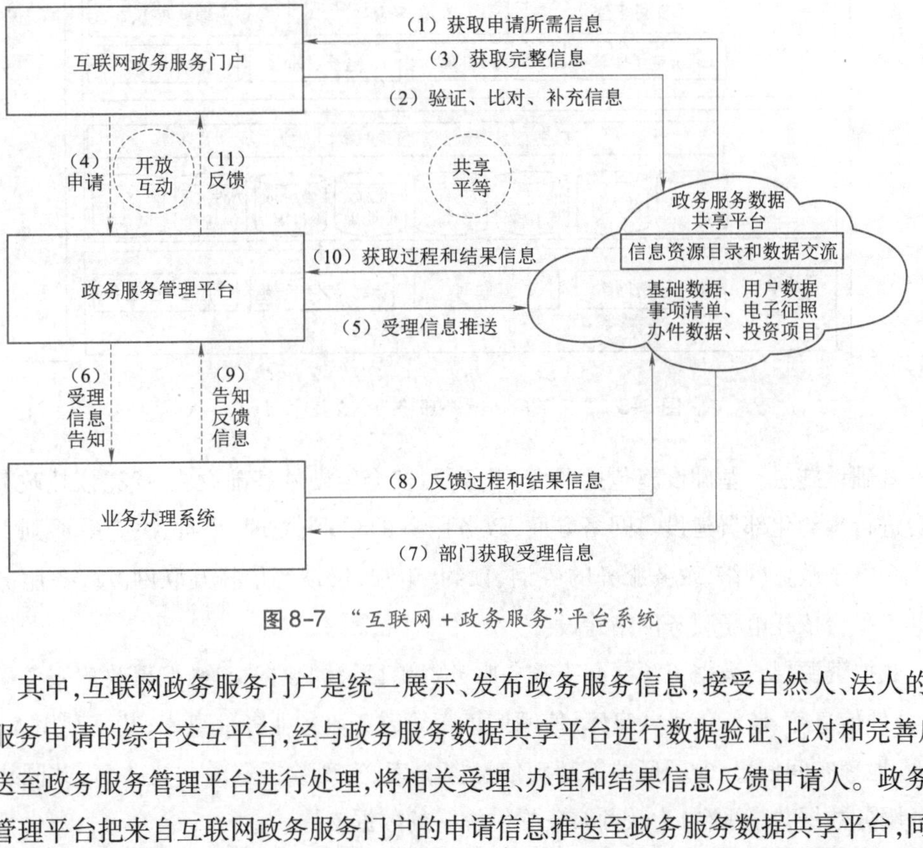

图 8-7　"互联网＋政务服务"平台系统

其中,互联网政务服务门户是统一展示、发布政务服务信息,接受自然人、法人的政务服务申请的综合交互平台,经与政务服务数据共享平台进行数据验证、比对和完善后,发送至政务服务管理平台进行处理,将相关受理、办理和结果信息反馈申请人。政务服务管理平台把来自互联网政务服务门户的申请信息推送至政务服务数据共享平台,同步告知业务办理系统;政务服务管理平台从政务服务数据共享平台获取并向互联网政务服务门户推送过程和结果信息,考核部门办理情况。业务办理系统在政务服务数据共享平台取得申请信息和相关信息后进行业务办理,将办理过程和结果信息推送至政务服务数据共享平台,同步告知政务服务管理平台。政务服务数据共享平台汇聚政务服务事项、电子证照等数据,以及来自互联网政务服务门户的信息、政务服务管理平台受理信息、业务办理系统办理过程和结果,实现与人口、法人等基础信息资源库的共享利用。

"互联网＋政务服务"平台技术架构(见图 8-8)由基础设施层、数据资源层、应用支撑层、业务应用层、用户及服务层五个层次组成。

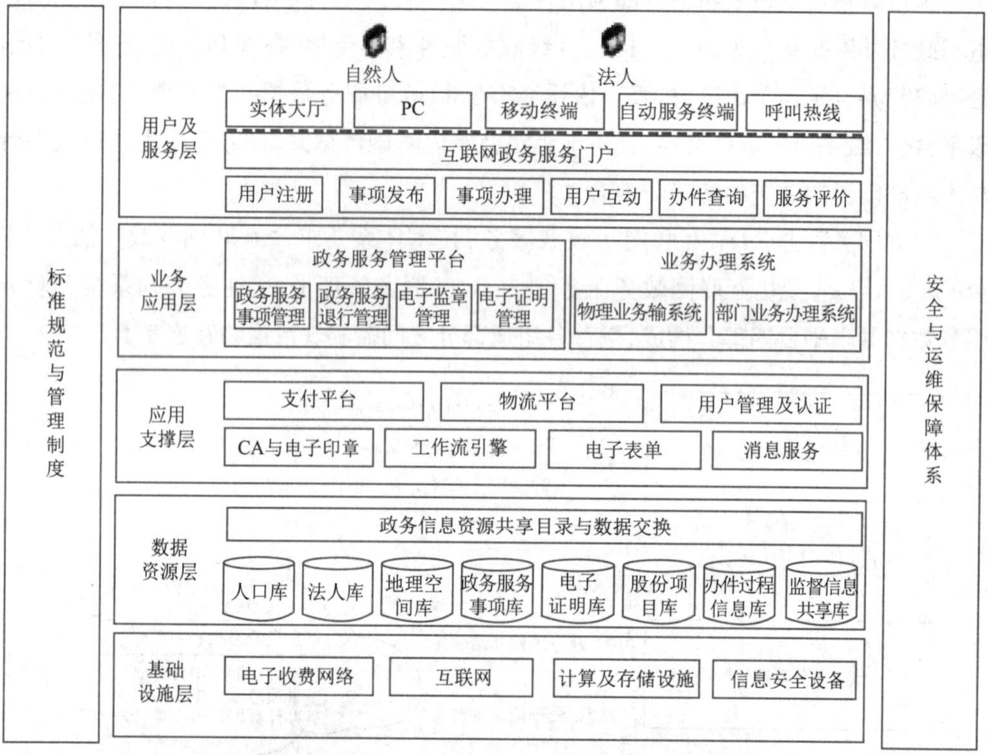

图8-8 “互联网+政务服务”平台技术架构

基础设施层。基础设施包括网络、服务器、安全等硬件基础设施,优先依托政务云平台进行集约化部署建设。网络方面,政务服务的预审、受理、审批、决定等原则上依托统一电子政务网络,政务服务的咨询、预约、申报、反馈等依托互联网。政务服务数据共享平台依托电子政务网络建设。

数据资源层。数据资源层基于政务服务资源目录和数据交换,汇聚政务服务事项库、办件信息库、监管信息共享库、信用信息库等政务服务业务信息库,共享利用人口、法人、地理空间信息、电子证照等基础信息资源库,实现数据资源共建共享,共同构成政务服务数据共享平台,为政务服务提供统一的数据支撑。

应用支撑层。应用支撑包括CA和电子印章、工作流引擎、电子表单、消息服务等各种通用组件服务,也包括用户管理及认证、支付平台和物流平台等中间支撑系统。

业务应用层。业务应用包括政务服务管理平台和各级部门审批业务办理系统,实现政务服务事项管理、运行管理、电子监察、电子证照管理等功能。

用户及服务层。互联网政务服务门户包括用户注册、事项发布、事项申请、办理互动、办件查询、服务评价等,自然人和法人可通过PC、移动终端、实体大厅、自助服务终端、呼叫热线等多种渠道访问。

（四）公共服务平台典型应用

“互联网＋政务服务”不仅是技术层面的应用与改进，而且是政府治理理念、服务机制等的革新，对于政府加强和改善治理、更好提供公共服务具有重要意义。“互联网＋政务服务”是利用互联网思维、技术和资源实现政务服务融合创新的过程，在推进中应树立互联网的创新、开放和服务思维，落实公共服务理念，加快服务型政府建设。智慧政务服务水平不仅取决于其系统本身的质量，还取决于社会公众从中获取政务服务资源的多少，政务服务影响居民、企业、政府工作人员、信息技术开发商等许多利益相关者，不同利益相关者有不同的兴趣和目标，会从不同角度影响我国智慧政务的发展质量与方向，各地政府应树立以用户为中心的互联网思维，将自己定位为公共产品与服务的提供者，通过加强与公众的互动，为公众提供更为精准和个性化的产品和服务[47]。

围绕产业转型、企业服务以及市民生活等社会主体需求，通过整合跨区域、跨部门、跨层级政务服务资源，构建新一代面向民生的智能化一体化信息服务平台——公共云服务平台，拓展公共服务渠道，丰富公共服务内容，是目前各地方深化“互联网＋政务服务”，构建服务型政府采取的主要措施。公共服务云定位为由政府主导，整合公共资源，为公民和企业的直接需求提供云服务的创新型服务平台，根据公共服务的行业又可对公共服务云进行细分，如市民云、企业云、健康云等，市民云功能一览图如图 8-9 所示。

以上海市为例，为提升市民对智慧城市建设感受度，2017 年初上海市政府启动建设“面向市民的一站式‘互联网＋’公共服务平台”（市民云平台）政府实事项目，由上海市经济和信息化委员会联合 8 家重点委办（市公安局、市住房和城乡建设管理委员会、市人力资源和社会保障局、市交通委、市卫生和计划生育委员会、市民政局、市旅游局、申康医院发展中心），通过“云＋端”汇聚各类政府服务和社会服务，初步形成汇聚全市智慧城市建设成果的“总入口”，为近 760 万市民提供覆盖个人信息、医疗卫生、交通出行、社会保障、社区生活、旅游休闲等六大领域 100 余项一站式政府公共服务。

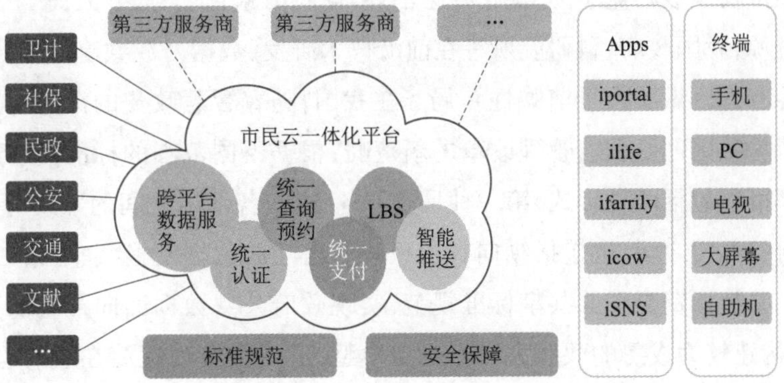

图 8-9　市民云功能一览图

在创新企业服务方面，2018 年 1 月 1 日，上海市企业服务云（见图 8-10）上线运行，平台具备一站式政策服务、一门式专业服务、一网式政府服务、发展环境评估等功能，为本市企业提供全所有制、全规模、全生命周期的兜底式服务。平台“今日申报”栏目实时归集 38 个委办局的申报类惠企政策和申报系统，企业通过此栏目可获取所有当期本市惠企政策，“服务资源库”模块整合了创业服务、投融资服务等 10 大类优质服务机构，为企业提供一门式专业上云服务，“诉求反映”窗口兜底受理解决企业诉求，目前市企业服务云已连通市经济和信息化委员会、市商务委等委办局，实现了企业诉求的网上流转处理。同时，平台“在线评估”窗口通过对企业营商环境、服务效能、政策效果等评估，进一步完善企业公共服务。

图 8-10　上海市企业服务云

三、政务数据资源开放共享利用

大数据是信息化发展的新阶段，物联网、云计算、人工智能等新一代信息技术与经济社会、城市运行的创新融合发展，带动各个领域数据的迅猛增长，数据已经成为世界各国增强经济发展核心竞争力、优化社会治理、创新国家管理、提升人民生活水平的基础性战略资源，我国政府、科研院所等在前沿技术研发、数据开放共享、隐私安全保护、人才培养等方面已做了大量前瞻性布局。在我国，随着智慧政务的深化应用，政务大数据已然成为我国创新政府管理改革的新范畴，根据不同范围的标准，政务大数据的开放与共享可以包括两种形式，第一种是政府各条线、各部门之间的开放与共享，既包括横向政府各部门之间，也包括纵向各层级政府之间的数据交换共享，第二种是通过制定政府公共数据资源开放共享标准规范，实现政府公共数据面向社会的开放共享。同时，通过构建较为成熟的政府大数据挖掘模型，进一步实现沉淀在政府层面的各类数据资源的价值挖掘，已成为稳增长、促改革、调结构、惠民生和推动政府治理能力现代化的内在需要和必然选择。

（一）政府数据资源交换共享应用

2015年8月，国务院印发的《促进大数据发展行动纲要》，要求大力推进政府部门数据共享，依托政府数据统一共享交换平台，大力推进国家人口基础信息库、法人单位信息资源库、自然资源和空间地理基础信息库等国家基础数据资源，以及金税、金关、金财、金审、金盾、金宏、金保、金土、金农、金水、金质等信息系统跨部门、跨区域共享。2016年12月发布的《"十三五"国家信息化规划》，也提出要完善政务基础信息资源共建共享应用机制，依托政府数据统一共享交换平台，加快推进跨部门、跨层级数据资源共享共用。发展至今，我国电子政务现有的部分信息系统依然还存在"信息孤岛"和"数据烟囱"的部分现象，各业务系统的数据尚未完全实现便捷的开放和共享，但是，随着各级政府管理者大数据思维意识的提升与数据交换共享机制的不断完善，我国在深化政务数据资源跨部门集成整合、深化大数据分析应用等方面的整体效果持续改善，从而为更好地落实"简政放权、放管结合、优化服务"改革创造资源支持。

政务大数据应用主要聚焦于以下三个领域：第一，服务于领导决策。传统的政府决策大多是采用定性分析与开放讨论的方式进行，此类方式缺乏一定的客观性与严谨性，政务大数据决策应用即通过健全大数据辅助科学决策机制，基于全方位、多元化、相关联的海量政务数据资源进行挖掘分析，协调平衡政府、企业、公众等利益相关者权益，能够有效推进政府管理和社会治理模式创新，实现政府决策科学化、社会治理精细化公共服务高效化。第二，服务于经济创新。推进经济模式创新与创新创业是我国经济新常态下发展的必然趋势，政府掌握着80%的社会信息资源，通过在数据资源共享利用方面深化政企合作，推进政务大数据与企业积累的社会数据进行平台对接，挖掘政务数据资源在经济创新发展方面潜在的利用价值，对培育我国经济发展新动能、增强经济发展新活力具有巨大的作用。第三，服务于公共服务。政务大数据在保障和改善民生方面大有可为，同时也是深化"互联网＋政务服务"，建设服务型政府的基本诉求，通过抓住民生领域突出矛盾和问题，深化"互联网＋教育""互联网＋健康""互联网＋文化"等建设，推进教育、就业、社保、医药卫生、住房、交通等领域政务大数据的普及应用，真正实现让百姓少跑腿，数据多跑路，对提升公共服务均等化、普惠化、便捷化水平具有重要意义。

国家层面，截至2017年底，已初步实现了国务院部门40个垂直系统向各级政务部门开放共享数据，打通数据查询互认通道，逐步满足了政务服务部门对自然人和企业身份核验、纳税证明、不动产登记、学位学历证明等约500项数据查询等需求，极大促进跨部门业务协同办理能力，提高了政务服务效能。地方层面，以北京、上海、广州、浙江等为代表的城市在推进政务信息系统整合，深化跨部门数据资源互连互通与交换共享方面取得明显成绩，例如，2016年3月，上海市政府办公厅印发的《上海市政务数据资源共享管理办法》，明确了政务数据资源要以共享为原则、不共享为例外，按照"全面共享、依法使用、安全可控”的要求，基于资源管理平台推进部门间政务数据资源共享，从而规范了政府部门之间数据资源共享相关事宜与流程。截至 2017 年底，全市 45 家市级政府部门已累计编制 1.9 万条数据资源目录与 29 万个数据项，基本建立了上海市政务数据资源目录体系，未来上海将进一步围绕数据资源目录体系建设、信息系统整合共享等角度深化政务数据共享交换与应用建设。

（二）政府公共数据向社会开放

公共数据是政府公共服务的重要内容，在信息和知识经济时代，在保障国家秘密、商业秘密和个人隐私的前提下，大力推动公共数据互联开放共享，释放数据能量，创造社会价值已成为一项我国深化政务服务建设的基础设施。《促进大数据发展行动纲要》提出要形成公共数据资源合理适度开放共享的法规制度和政策体系，并计划于 2018 年底前建成国家政府数据统一开放平台，率先在信用、交通、医疗等重要领域实现公共数据资源合理适度向社会开放。政务公共数据是城市建设与发展宝贵的战略信息资源，推进这些数据资源面向社会开放是新型智慧城市发展的核心问题，可以说，政府公共数据的开放利用对我国整个社会经济的推动作用无法估量。

随着大数据时代的到来，政府和社会越来越意识到数据开放的重要性，一些地方政府开始尝试并取得明显成效，数据资源开发利用进入新阶段。作为全国信息化综合发展水平位居前列的城市，上海市政府率先探索推进公共数据资源的共享和开放，政府数据服务网的开放内容已基本覆盖各市级政府部门主要业务，涵盖了资源环境、道路交通、信用服务等 12 个重点领域、11 个应用场景，累计开放数据资源超过 1 500 项，在复旦大学与提升政府治理能力大数据应用技术国家工程实验室联合发布的《中国地方政府数据开放平台报告》中，上海市政府数据资源开放平台获评全国第一。同时，2015 年、2016 年、2017 年，上海分别聚焦“城市交通”“城市安全”“城市管理”三大主题连续成功举办了三届开放数据创新应用大赛（SODA），以政府公共数据开放为切入口，激发社会各方对政府公共数据资源开展深度开发和增值利用，后续通过引入投资机构对优秀项目提供投资对接和孵化落地支持，实现了开放数据、创新应用、落地孵化三位一体目标。

2017 年 12 月，重庆市以“数聚重庆 · 智创未来”为主题，通过开放重庆交通领域大数据和相关商业大数据，启动首届开放数据创新应用大赛，并对最终获奖团队组织投资机构开展项目落地培训，充分体现了开放数据对于促进商业创新和经济转型发展的实质作用。青岛市作为全国较早开展政府数据开放工作的城市之一，在深化公共数据开放利用方面也取得良好成绩，2015 年发布首批“政府数据开放清单”并上线政府数据开放网站，目前通过该网站已开放了 52 个部门 1 000 余项数据资源，并于 2016 年启动了政府开放数据应用创意大赛，联合相关企业开发发布“违章多发提示”等多款 APP 应用，进一步推进了全市政务数据资源的社会化开发利用、促进信息惠民和大众创新。

第九章 城市综合管理大联动案例

随着我国城市化进程的高速发展，人、财、物、信息等经济社会要素的迅猛聚集，给城市管理带来了前所未有的挑战，政府部门虽然在巡查、整治、打击等方面逐年提升投入力度，但由于问题多样、环境复杂、人力财力不足等原因，原有城市管理体制机制很难应对现状。针对城市管理呈现的新问题和体制机制的缺陷，政府管理部门依托信息技术构建城市综合管理新机制、新模式和新手段，通过城市综合管理大联动信息系统建设，实现城市状态感知、运行研判、系统联动、协调指挥，极大地提升了城市管理和社会治理能级。

第一节 城市综合管理大联动概述

城市综合管理“大联动”机制是不改变原有的行政管理组织体制和行政管理职责，而是以资源共享、集约高效和统一指挥为条件，依托信息化系统优化和完善城市综合管理运行机制，推进工作联动。“大联动”信息系统是利用网络、通信和计算机信息技术整合各职能部门信息资源，建立信息共享、工作互动机制，在相关行政执法部门之间，通过集中派驻式和战时联动式等模式，建立常态化的行政执法联动机制。“大联动”信息系统是地区管理部门提高执政能力，促和谐保增长，推进城市管理体制机制创新的重要举措；是保平安，夯实民生基础的重要保障；是实现“综合治理保稳定，化解矛盾促和谐，应急联动减灾难，整合资源提效率”的重要支撑；是以人为本，城市管理现代化的必经之路。

一、城市日常管理和应急管理形势较为严峻

随着我国城市化进程的高速发展，人、财、物、信息等经济社会要素的迅猛聚集，利益主体多元化、利益诉求多样化、社会心态复杂化的现象日益凸现，公共配套资源和管理资源等方面的矛盾，给城市管理带来了前所未有的挑战。在城市管理方面，乱设摊、乱张挂、乱占道、跨店经营等“三乱一跨”顽疾久治不愈，群众反映城市管理突出问题的

信访增加,因整治违章、综合执法等产生的群体性事件、不安定因素频发,对地区维稳工作增加压力;地区街容街貌、村容村貌、道路、河流等脏乱差现象始终突出,影响了城市形象;"城中村"等地区消防通道阻塞、设施不到位,住户违章用电、用气导致火灾等易发生群死群伤的安全隐患长期存在;小发廊、小饭店、小网吧、小浴室、小棋牌室、小游戏机房等无证"六小"场所蔓延;地下工厂、非法行医等活动屡禁不止,"黄赌毒"等社会丑恶现象、治安热点难点问题在局部地区突出。在城市应急管理方面,打击和防范恐怖活动已成为一项刻不容缓的紧迫任务,大地震、雨雪灾害、流感、非典等公共安全事件不时发生需要有一套应急保障机制、措施来加强应对;地区重大基建项目和动迁配套的项目建设导致区域稳定和安全形势严峻。

面对当前这些突出的问题,政府部门虽然在打击力度、整治力度等方面逐年提升,但由于地域特点、人口导入等原因,原有城市管理体制机制很难应对现状。突出表现在于:一是条线垂直管理和街镇属地管理时常难以有效协调联动,缺少统一的领导协调机构;突击整治较多,缺乏长效机制,客观上造成城市综合管理的低效;二是条线执法管理力量分散,各部门各管一条,力量分散,信息屏蔽,缺乏长效、整体的合力,各部门都深感管理力量紧缺,要求增加管理人员,致使政府行政执法和社会控制成本不断增加,而管理绩效却无明显提升;三是从总体来看,各种社会管理力量总数并不少,但由于各支队伍缺乏充分整合,至今尚未建立资源最优化组合和最大化利用的格局。

二、信息技术破解城市日常管理和应急管理困境

(一)城市综合管理大联动机制

针对城市管理突出的问题和体制机制的缺陷,政府管理部门依托信息技术探索城市管理和社会治理新体制、新机制、新模式、新手段,建立城市综合管理的机制,并通过城市综合管理大联动信息系统建设去应对未来的挑战。

城市综合管理"大联动"管理机制是以"整合资源抓源头、综合治理保稳定、化解隐患促和谐"为目标,以"管理力量大整合、社会服务大集中、信息采集大平台、矛盾隐患大排查、社会治安大联防、行政执法大联动"为工作思路,通过设立"城市综合管理中心"的区、街镇和小区三级网络,实现条块结合,以块为主;条线派人,街镇牵头,充分整合各类管理资源。"大联动"机制突出的特征是不改变原有的行政管理组织体制,也不改变各部门的行政管理职责,而是以资源共享、集约高效和统一指挥为条件,依托信息化系统建设,旨在优化和完善城市综合管理运行机制,推进工作联动,实现城市综合管理三大效能:即一是社会协管力量的整合与统管;二是各类政府管理信息的集中采集与共享;三是政府职能部门之间行政执法的协调与联动。

在城市综合管理"大联动"的业务模式下,必须整合与利用地区现有信息资源,利用现代通信技术、计算机技术,实现城市管理协调规范、应急处置有序高效、数据服务

全面完整。其中,在城市综合管理方面,能够支撑基层各类管理力量(联防辅警、网格化信息员、清洁保洁等)的管理,在不改变原有的行政管理组织体制,不改变各部门的行政管理职责的条件下,充分发挥"块(街镇)"综合管理优势和"条(各相关委办局)"专业管理优势,实现"条线派人,街镇牵头,力量整合"的属地化管理模式,整合各职能部门的城市管理资源,构建符合城市综合管理需要的区/街镇/小区三级联动的信息系统应用体系。在城市应急管理方面,能够支撑对突发公共事件的预警管理、预案管理、处置指挥、事件善后总结和后评估等重要环节,实现对各应急联动部门的调度指挥和精细化业务绩效考核。在应对突发事件时,能够快速的报警、高效的处警和指挥、畅通的通讯联络、及时的信息汇聚、可视化的预案库智能管理和辅助决策等,保障指挥长在事件爆发后最短的时间内做出正确而全面的反应。做到快速——即信息汇集要快、决策过程要快、指挥通信要快;全面——即所有在应急处置过程中,可能需要的信息都要有采集手段和连接方式;可靠——即信息系统要可靠、信息传送路径要可靠。实现在区内实施指挥、调度和评估,调配各相关职能部门和街镇的资源,及时汇聚信息,实时掌控事件动态。

(二)信息化手段城市综合管理大联动信息系统

"大联动"信息系统对上可承担上级应急联动中心的任务,接收上级调度、指挥和共享全局相关资源;对下可对各基层"大联动"分中心信息系统提供相关资源和支持,统筹地区条线管理资源,提升属地化调配资源和自主处置的能力。

根据城市综合管理和应急响应的应用功能需求,城市综合管理大联动信息系统需要具备六大部分的功能。一是满足城市日常管理的工作需要,集中受理与城市日常管理密切相关的各类业务,完成业务受理、指令下达等功能,通过接入、改造等方式为管理单位提供专用的工作平台,通过系统事件信息流转将日常管理事件转发到相应的职能部门进行处置,提升政府对城市日常管理的驾驭能力及管理水平。二是满足应急响应统一指挥、事件分级负责处理的业务需要,具备有线、无线等各类语音通信调度手段,对指挥调度进行全程录音,并可接收行政区域内各类城市综合管理相关的信息,通过语音、短信、微信、移动 APP 通知等多种方式向一线执勤人员提供信息查询服务。三是提供物资、人员、装备、专家等静态资源管理及查询,以及来自各业务系统的动态业务数据的集中和交换,实现跨业务系统数据交换的规范和标准。四是具备应对突发公共事件,包括:自然灾害、事故灾难、公共卫生事件、社会安全事件、国家安全事件的应急预案平台,覆盖从预测预警、先期处置、应急响应、应急结束到信息发布的所有环节;根据来自各方的信息以及长期积累的事件信息进行分析研判和应急评估,提高预测预警能力及完善预案;基于人口等信息进行分析与挖掘。五是基于 GIS 平台综合集成案事件定位、视频、调度、监测信息、GPS 定位等信息,便于掌握全局态势,快速指挥和调度。六是利用 GPS 卫星定位技术可对执勤的车辆、人员进行定位、跟踪和指挥调度,并可通过手持终端进行信息采集。

“大联动”信息系统主要包括涵盖与城市管理密切相关的业务部门的指挥中心（或者值班室）以及下设的镇/街道/园区的“大联动”分中心的应急联动指挥和城市日常管理应用系统、无线巡防系统、有线通信系统、无线通信系统、公交指挥调度管理、危险化学品运输车辆监管、图像显示与视频监控系统、GIS 应用平台、容灾备份存储系统等建设内容，并整合或接入部分联动单位的信息资源和系统。其中，业务流转管理应用系统是利用各主要单位的专用工作平台和事件流转平台，集中受理与城市日常管理密切相关的各类业务，完成业务受理和指令下达。指挥调度系统是构建有线、无线通信调度系统，提供全方位调度手段，并通过数字录音技术进行全程通话录音，统一呼叫中心平台实现信息接报和信息查询。资源管理系统是建设应急资源管理维护平台采集应急资源信息，并可对应急资源的动态变化进行跟踪和更新。辅助决策系统是构建应急预案管理平台，为事件处置进行辅助决策，可通过数据挖掘技术结合历史案事件信息进行研判和分析，实现预测和预警，同时可基于人口指标进行分析分析与挖掘。GIS 应用系统是利用空间地理信息技术提供快速、灵活、准确的地理位置定位，显示相应的属性信息，帮助应急决策指挥人员直观、形象、可靠地对案情资料进行分析，最终形成应急救援的决策指挥方案，实现基于 GIS 的扁平化指挥、应急指挥和辅助决策。GPS 及无线巡防系统是包括 GPS 卫星定位系统，对执勤车辆进行定位、跟踪和调度；以及无线巡防系统，可对执勤人员进行定位、跟踪和调度，实现信息采集。

第二节　大联动信息系统架构和技术路线

在城市综合管理联动工作中，重点在于各级政府、各个部门业务协同、联动管理响应，因此在信息系统规划设计的过程中，系统整体技术架构设计尤为关键，必须具备较强的开放性、兼容性和拓展性，支持各单位信息系统对接整合，实现数据共享和系统联动。

一、系统总体架构

系统的总体架构（见图 9-1）主要内容包括以下三大部分，分别是一个平台，即大联动统一工作平台；三大业务应用，即城市日常管理业务、城市应急业务、指挥调度业务；五类门户，即联动单位门户、街镇中心门户、区联动中心门户、居委会信息门户、城市管理手机终端。

基础设施层是系统实现的基础，包括：数据网络、通信网络、主机及存储系统、安全防护系统以及操作系统等基础平台软件。数据网络主要有“大联动”中心的局域网、与 110 中心连接的公安指挥网、政务网、通过网络安全设备隔离的互联网接口。通信网络主要有运营商有线网、移动通信网等公共电话网络和 350M/800M 无线集群专用网络，为事件接报、指挥调度和信息管理提供必要的信息通信手段。

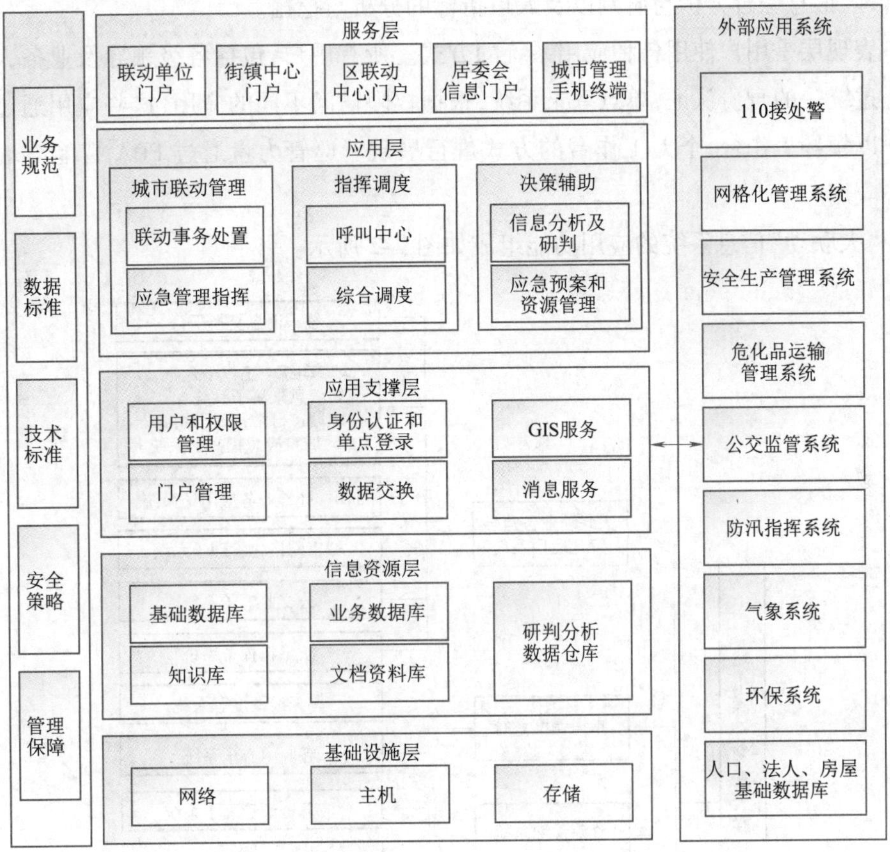

图 9-1　系统总体架构图

信息资源层指数据、语音、视频等资源的存储及访问控制，分为数据库、语音库及视频库。数据库又分为基础信息库、地理信息库、事件信息库、知识库、预案库、案例库、文档库、模型库、人口库等业务应用生成的数据库，以及用于综合分析及研判的数据仓库。

业务支撑层为信息系统的构建提供各类服务，包括：CA 认证服务、统一权限管理服务、单点登录服务等统一门户服务，录音、录像、抓图、CTI、短信等资源访问服务，GPS 定位、GIS 数据管理、GIS 基础应用等地理信息可视化服务，移动巡防以及 110 接处警子系统、网格管理子系统等外部子系统的统一接入服务，保证各子系统之间相互联动的统一消息交换及统一数据交换服务，共同为应急指挥室的业务实现提供全方位的支撑。

应用层是信息系统实现的目标，提供日常管理、统一呼叫中心及综合调度与辅助决策等多种应用功能。日常综合事务包括大联动事务处置、应急事件管理及指挥、街镇分中心的二级联动、社区的信息采集；统一呼叫中心包括信息接报及信息查询，综合调度包括有线综合调度及无线综合调度；辅助决策应用包括了应急预案管理、应急资源管理、信息综合分析与研判以及人口指标的分析与挖掘。

表现层是用户使用各种应用系统的方式。所有用户，包括各级领导及业务人员均能通过统一的身份认证，单点登录系统，根据权限访问不同的应用，这些应用通过统一门户以领导工作台、个人工作台的方式进行展现。巡管力量通过 PDA 智能终端访问中心应用。

“大联动”信息系统的应用功能组成如图 9-2 所示。

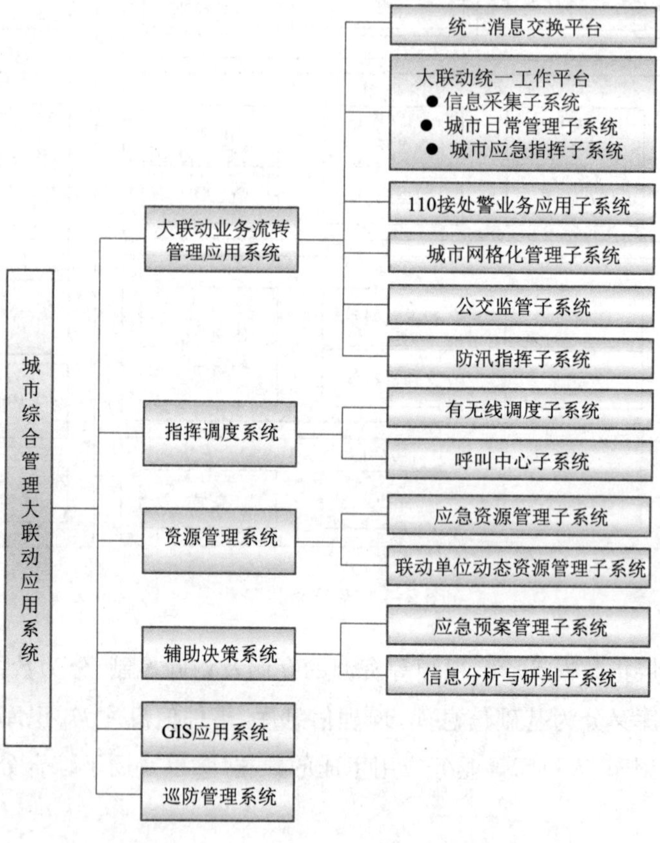

图 9-2 “大联动”中心应用系统组成

二、系统技术路线及关键技术

系统的技术路线为基于 J2EE 的分布式计算技术进行系统架构设计和系统开发，采用 Service 技术，采用大型的主流数据库，支持 Windows、UNIX 以及 Linux 等操作系统，利用 XML 作为系统接口的数据交换标准，进行信息资源整合；采用高性能中间件技术。

（一）J2EE

J2EE 是一种利用 Java 2 平台来简化企业解决方案的开发、部署和管理相关的复杂问题的体系结构。J2EE 技术的基础就是核心 Java 平台或 Java 2 平台的标准版，J2EE 不仅巩固了标准版中的许多优点，例如“编写一次、随处运行”的特性、方便存取数据库的 JDBC API、CORBA 技术以及能够在 Internet 应用中保护数据的安全模式等，同时还提供了对 EJB(Enterprise JavaBeans)、Java Servlets API、JSP(Java Server Pages)以及 XML 技术的全面支持。其最终目的就是成为一个能够使企业开发者大幅缩短投放市场时间的体系结构。

J2EE 体系结构提供中间层集成框架用来满足无须太多费用而又需要高可用性、高可靠性以及可扩展性应用的需求。通过提供统一的开发平台，J2EE 降低了开发多层应用的费用和复杂性，同时提供对现有应用程序集成强有力支持，完全支持 Enterprise JavaBeans，有良好的向导支持打包和部署应用，添加目录支持，增强了安全机制，提高了性能。

(二)中间件技术

数据交换子系统基于中间件技术进行开发。中间件是构件化软件的一种表现形式。中间件抽象了典型的应用模式，应用软件制造者可以基于标准的中间件进行再开发，这种操作方式其实就是软件构件化的具体实现。

对于用户来说，选择中间件产品，主要是基于以下几个方面的好处：中间件产品对各种硬件平台、操作系统、网络数据库产品以及 Client 端实现了兼容和开放，中间件保持了平台的透明性，使开发者不必考虑操作系统的问题，中间件实现了对交易的一致性和完整性的保护，提高了系统的可靠性，中间件产品可以降低开发成本，提高工作效率，基础软件的开发还是一件耗时费力的工作，如果使用标准商业中间件，大部分的编程工作将得以节省，用户可以将注意力集中于个性化的增值应用方面，并缩短开发周期 50% ~ 75%，从而更快地将产品投放市场。

(三)Web 服务

在模块集成方面主要使用应用层面上的基于 Web Service 系统集成技术，使用基于不同平台上的 Web Service 技术实现系统模块之间的消息和数据传递。Web Service 技术是商业领域实现面向服务的体系结构的一组标准，能够在不同平台、不同操作系统之间实现互操作。

Web 服务(Web Service)是在 XML 基础上发展起来的一种革命性的分布式计算技术。它使用基于 XML 的消息处理作为基本的数据通信方式，消除使用不同组件模型、操作系统和编程语言的系统之间存在的差异，使异类系统能够作为计算网络的一部分协同运行。开发人员可以使用像过去创建分布式应用程序时使用组件的方式，创建由各种来源的 Web 服务组合在一起的应用程序。由于 Web 服务是建立在一些通用协议的基础上，如 HTTP(Hypertext Transfer Protocol，WWW 服务程序所用的协议)，SOAP (Simple Object Access Protocol，简单对象访问协议)，XML，WSDL(Web Services Description Language,Web 服务描述语言),UDDI(Universal Description,Discovery,and Integration,通用描述发现和集成协议)等,这些协议在涉及操作系统、对象模型和编程语言的选择时,没有任何倾向,因此 Web 服务将会有很强的生命力。

(四)XML

XML(eXtensible Markup Language,可扩展标记语言)是 Internet 上数据表示和数据交换的新标准。它是 ISO(International Organization for Standardization,国际标准化组织)的 SGML(Standard for General Markup Language,通用标记语言标准)的一个简化子集。XML 关注信息本身,是 Web 上表示结构化信息的一种标准文本格式。与传统的注重页面信息显示的 HTML(Hypertext Markup Language,超文本链接标示语言)相比,关注于内容的 XML 具有以下诸多优点:良好的可扩展性,语言简单有效,可自行定义标记;内容与形式的分离,主要刻画数据内容,不考虑显示效果;有严格的语法要求,便于分析统一和与数据库信息转换;便于传输,为纯文本形式,可通过 Http 协议直接传输,可跨越防火墙;等等。XML 的出现和发展对于 Internet 和 Intranet 产生了巨大的影响。

第三节　大联动核心应用系统及支撑系统

“大联动”信息系统包含大联动平台、指挥调度系统、GIS 应用系统、辅助决策系统等诸多应用系统,每个应用系统虽然自成体系,作为“大联动”中心信息系统的有机组成部分,相互之间关联密切,只有通过集成和协同工作才能最大程度的发挥各应用系统的功效。大联动核心应用系统是城市综合管理的工作平台,供各条线部门、各街镇、居村委使用。平台以业务流程为主线,提供包括城市日常管理相关的联动事件指挥调度以及突发公共事件相关的应急指挥调度的前台客户端应用软件,可以实现统一接报、分类处置、综合调度、信息共享、快速反应、联合行动,通过统一消息交换平台实现和相关业务系统的联动。

一、信息采集子系统

信息采集子系统的任务是通过视频监控设备、门禁设备、各居委人员排摸等方式,录入人口信息、居住的房屋信息以及该房屋是否存在违规违章问题,在此基础上为用户相关的统计查询、违规违章处置记录等功能。系统主要组成部分如图 9-3 所示。

系统提供独立的应用平台,为用户提供排摸人口录入、检索、查询等各项功能;同时系统也提供基于 SOA 的 Web Service 接口,为信息采集子系统与应急联动信息平台相关功能模块提供数据集成和应用集成接口。数据复用控件是解决业务系统中重复数据录入问题而设计开发的,它外挂于 IE 浏览器上,不需要对其他系统做改动,也不会影响这些系统的正常运行。它方便地实现了与地区实有人口系统的重复使用,避免多次录入、产生歧义。

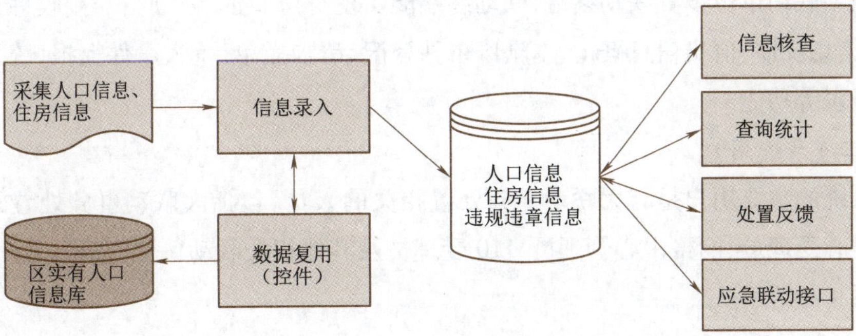

图 9-3 信息采集子系统框架

系统主要包括离线数据采集、数据录入、信息核查、处置反馈、统计查询、系统管理等功能模块。离线采集模板管理支持 Office(Word/Excel)采集模板,允许信息采集员在不连网络的情况下通过 Office(Word/Excel)采集信息,采集模板可以进行版本管理。Office 中采集的数据连通网络时可以上传至服务器端,在数据录入模块中提供导入功能。人口信息与地区实有人口信息资源库进行关联,通过身份证进行复用,减少重复录入,并且降低了信息出错的概率。系统还提供基于 GIS 的录入方式,即操作人员可以先在 GIS 地图上进行排摸地点的选择,进一步选择小区、房屋等,然后进入相关人员的录入界面。系统将自动将相关的地理信息填入居住房屋的对应字段。如果该信息与排摸记录的信息有误,系统将记录下来,提交负责人员审核。

系统为离线采集信息导入、GIS 系统以及大联动信息系统提供接口。GIS 接口提供 GIS 录入界面,能够在地图上查询、标识房屋信息。大联动信息系统接口提供人员、房屋居住情况的数据检索和统计信息。

二、城市日常管理子系统

(一)业务需求

城市日常管理子系统主要是面向日常的城市综合管理业务所建设的一套事件流转平台,基于业务协同、集中监管、综合服务的要求,通过统一的工作平台,实现对社会治安、城市管理、公共服务的综合管理。在发生突发公共事件或其受理的常态事件升级为突发公共事件时,通过统一消息交换平台将事件信息传递到城市应急管理子系统,并同时启动应急预案系统和应急资源管理系统,进行突发公共事件的处置。

系统整体可分为大联动处置端和联动终端两大部分,实现功能包括:大联动处置终端能实现身份验证、请求协助指令接收、自动分配案事件信息、事件处置、事件归并、短信通知、事件状态跟踪、超时红灯事件催办、撤单转派、事件审核及归档、历史事件查询显示、联动单位监控等功能。大联动中心处置终端具备最高处置权限,可以浏览所有分中心、联动单位的事件处置情况。特殊情况下,可以强行接管下属单位处置权限。在各相关联动单位设置联动终端,联动终端能实现身份验证、协助指令接收、协助请求发起、信息反馈、值班信息登记、本辖区事件登记、请求撤单、重大事件上报、统计分析、工作报表等功能。

(二)系统用户

系统的主要用户是与大联动事务处置相关的人员,包括大联动事务处置人员、街镇分中心受理员、网格中心管理员、110 受理员及其他相关联动单位值班人员。系统范围如图 9-4 所示。

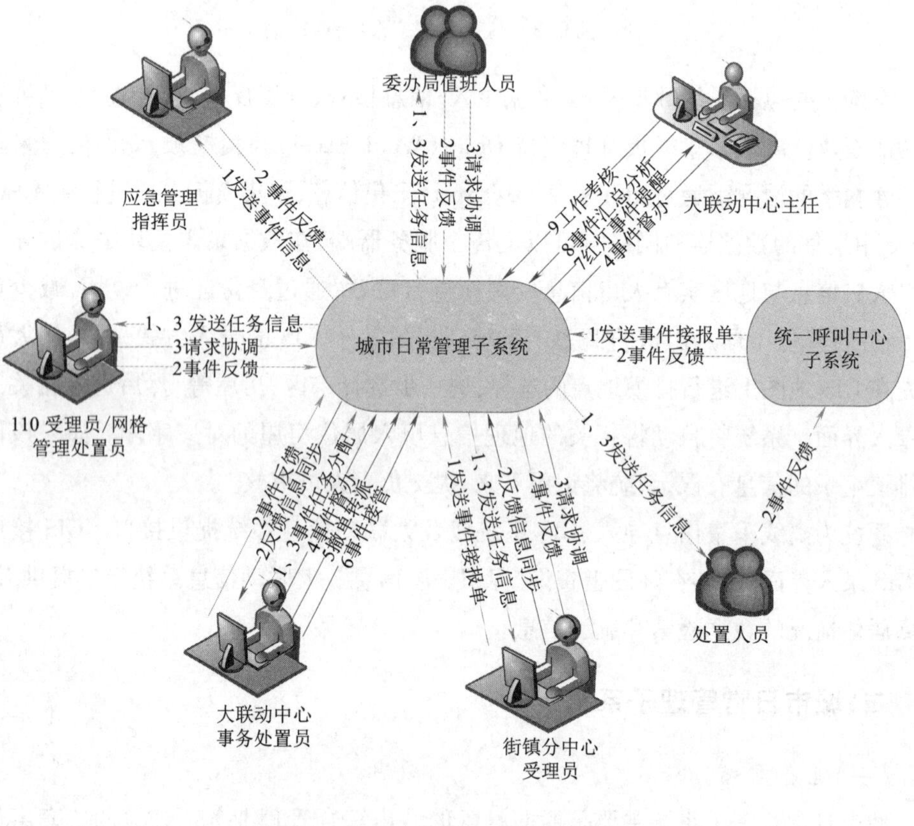

图 9-4 城市日常管理子系统业务范围

(三)系统功能

系统能够实现大联动中心上报、处理、指挥、反馈、监督、统计分析等各类业务完整的信息化处理,将城市日常管理工作延伸到各条线基层单位。信息上报功能可以接收并处理来自城区网格化监督员、无线巡防力量、呼叫中心、街镇以及其他部门业务系统等各种渠道的信息,能够根据相关业务逻辑设定自动或手动分发,也可以通过有无线指挥调度系统直接下发处置指令,并接收处置反馈,整个处置流程形成闭环。此外,系统具备考核功能，对大联动的工作实行监督，能够由各应用单位自行设定考核指标，在时间流转处置过程中涉及部分考核指标能够自动采集，通过对数据的综合处理和分析，为领导决策提供科学、准确的依据。各相关联动单位设置联动终端，实现联动指令分发和处置结果反馈，可以通过设置实现联动单位在接收到来自网络的处置指令的同时，短信提示相关人员。

城市日常管理子系统的事件来源是统一呼叫中心平台，包括通过语音、PDA 及其他系统接入的事件信息。街镇联动中心也可以上报本区或其他区发生的事件。事件信息采用推送的方式进入城市日常管理子系统，由大联动处置人员进行受理，根据事件性质分派到 110、网格管理、街镇及其他委办局。事件分为已受理、处置中、处置超期、处置结束四个状态，事件的处置状态可以在地图上用不同颜色标识。

一个在处理的事件可以通过多个渠道进行反馈，当其处理事件的资源不足时，向区中心请求其他部门及资源的协助。中心核实请求后，向相关部门发送协作单。事件反馈完毕后，需要同步到所有大联动事务处置终端及 GIS 平台上。当事件处置超时时，由大联动中心处置人员或街镇分中心受理员主动打电话或以任务单的方式督促事件处置人员尽快办理。

系统还提供红灯事件提醒、事件汇总分析、工作监督考核功能。红灯事件提醒是一个主动推送的服务，当事件处置超时时，会主动将超时处置信息发送给相关部门和领导。任何授权单位及个人都能订阅超时提醒服务。超时提醒可以反映在终端上，也可以通过短信发送给相关人员。事件汇总分析便于领导总体把握整个事件发展处置的动态，汇总内容有：所有事件按时间、分类、按辖区汇总；事件处置状态分类汇总、处置时长分析；按各种时间、类型、辖区等分类元素钻取，同比、环比分析。工作监督考核模块用于掌握受理人员的工作量及工作效率，包括受理和反馈的次数，事件的处置时长等，形成报表。

三、城市应急管理子系统

（一）业务需求

当“大联动”中心确认所发生的事件为突发公共事件时，将发布预警信息，并启动“大联动”中心的非常态处置机制，由相关的应急联动单位进驻“大联动”中心，实施合署办公，统一指挥调度。

应急事件管理的任务有二：一是闲时对可能突发的公共事件进行监督与防范，实时监测各重点部门及部位，便于及时发现问题与解决问题，一旦有公共事件发生，立刻转入调度指挥阶段；二是当有突发公共事件发生时，根据事件的来源、等级、影响范围等启用相应的处置预案，调度相应的应急救援力量或协同单位，并对整个处置过程进行记录和跟踪。

按照指挥员的工作状态,可将应急事件管理与指挥过程分为四个阶段:应急日常管理、应急事件监测与识别、应急指挥调度、应急事中管理。应急日常管理工作主要包括对重点防范单位或对象的监督与防范。其主要工作包括重点监管信息的接收,汇总、制定日常检测防范报告。对重点监管对象定期检查,提交跨部门的合作信息。应急事件管理平台时刻监测当前发生的所有事件,并调用知识库和预案库对事件的类型、影响范围等进行匹配,对于不可避免发生或意外发生的突发公共事件,应急指挥工作平台通过两个渠道获得事件情况:一是日常管理工作平台,接收所有来自上级联动部门及各条线上的事件及报警信息,一旦识别到有重大特大事件发生,立刻进入应急指挥状态;二是监控系统报警,通过传感器(包括感应线圈、红外线传感器、微波检测器、视频检测系统)的数据采集、处理、分析,对事件进行发现和确定,再由指挥室值班人员人工确认事件。当"大联动"中心启动应急预案后,应急指挥坐席作为指挥主导,根据预案及领导专家意见生成调度指令,下传到各个条线指挥坐席,分别调度。应急指挥坐席综合显示各条线上报的应急事件处置状态及应急资源状态。此外,应急事件管理还包括应急事中管理。应急事中管理与应急指挥调度其实是两个不可分割的部分,其侧重点一个在指令的下达,以信息的全、准、快为主,而应急事中的管理则侧重于事件处置的记录,便于事后的回防和评估。在下达指令的同时,处置的情况会自动记录。

(二)系统用户

系统的主要用户是与应急指挥事务处置相关的人员,包括区大联动中心应急指挥员、应急指挥首长、街镇分中心受理员、大联动事务处置人员、网格中心管理员、110受理员及其他相关联动单位值班人员。城市应急管理子系统业务范围如图9-5所示。

(三)系统功能

城市应急管理包括区"大联动"中心应急处置及分中心应急处置两个模块,实现两级应急指挥。系统包括以下功能:

一是突发事件受理、识别与核实,系统可以通过系统接入、电话等多种方式获取突发公共事件信息;能够提示以系统接入方式获得的突发公共事件信息;能够提供在线帮助知识库,帮助受理员进行识别与核实;在录入事件信息时可自动检索筛选合适的预案以及典型案例;提供明确的事件处置状态标示。

二是调度指挥,系统可以根据事件类型、事发区域、严重程度等信息,自动确定需通报的单位和人员及主管部门或机构,指挥人员也可手工调整;事件通报消息可通过网络以标准化的数据格式发送到各分中心应急管理系统,并提示操作人员人工确认;对未联网的关联机构或人员,指挥人员可通过有无线通信、短消息等方式告知,并记录通讯结果;各操作终端收到事件通报后,应自动更新事件列表;系统需记录所有的突发公共事件信息;包括录音信息。

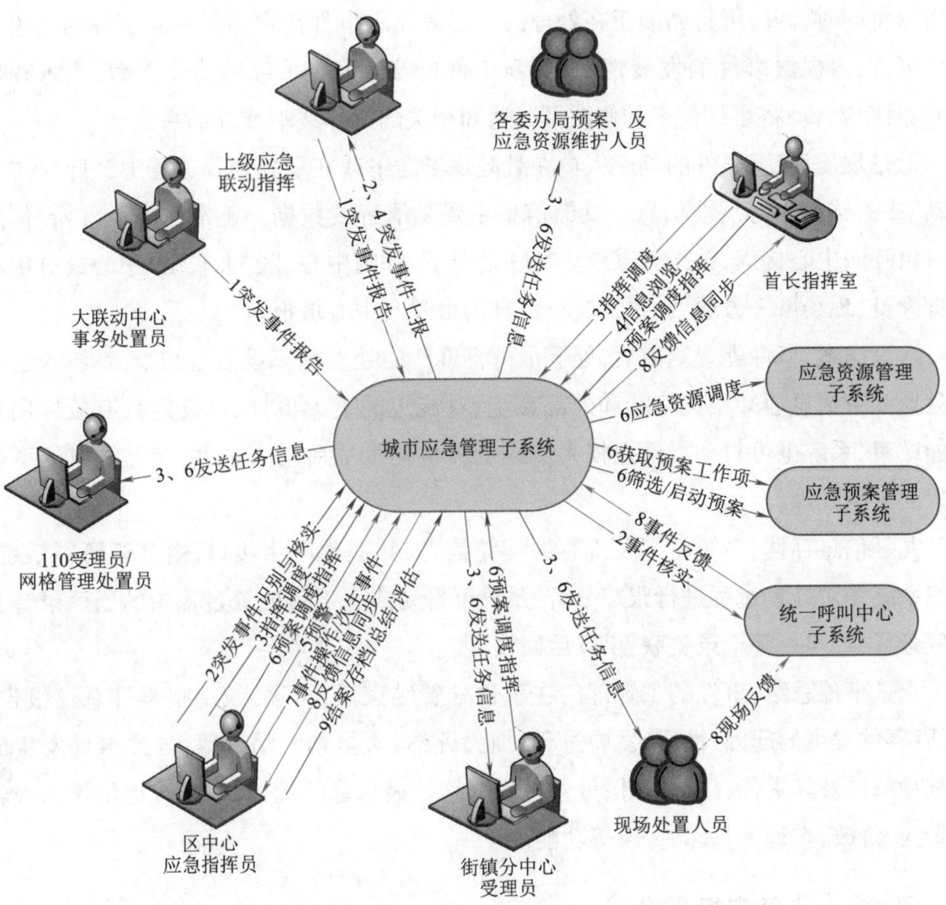

图9-5　城市应急管理子系统业务范围

三是信息显示，系统应能动态显示当前正在处置的事件列表和应急资源状态列表；可查看事件详细的报警和接处警信息；对选中的事件，系统能自动提示重点单位、应急预案、危险品处置方案等信息。

四是预警，指挥人员可针对即将发生的事件，发布或取消预警；系统可根据事件的级别、发生区域、类型，推荐预警级别和接收预警消息的单位和人员，处警员可手工调整；对未能接通的预警消息接收方，系统应定时提醒处警员重新联系；各操作终端在收到预警消息后，应根据预警级别以设定的颜色显示；对规定的高级别的预警，可设定只有授权用户才能发布，系统也可自动报请授权人员或上级机构批准后发布。预警信息一经确认发布等同于接报事件，按应急事件处置流程处置。

五是力量调度，区、街镇和业务条线指挥人员均可以按各自权限从可用的应急资源中，选择相应的人员、装备，作为第一出动力量，并指定其任务；指挥人员还可根据事态的发展，制定后备方案，进行后续调度；系统运行向一个应急资源分配优先级不同的多个任务。中心应急指挥到部门，分中心应急指挥可以到具体的人员、物资及装备等。

六是事件操作，如当前正在处理的几起事件为同一事件，可将这几起事件合并，相关信息将同时合并;可将当前正在处理的一起或几起事件指定为另一起事件的衍生或次生事件;可根据事件的发展情况,更新事件的当前信息(包括事件类型、严重程度等);系统应自动将事件信息的修改情况通知相关的操作终端或外部系统。

七是现场反馈,事件的响应人员在赶赴现场途中或在现场处置过程中,可向区“大联动”中心或分中心反馈信息。反馈信息主要是语音或数据。正常情况下,语音信息统一由呼叫中心接入,并录入系统。特殊情况下,呼叫中心、区“大联动”中心或分中心指挥人员,现场可三方通话,系统流程信息仍由呼叫中心填报。

八是结案,事件处置结束后,处警员可将事件的处置状态设为已结束,系统应自动将处置结束消息通知相关终端和外部系统;对规定的重大事件,可设定只有授权用户才能结束,系统也可自动报请授权人员或上级机构批准后结束事件;对已结束的事件可取回重新处理。

九是信息存档,系统应记录所有的处警信息,并提供调用接口,由分析研判系统、预案系统等对处置过程进行跟踪分析;系统可自动或手工将处警过程中的通话录音并获取录音号,与处警记录关联,供以后回放。

十是事件总结,事件的主管部门在事件处置结束后,可输入、上报事件总结报告,包括:事件发生的起因、性质、发展过程;损失评估;人员伤亡情况等;导致事件发生的人员和单位及其责任;战果统计;处置过程总结。最后是绩效评估,系统提供评估报告的录入、修改、查询和打印、分发等功能。

四、统一消息交换平台

(一)平台概述

统一消息交换平台(又称“消息交换总线”)是面向分布式应用的消息中间件,提供组件式的数据适配器,针对不同类型的应用实现不同的数据协议管道,以使不同类型的应用能统一使用统一消息交换平台作为集成的平台,交换消息和数据。

大联动业务流转管理应用系统与各部门已建的专业指挥调度系统、专业管理系统以及 GIS 应用系统、无线巡防系统等存在着密切的业务关联,需通过统一消息交换平台实现相互之间的互连互通和信息交换。系统的集成框架如图 9-6 所示。

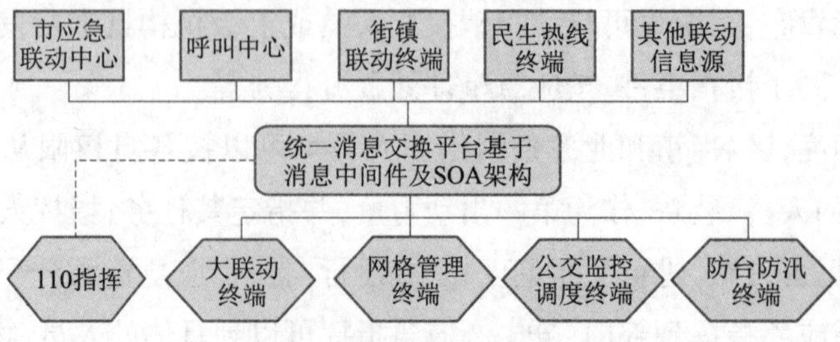

图 9-6　系统集成框架图

统一消息交换平台实现了标准、安全、可靠的消息传输，为应用系统的集成提供了实现平台。组成系统的各个分支应用（模块）之间可通过总线交换信息，协作完成整个工作流程。

城市应急指挥系统是不断变化和发展的。基于统一消息交换平台进行设计，可简化应用开发，实现城市应急指挥系统的伸缩性和扩展性，符合分布式应用结构。尽管系统的规模和功能是不断变化的，但统一消息交换平台保证了系统的稳定性和关键业务的可靠性。

统一消息交换平台的核心是统一消息交换。统一消息交换将整个系统中的需要接入的设备（或应用程序）进行分类，有相同性质的设备（或应用程序）作为一类资源来管理，每一类资源对应一种服务。每一类资源根据统一消息交换平台提供的标准应用接口与其对应的资源管理服务通信，其请求通过资源管理服务传递到统一消息交换，由统一消息交换分析后将该请求转发给其他相应的资源管理服务，该请求在提供服务的资源管理服务中按一定优先级别和分配策略排队后获得空闲的资源为其服务，实现与业务相关的功能。为了保持统一消息交换高效的运行状态，其只与资源管理服务发生联系，负责分析和转发各个资源管理服务之间的请求，各资源服务内部的消息交换通过中间件接口在该种资源内部完成。

（二）系统结构

统一消息交换平台的逻辑结构如图9-7所示。

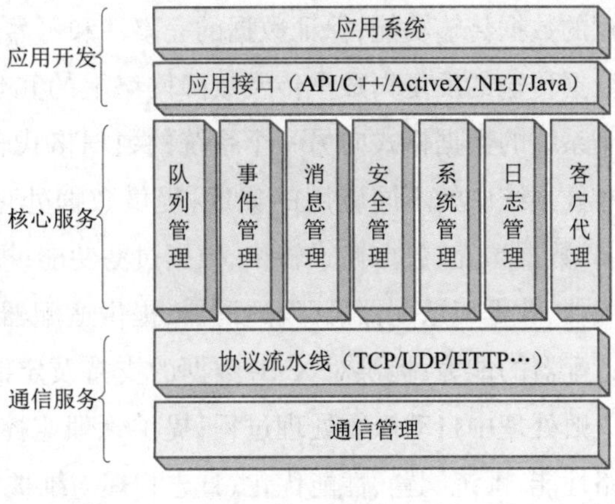

图9-7　统一消息交换平台逻辑结构图

在应用系统进行数据通信时，应用进程通过统一消息交换平台接口函数，将消息放入消息队列中。统一消息交换平台核心服务从消息队列中取出消息，根据消息中接收者的名字，通过统一消息交换平台之间建立的数据通道，将该消息传送到接收者所在统一消息交换平台核心。接收者所在的统一消息交换平台核心服务收到消息后将消息写入消息队列中，接收应用进程通过调用统一消息交换平台的接口函数，从消息队列中取出消息。至此，一个消息传递完毕。

（三）系统组成

统一消息交换平台由应用程序开发工具包、统一消息交换平台服务、监控维护系统和数据适配器组成。应用程序开发工具包（SDK）以API、C++类、ActiveX控件、.NET组件、JAVA类的形式向应用程序提供功能调用服务，应用程序可以通过此SDK与统一消息交换平台交换信息，以此获取统一消息交换平台提供的实时消息传输和可靠消息传输服务。统一消息交换平台服务主要功能是实现统一消息交换的核心功能，包括实时消息传输和可靠消息传输服务、路由、断点续传、安全、监控维护等功能。数据适配器通过源组件（传送器）与外界系统相连接。通过此连接，数据适配器据提供数据提交或取出的机制（协议，如 API 接口），通过此机制可把数据转换为目标消息格式或数据结构。在目的连接上，则执行相反的逻辑。数据适配器还提供数据填充、消息过滤、消息转换等功能。

数据适配器结构示意图如图 9-8 所示。

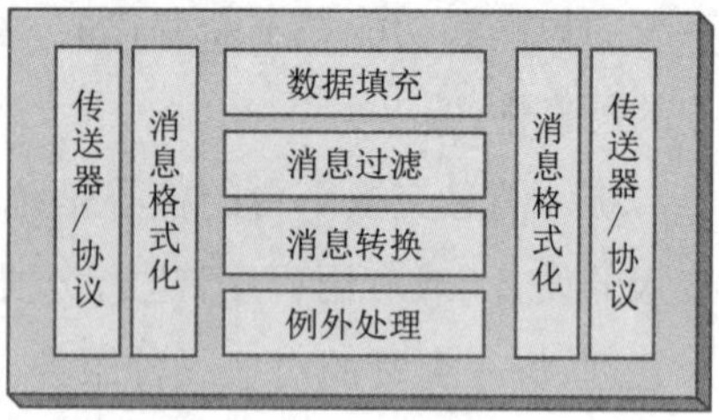

图 9-8　数据适配器结构图

（四）系统功能

统一消息交换平台的主要功能包括：提供分布式环境下跨平台的实时通信及可靠传输服务，支持端到端、发布/订阅、请求/答复模式的消息传输与交互模式；提供消息的异步或同步的发送接收功能，支持消息的群发、群收；提供简便、高效、可靠的开发接口，支持 C ++ 、.NET、Java 等不同类型的应用开发；提供透明的网络数据传输机制，支持静态路由功能，支持消息的一级或多级路由节点的转发功能；提供不同通信链路的动态配置功能，支持多种网络传输环境，支持树型节点网络及网状节点网络中的数据传输；提供面向事务处理的数据传输功能，保证数据的完整性和可靠性；提供网络数据的断点续传功能，减少数据传输的反复失败重传及故障网络上的冗余通信量；提供数据交换功能，支持将一个系统的数据格式向另一个系统的数据格式转换；提供数据的透明传输功能，支持分布式系统中的不同应用的集成；提供数据处理功能，包括数据压缩、数据加解密及签名、数据填充、数据格式转换、数据过滤功能；提供通用的数据适配器，包括企业软件适配器、数据库适配器、开发适配器；提供适配器开发框架，支持为特定的应用定制开发适配器的能力；提供对 XML 数据的支持及定制能力；提供故障恢复功能，支持应用从失败处理中自动恢复处理过程；提供管理监控功能，实时提供消息队列、系统运行、网络性能、系统配置、性能优化、日志管理与维护等方面的数据及维护。

（五）主要特点

信息的统一表示能力。信息的统一表示是实现有效数据交换的关键，包括元数据定义，元数据是描述数据的数据，系统必须统一定义应急指挥相关信息资源的 XML 词汇表、命名空间、XML Schema 等标准文档，以便有效、统一地保存及再利用相关的应急指挥信息资源。信息编码，信息编码以 W3C/XML1.0 为基础，以 GB13000 为默认的字符集，同时支持 GB18030 字符集标准。显示表达，为便于数据的加工及不同的输出，将数据和数据的显示分开。同一内容可针对不同的显示要求及设备以不同形式输出。显示标准采用 W3C/CSS 及可扩充式样表语言 XSL。

完备的消息服务能力。数据交换引擎在信息交换过程中进行频繁的信息封装、控制信息的同步/异步交换、排队处理等,有完整的信息服务机制,具备以下的功能:信息的统一封装,具备信息的统一打包及解包功能;信息的统一编址,支持统一、易用、易扩展、易管理的地址编码体系;信息的可靠传输,具备将信息可靠的传输到目的地的能力;统一的路由管理,在多个信息交换节点时,实现信息的统一路由及准确传递;高效的传输交换,应采用特定的信息压缩及加解密技术保证传输的安全性,并提高传输效率;方便的维护管理,要对传输的过程进行全程监控,提供日志、审计、会话管理、传输优先级设定、流量负荷分析。

可靠的数据交换能力。数据交换能力是数据交换子系统的核心,具备支持 PTP、PUB/SUB、Request/Reply 等消息交互模式;支持消息事务;支持消息的持久(可靠)传输与非持久(不可靠)传输;支持消息的异步或同步发送、接收;支持消息的群发、群收等功能。

完善的数据适配能力。系统具备把不同格式数据从不同载体中获取并转成标准 XML;或把 XML 转成不同数据格式并置于不同载体的能力。包括 XML 适配器、DB 适配器、HTML 适配器。数据源以 XML 形式存在,可先通过 XML 适配器得到两种 XML 的转换关系。XML 适配器配置源和目标 XML 的位置关系和这种转换关系,并根据这些关系来获得或输出数据。DB 适配器,数据源以数据库形式存在,可先通过 DB 适配器得到数据库与目标 XML 的转换关系。DB 适配器配置 DB 相关参数和这种转换关系,并根据这些关系来获得或输出数据。HTML 适配器,数据源以 HTML 形式存在,可先通过 HTML 适配器得到 HTML 与目标 XML 的转换关系。HTML 适配器配置 HTML 的 URL 和目标 XML 的位置关系和这种转换关系,并根据这些关系来获得或输出数据。

(六)消息交换流转示例

应急事件流转关联。应急事件流转关联指应急事件流转子系统与联动单位子系统之间的关联关系,包括呼叫中心子系统、110 指挥调度子系统、城市网格化管理子系统、公交调度指挥子系统、防台防汛指挥子系统之间的消息传递关系。其信息流关系如图 9-9 所示。

呼叫中心子系统将接收到的事件信息传递到应急事件流转子系统;应急事件流转子系统包括事件受理、街镇联动分中心平台及区大联动中心平台;事件受理模块根据业务流程设定,可以向 110 指挥调度、城市网格化管理、公交指挥调度、防台防汛指挥等专业子系统传送对应各自业务的事件信息,并接收各子系统的反馈信息;事件受理模块还可根据需要向街镇联动分中心平台传送信息,并由街镇联动分中心向其所属的专业队伍发送处置指令,接收反馈信息。

事件受理模块同时向消息总线发布联动信息,通知各联动子系统事件进程,由各联动子系统根据各自的系统设定实施下一步操作。各联动子系统也向消息总线发送信息。

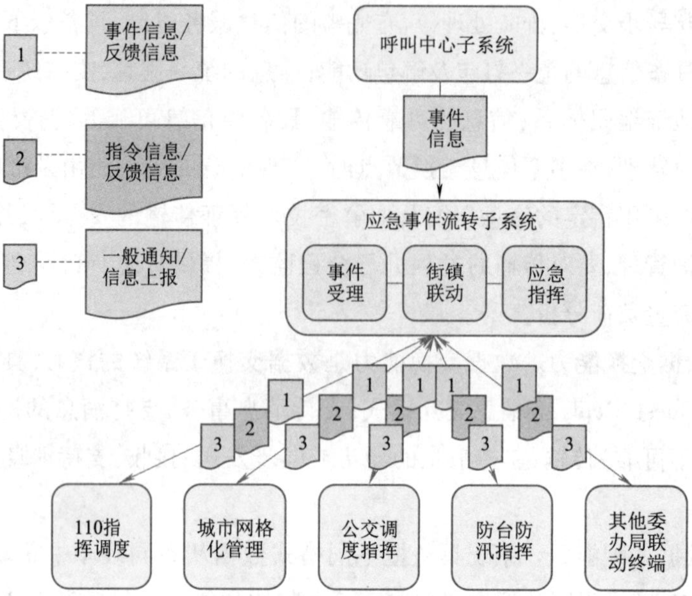

图 9-9　应急事件流转关联信息流图

应急事件响应关联。应急指挥模块与应急预案管理、应急资源管理模型通过数据库相关联，应急指挥需要调用预案库及应急资源库来形成指挥指令。一部分指挥指令可以直接通过数字录音及综合调度管理平台直接发起呼叫，传达指挥信息。

应急指挥模块通过调用知识库的知识来对每个事件进行分类识别，并调用相应或相类似的预案来进行指挥调度。应急事件响应信息流如图 9-10 所示。

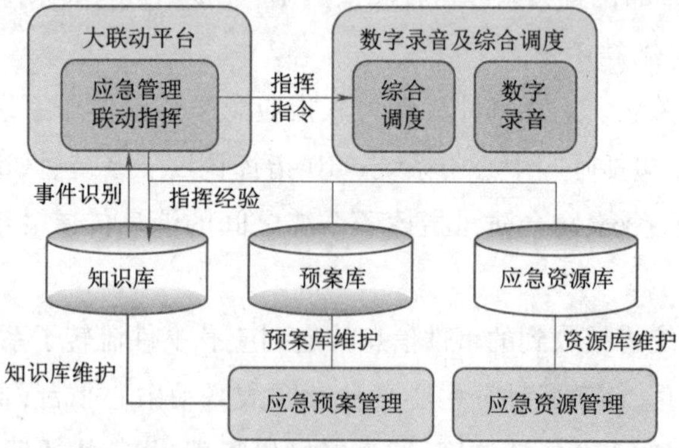

图 9-10　应急事件响应信息流图

GIS 系统关联。GIS 系统是综合信息展示的平台。不仅可以提供基于位置的信息检索，还可以集成定点目标如视频监控点及信息检测点的动态信息，还可以展示移动目标如出租车辆及危险品运输车辆的 GPS 轨迹信息。GIS 系统通过动态数据库获取车辆及定点检测设备的动态数据，通过与视频监控系统的接口获取动态监控图像。

GIS系统接收事件流转系统的定位消息，在地图上显示事件发生位置，并把事发点周边的单位、学校、医疗机构、人口、危险源等信息反馈到事件流转系统。GIS系统还能与有线、无线调度系统集成，通过地图上的点之间关联到相应的联系电话并通过调度平台呼叫。

GIS系统关联关系如图9-11所示。

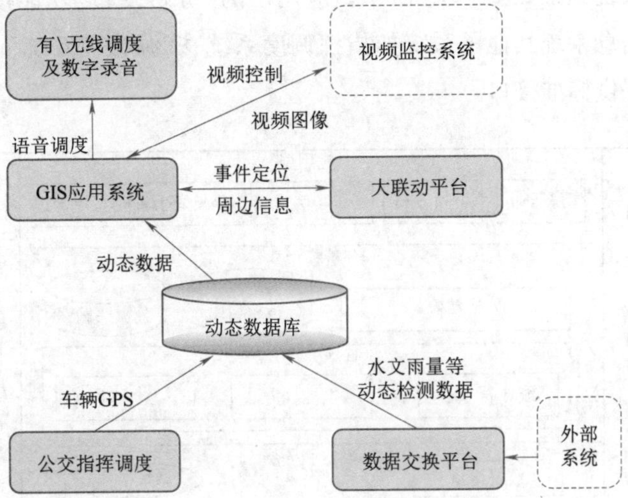

图9-11　GIS系统关联关系图

系统的外部关联整个“大联动”中心信息系统与外部系统之间的连接，主要体现为呼叫中心子系统与外部系统对接、事件流转系统到已建信息系统的联动单位系统的对接上以及数据交换平台与外部系统的交换。系统的外部接口如图9-12所示。

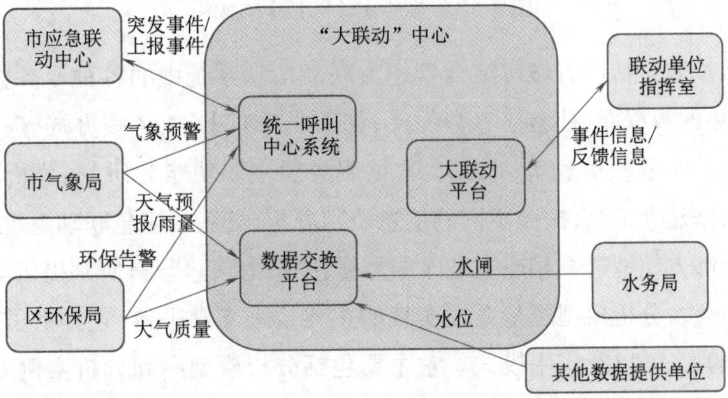

图9-12　系统外部关联

五、信息分析与研判系统

信息分析与研判是为城市综合管理大联动提供数据分析、辅助决策的工具。数据整合及分析的主要目标是建立完整的信息研判分析框架体系,提供便捷的操作模式,使得用户能够根据业务分析目标,不断扩展有效的研判分析模型,为城市综合管理举措、应急联动预案制定、评估提供有价值的分析结果。

(一)系统架构

系统设计的架构分为四层,从下至上为数据层、数据服务层、分析模型层、应用层,信息分析研判系统框架如图 9-13 所示。应用层的"分析发布"功能按照 SOA 技术架构为与大联动信息系统其他子系统如指挥调度系统、资源管理系统、业务流转业务系统之间的交互提供标准接口。

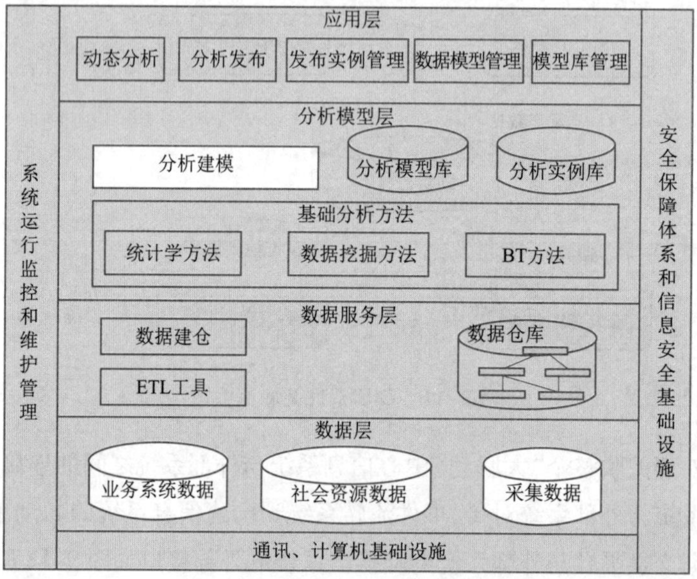

图 9-13 信息分析研判系统框架

首先,数据源包括所有城市综合管理大联动信息系统中的各种业务数据库、信息采集系统采集的数据库、社会信息数据库,如 110 呼叫中心、各委办局、应急联动资源信息、应急联动业务流信息等。其次,数据服务层主要功能为研判、分析提供数据模型,它提供数据建仓工具,按照不同的信息研判分析模型,在应急联动系统的数据库基础上,用户能够方便地建立相应主题库的数据仓库,为信息分析研判提供集中、统一的数据来源。再次,分析模型层是系统实现的主要技术支撑平台,它提供了建立信息研判分析模型的方法,以及应用模式。它主要包括分析模型库和分析实例库两部分,在此基础上提供相应的管理、维护工具。基础分析方法是根据业务分析模型,计算分析结果时所用的各种分析方法,包括数理统计方法(如成分分析、关联因子分析等)、数据挖掘的工具(频繁模式分析、分类、聚类、预测等)以及 BI 工具等,此部分集成专业的工具实现。最后,应用层是面向用户提供应用功能,包括两类:提供给普通信息分析人员使用的功能:动态分析、分析发布、分析实例库管理;提供给专业建模人员使用的功能:

数据模型管理、分析模型管理。

（二）技术架构

信息分析研判系统的核心是建立数据模型、分析模型，实施和展示分析结果等。系统实现的技术框架如图9-14所示。

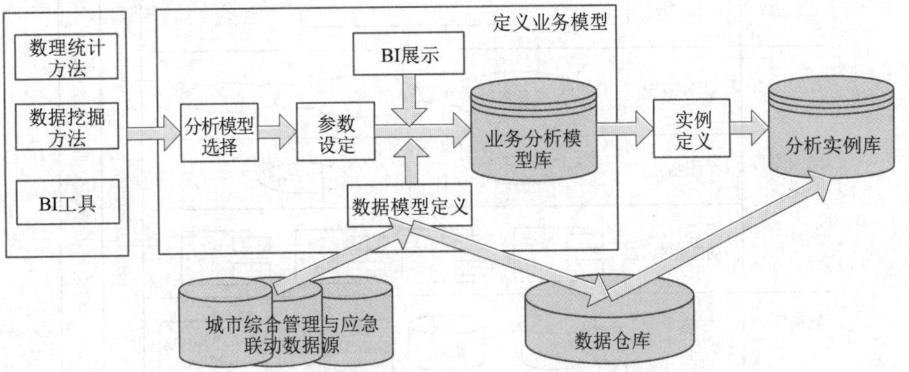

图9-14 系统技术实现框架

应急联动平台中汇集了各种来源的数据，根据用户设定的研判分析目标，在数据源中选定所需的数据，经过数据的清理、OLAP分析，建立相应的主题数据模型——即数据模型定义，数据模型定义主要通过集成ETL工具实现。随后需要建立分析模型定义，分析模型库保存已获得的各类分析方法，每个分析模型包括：业务目标，分析涉及的主题数据库、可行的分析方法，分析结果展示方法等。系统提供辅助定义工具，帮助用户建立分析模型，并将每个模型封装为相应的插件集成到系统中。最后，对分析实例进行定义，分析实例库存储用户建立的分析实例，每个分析实例包括：选用的分析模型，分析对应的数据集、分析参数设定、分析时间周期、预警线等。分析人员可以根据实际需要建立分析实例。分析实例按照分析时间周期定期运行，并按照时序存储分析结果，供用户查看。

（三）开发技术框架

应急预案平台采用的是J2EE技术，为用户构建基于B/S+C/S架构的应用系统。系统提供独立的应用平台，为用户提供预案录入、检索、查询等各项功能；同时系统也提供基于SOA的Web Service接口，为预案平台与应急联动信息平台相关功能模块提供数据集成和应用集成接口。技术架构如图9-15所示。

流程表示完成某个业务流程所需要的活动流。流程是在实现业务目标的相关和集成服务的组合。服务是代表性的可重复业务任务。通过提供定义良好并且与实现无关的接口，从而将服务用于封装应用程序的功能单元。服务可由其他服务或客户端应用程序调用（使用）。组件表示服务向服务使用者公开的功能，以及由实现服务的服务提供者提供的服务质量（QoS）。其中，不同的应用将根据操作使用的需求以不同架构的组件形式集成到子系统中:面向普通信息分析人员的动态分析、分析发布、分析实例管理等应用采用 B/S 架构;面向专业分析模型维护人员的应用,如数据模型管理、分析模型管理等,可采用 B/S 与 C/S 相结合的架构,使应用更具灵活性。

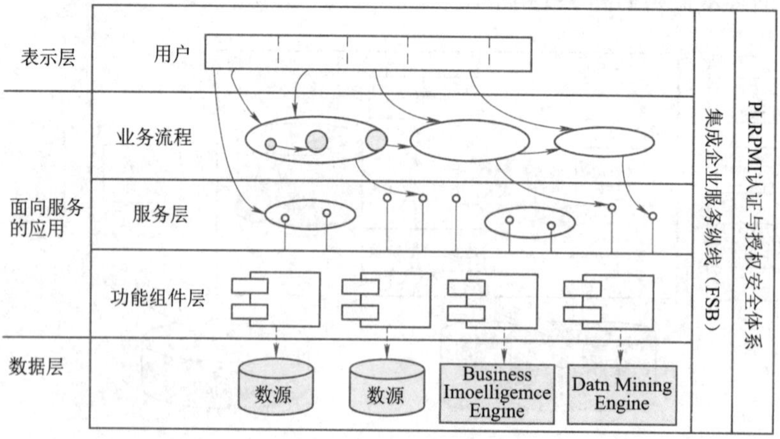

图 9-15 平台技术架构图

(四)交互接口

在信息分析研判子系统提供各类信息的分析实例,其分析结果可以集成到城市综合管理和应急联动平台的各应用系统中。首先,系统提供分析结果发布功能,即将某个分析实例的结果转换为图文的 HTML 文档,可以直接在集成平台的门户网站发布。其次,分析实例的分析结果可以按照标准格式(如 XML 或 Excel)导出,Excel 主要用于导出数据表。最后,系统提供基于 Web Service 的调用接口,包括分析实例的调用接口,以及分析结果的数据访问接口。其中,调用分析实例接口,系统启动分析实例的计算,为用户显示该实例的显示页面;分析结构的数据访问接口,则提供分析结构数据库的访问功能,用户可以查看已有的分析实例,以及分析实例的历史运行结果。

(五)系统功能设计

信息分析与研判应用系统为 B/S 与 C/S 结合的应用系统,主要包括六大功能模块:动态分析、分析发布、分析实例管理、数据模型管理、分析模型管理、系统管理等。系统与应急联动中心的集成通过 Web Service 接口实现。

首先,动态分析模块为用户集中展示当前设定的各分析实例的运行结果,包括主要分析实例的最近一次分析的结果,以及相关的预警信息。其次,所有运行分析实例的结果都可以通过分析发布模块发布到关联系统的网站或用户的 Email、手机中。系统为用户提供发布定制的功能,即选择运行分析实例、发布的内容、发布形式(HTML 文件、文本)、对象、发布地址、Email、手机等。每个分析实例内容可以建立多个发布实例。再次,分析实例管理。分析实例是用户基于各种分析模型,针对具体的业务分析目标、面向特定的数据对象建立研判实例。用户可以为研判实例在主题数据库中设定筛选项,选择部分数据进行分析、设定分析运行的周期、分析结果的保存周期、数据展示形式、预警项设定等(如下图所示)。系统为用户提供分析实例的新建、删除、修改、查看等功能。分析实例的分类采用分析模型的分类。其中,新建分析实例后,该分析实例就将按照设定的分析周期定期执行一次,并对预警条件进行判别,发出相应的预警消息。分析实例也可以由用户控制运行。删除分析实例时并不删除对应的分析模型,用户在需要时还可以使用该模型建立新的分析实例。此外,数据模型管理。数据管理模块为用户提供主题数据仓库的定义工具,允许用户根据新的研判分析需求定义新的主题数据模型,并运用 ETL 工具实现数据的建仓;可以对已有的主题数据模型进行修改维护。数据模型是为分析模型服务的,在添加新的分析模型前,必须先将其所需的输入数据,组织成相应的主题数据库(由单张表或多张表组成),各项数据直接来自数据源,或通过 OLAP 分析后获得。系统为用户提供了数据模型分类维护管理的工作界面。主要功能包括:新建数据模型、主题数据库查看、主题数据库删除等。该功能模块只提供给专业的系统管理人员使用。最后,分析研判模型包括业务分析目标、建立的分析模型、采用的基础分析方法(包括数理统计、数据挖掘、BI 分析等)、分析面向的数据模型、分析结果展示模式(报表、图表类型)等。分析模型管理包括:模型分类维护、新建模型、修改维护已有的研判模型等。

建立分析模型的过程。针对不同的业务分析目标,需要为其建立适应性的数学模型,通常需要由专家和建模人员合作才能建立有效的分析模型。系统提供了相应的辅助工作帮助用户建立分析模型,并检验获得的模型的正确性。业务分析模型建立的基本流程如图 9-16 所示。

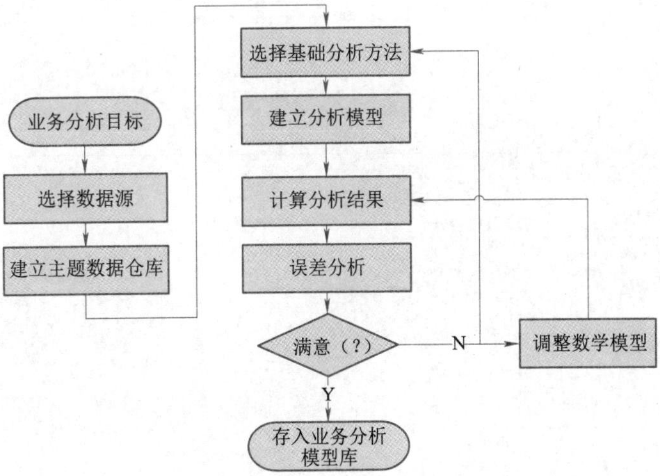

图 9-16 业务分析模型建立流程

误差分析,是针对绑定的数据所做的分析效果检验。绑定的数据集中,部分数据作为样本数据,进行模型计算;剩余的部分数据用于误差校验,即采用分析得到的模型,计算某些数据,并和真实数据相比较,分析误差的多少。

系统为每个业务分析模型的建立提供辅助的工具,如:获取数据库源、求解方法库、误差分析等。完整的业务分析模型通过二次开发实现,每个分析模型以独立的插件形式挂接到系统中,每个控件实现模型的数据输入、算法实现和结果输出,提供独立的参数选择界面和用户进行交互。

模型分类描述。分析研判子系统的分析模型按照需求可以分为四种基本类型,模型分类可以调整,也可以建立子类型。第一,城市综合管理信息分析。面向城市综合管理的各类数据,提供信息之间的关联性、发展趋势等分析方法,挖掘城市管理的关键因素,为城市管理方案的制定提供参考数据。第二,应急联动的灾前灾后状态评估。建立数学模型描述应急事件的各种表征的关系,能够根据所收集的数据,评估事件的发展态势,在灾前能够对可能发生的事件进行预警预报、灾后能够对事件的影响,秩序的恢复状况进行评价。第三,应急联动事件的时空分析。建立分析模型挖掘各类应急事件发生的时间、形态、地域特征等因素的频繁模式,以及该类事件发生的相关联的特征因子,提出预警预告信息,为建立相关的预防措施提供辅助建设意见。第四,应急事件的处置分析。建立分析模型,根据应急联动平台实际事件处置过程产生的数据,对预案的具体步骤、措施进行评判,为预案的改进提供以事实为依据的建议。系统采用XML格式对模型进行描述,主要内容包括:基本信息:模型名称、分析目标、基础分析方法、所属分类等;输入数据:数据表名、数据项名、数据类型、解释等;输出数据:数据表名、数据项名、数据类型、解释等;展示方式:结果说明、图、表。其中输入、输出数据都采用元数据机制进行描述,以便嵌入系统后,其他模块能够解释分析模型产生的数据,进行展示和利用。

第十章 智慧城市与信息技术

智慧城市是数字城市、移动互联网、物联网、云计算、大数据等技术有机融合的产物。基于数字城市的基础框架，各类物联网传感器将人及其相关的固定或移动物品连接起来，并将海量数据的存储、计算和交互服务交由云计算平台在“云端”处理，按照处理结果对城市实施实时自动化控制，是实现智慧城市常规运转的技术途径，而人工智能代表着智慧城市未来的发展方向。

数字城市技术将分布在不同领域和不同地理位置的经济、文化、交通、能源和教育资源等按规范的地理坐标组织起来，为智慧城市提供了一个数字化的基础框架。在该基础框架上，通过物联网中的射频识别、红外感应器、全球定位系统、激光扫描器等信息采集技术或传感设备，按约定的协议将物体与互联网、移动互联网连接起来，实现对分布在城市中的各管理对象的智能化识别、定位、跟踪、监控等服务。网络系统由本地各种网络和全球互联网组成，实现信息流通和管理功能，在全球互联网的基础上，通过包括对象名解析服务和实体标记语言等软件系统实现城市中的实物互联。实时采集的海量数据不能直接供机器和人使用，必须通过各种大数据技术的算法和模型进行分析和处理，加工为可用的信息和知识，才能最终产生价值。海量的数据需要实时更新，传统的计算方式不能满足需要，而高度弹性、可伸缩、虚拟化的云计算为复杂的各类城市模型的实时分析和处理提供了可能。按照需要的计算能力和时间要求，“云端”可以弹性地为其提供与之相匹配的计算资源和存储资源。

第一节　智慧城市技术体系

信息技术是能够扩展人类信息器官功能的各种技术的总称，是涉及信息的生产、获取、检测、识别、变换、传递、处理、存储、显示、控制、利用和反馈等信息活动的所有技术的集合。

广义上信息技术的体系包括从基础到应用的四个基本层次：基础技术层次（新材料、新能源）、支撑技术层次（机械、电子、激光、生物、其他）、主体技术层次（感知、通信、计算机、控制)、应用技术层次(GIS、移动互联网、物联网、云计算、大数据、人工智能等),信息技术体系架构如图10-1所示。

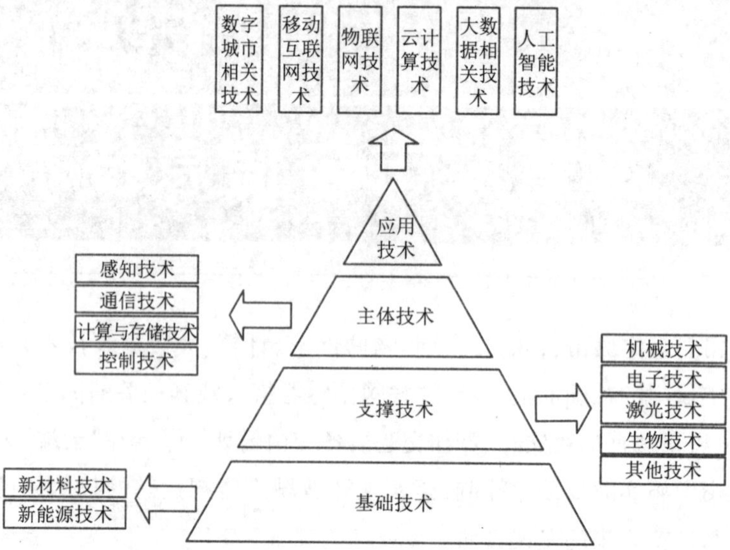

图10-1　信息技术体系架构

基础技术处于信息技术体系的最底层,主要指新材料、新能源技术等,信息技术在性能、水平等方面的提高依赖于基础技术的发展进步。如电子信息技术从电子管向晶体管、集成电路、超大规模集成电路时代的迈进,究其原因是由于锗、硅、砷化镓、金属氧化物半导体等新材料的开发和利用。

信息技术体系的第二层是支撑技术,主要是指机械技术、电子技术、激光技术、空间技术和生物技术等。信息技术需要通过各种支撑技术才能实现,这是因为表征事物的运动状态及其运动状态变化方式的信息都可以通过机械的、电信号的、光信号的等物理参量表现出来,并且比较容易地为人们识别、控制、处理和利用。

支撑技术之上是主体技术。主体技术是指感测技术、通信技术、计算机技术和控制技术。

信息技术的应用技术是指针对各种实用目的由主体技术交叉、贯通、融合、繁衍而生的各种各样的应用技术,如GIS技术、移动互联网技术、物联网技术、云计算技术、大数据技术、人工智能技术等,广泛应用于交通物流、财政金融、科教文卫、行政管理、社会服务、家庭生活等智慧城市领域。

一、基础技术

信息技术的基础技术层主要是指新材料技术和新能源技术,信息技术在性能水平等方面的提高有赖于这两类技术的进步。例如,电子信息技术由真空管时代向晶体管、集成电路、超大规模集成电路时代的迈进，是由于锗、硅半导体材料、金属氧化物半导体材料、砷化镓材料等的开发和利用；而激光信息技术的出现和发展则依赖于各种激光材料的开发和激光能量的利用。

（一）新材料技术

新材料是指新出现的或正在发展中的、具有传统材料所不具备的优异性能和特殊功能的材料，或采用新技术使传统材料性能有明显提高或产生新功能的材料。新材料具有优异性能，与传统材料相比，新材料产业技术高度密集、更新换代快、研究与开发投入高、保密性强、产品的附加值高、应用范围广。

信息功能材料是当代信息技术发展的先导和基础，信息功能材料的研究、开发和生产得到了世界范围内的广泛重视。每一项重大信息技术的发现和新兴产业的形成都离不开新材料产业的发展，例如：半导体材料的出现，导致了元器件微型化、集成化、大规模处理、高速运算；具有更高禁带宽度材料的出现，导致更高的工作温度和运算速度；具有光电效应材料的出现，导致光探测器件、光发射器件、半导体激光器的诞生。目前，高性能半导体材料仍以硅材料为基石，今后进一步发展的半导体材料是砷化镓（GaAs）、磷化铟（InP）、碲化汞（HgTe）、硒化锌（ZnSe）、碳化硅（SiC）等化合物半导体。新材料作为信息技术的重要组成部分和信息技术及其产业发展的基础和先导，已成为当今世界发展最快和最具发展潜力的高新技术。由于新材料产业的重要性，世界各国都不失时机地调整产业政策，抢占新材料产业发展的制高点，研究开发具有自主知识产权的新材料，其研发水平及产业化规模已成为衡量一个国家经济发展、科技进步和国防实力的重要标志。

（二）新能源技术

能源是自然界中能为人类提供某种形式能量的物质资源，是人类文明赖以生存和发展的重要物质基础之一。目前石油等传统资源的逐步枯竭，不但带来了生态环境问题，而且阻碍了经济的持续发展，世界各国就新能源的研究与开发开展了一系列的工作，试图通过利用新能源来实现人类文明的延续。新能源是一个相对概念，是刚开始被开发利用或正在积极研究、有待推广的能源，包括太阳能、风能、生物质能、地热能、水能和海洋能以及由可再生能源衍生出来的生物燃料和氢所产生的能量，还包括对常规能源进行创新利用而产生的能源[48]。

新能源的高效利用也推动了信息技术的进一步发展，如风电、太阳能等间歇性分布式新能源并入微电网，推动网络协同控制技术的发展。目前智能微电网主要以多种可再生能源为主，电源输入主要为光伏、风力、氢、天然气、沼气等多种成熟发电技术。储能技术在微电网中能够起到削峰填谷的作用，极大地提高间歇式能源的利用效率，主要有蓄电池储能、飞轮储能、超导磁储能、超级电容器储能等方式。智能微电网调度系统实现横向的多种能源互补的优化调度，可充分挖掘和利用不同能源直接的互补替代性，不仅可以实现热、电、冷的输出，同时可以实现光/电、热/冷、风/电、直/交流的能源交换，各类能源在源—储—荷各环节少的分层有序梯级优化调度，达到能源利用效率最优。智能微电网中有多个电源和多处负荷，负载的变化、电源的波动，也都需要通过储能系统或外部电网进行调节控制。

二、支撑技术

信息技术的支撑技术层主要是指机械技术、电子技术、微电子技术、激光技术和生物技术等。信息的获取、传递、处理和利用都要通过各种支撑技术才能实现。

（一）机械技术

用机械技术手段实现的信息技术称为机械信息技术，如算盘、计算尺、手摇计算机等。

算盘是中国古代劳动人民发明创造的一种简便的计算工具，算盘起源于北宋时代。人们往往把算盘的发明与中国古代四大发明相提并论。由于算盘运算方便、快速，几千年来一直是中国古代劳动人民普遍使用的计算工具，即使现代最先进的电子计算器也不能完全取代算盘的作用。

计算尺即对数计算尺，是一种模拟计算机，通常由三个互相锁定的有刻度的长条和一个滑动窗口（称为游标）组成，在 20 世纪 70 年代之前使用广泛。其最基本的形式，算尺用两个对数标度来作乘法除法，使用者通过估计决定小数点在结果中的位置，在包含加减乘除的计算中，加减在纸上进行，而非算尺上。更复杂的算尺可以进行其他计算，例如平方根、指数、对数和三角函数。

手摇计算机是 1878 年由瑞典发明家奥涅尔制造的，这是一种齿数可变的齿轮计算机。主要特点是利用齿数可变的齿轮代替了莱布尼兹的阶梯形轴。其中，字轮与基数齿轮之间没有中间齿轮，数字直接刻在齿数可变齿轮上，置好的数在外壳窗口中显示出来。手摇计算机一般只能做四则运算，平方数，立方数、开平方，开立方，如果需要输入三角函数和对数，都需要查表。手摇计算机曾被用于我国第一颗原子弹的研制。

（二）电子技术

用电子技术或微电子技术手段实现的信息技术称为电子信息技术，如电信、电子计算机等。

电子技术是根据电子学的原理，运用电子元器件设计和制造某种特定功能的电路以解决实际问题的科学，包括信息电子技术和电力电子技术两大分支。信息电子技术包括 Analog（模拟）电子技术和 Digital（数字）电子技术。电子技术是对电子信号进行处理的技术，处理的方式主要有：信号的发生、放大、滤波、转换等。

微电子技术是建立在以集成电路为核心的各种半导体器件基础上的高新电子技术，特点是体积小、重量轻、可靠性高、工作速度快，微电子技术对信息时代具有巨大的影响。微电子技术包括系统电路设计、器件物理、工艺技术、材料制备、自动测试以及封装、组装等一系列专门的技术，微电子技术是微电子学中的各项工艺技术的总和。

（三）激光技术

用激光技术手段实现的信息技术称为激光信息技术，如光导纤维通信、激光遥感、激光计算机等。

光纤通信技术（optical fiber communications）已成为现代通信的主要方式之一，也是世界新技术革命的重要标志和未来信息社会中各种信息的主要传输工具。光纤即光导纤维的简称。光纤通信是以光波作为信息载体，以光纤作为传输媒介。光纤通信技术包括光纤光缆技术、光交换技术传输技术、光有源器件、光无源器件以及光网络技术等。

激光遥感利用激光束对被测目标进行远距离感测。将激光用于回波测距和定向，并通过位置、径向速度及物体反射特性等信息来识别目标。它体现了特殊的发射、扫描、接收和信号处理技术。继可见光、红外和微波遥感技术之后，激光遥感技术以其高精度、主动工作、高分辨率等优点，在三维成像、高精度对地观测和深空探测等领域得到广泛的应用，表现出良好的空间应用前景。

激光计算机使用光传递信息代替电传递，于1990年1月29日由美国贝尔实验室研制，具有输送和处理信息快的特点。与传统计算机相比，激光计算机不再使用大量集成电路和硅片，只是由激光开关、透镜和平镜镜片等一套激光装置组成。这种作为光学处理器核心的光晶体管，被称为“对称自光电效应”，它的开关速度一秒可高达100万次，科学家预计，将来可能制成运算速度每秒几亿次的激光计算机。

（四）生物技术

用生物技术手段实现的信息技术称为生物信息技术，如生物传感器、生物计算机等。

生物传感器（biosensor）是一种对生物物质敏感并将其浓度转换为电信号进行检测的仪器。它是由固定化的生物敏感材料作识别元件（包括酶、抗体、抗原、微生物、细胞、组织、核酸等生物活性物质）、适当的理化换能器（如氧电极、光敏管、场效应管、压电晶体等等）及信号放大装置构成的分析工具或系统。生物传感器具有接收器与转换器的功能，对生物物质敏感并将其浓度转换为电信号进行检测。

生物计算机也称仿生计算机，主要原材料是生物工程技术产生的蛋白质分子，并以此作为生物芯片来替代半导体硅片，利用有机化合物存储数据。信息以波的形式传播，当波沿着蛋白质分子链传播时，会引起蛋白质分子链中单键、双键结构顺序的变化。运算速度比当今计算机快数万倍，具有较强的抗电磁干扰能力，能彻底消除电路间的干扰。能量消耗仅相当于普通计算机的十亿分之一，且具有巨大的存储能力。生物计算机能发挥生物本身的调节机能，自动修复芯片上发生的故障，还能模仿人脑的机制等。

三、主体技术

信息技术的主体技术层是感知技术、通信技术、计算与存储技术以及控制技术。通信技术和计算机技术是整个信息技术的核心部分，感测技术和控制技术则是该核心同外部世界的信源与信宿相联系的接口。由于收集(collection)、通信(communication)、计算机(computer)、控制(control)四个英文单词的第一个字母均为“C”，因此为了简便，人们常称信息技术为1C技术、2C技术、3C技术或4C技术。1C技术认为，信息技术就是计算机技术，包括硬件技术和软件技术。2C技术认为，信息技术是计算机技术和通信技术的结合。3C技术认为，信息技术包括计算机技术、通信技术和控制技术。4C技术认为，信息技术是计算机技术、通信技术、控制技术、感测技术的有机结合体。这是一个比较全面的理解，强调信息技术功能系统的整体性。

(一)感知技术：扩展感觉器官功能

感知技术是构建物联网系统的技术基础。传感器和RFID(Radio Frequency Identification，射频识别)是两种典型的感知技术。传感器是一种能够对当前状态进行识别的元器件，当特定的状态发生变化时，传感器能够立即察觉出来，并且能够向其他的元器件发出相应的信号，用来告知状态的变化。传感器能感受到被测量的信息，并能将检测感受到的信息，按一定规律变换成为电信号或其他所需形式的信息输出，以满足信息的传输、处理、存储、显示、记录和控制等要求。它是实现自动检测和自动控制的首要环节。RFID常称为感应式电子晶片或近接卡、感应卡、非接触卡、电子标签、电子条码等。一套完整RFID系统由阅读器与应答器两部分组成，由阅读器发射一特定频率的无线电波能量给应答器，用以驱动应答器电路将内部之ID码送出，此时阅读器便接收此ID码。应答器免用电池、免接触、免刷卡故不怕脏污，且晶片密码为世界唯一无法复制，安全性高、寿命长。RFID的应用非常广泛，目前典型应用有动物晶片、汽车晶片防盗器、门禁管制、停车场管制、生产线自动化、物料管理。RFID标签有两种：有源标签和无源标签。

(二)通信技术：扩展神经系统功能

通信是人们在日常生活中相互之间传递信息的过程，信息在人与人、人与机器、机器与机器之间进行的传递与交换。现代通信的特征是通信与计算机技术相结合。在信息交换层面，数字信号的交换和处理，越来越频繁地使用计算机来实现；在信息传递方面，具有全时空通信功能的移动通信、卫星通信、光纤通信已成为当今传递信息的三大通信手段；在网络发展方面，电信技术已使通信网络可向用户提供更多样化、更现代化的电信新业务，形成综合业务数字网(ISDN)。现代通信所涉及的技术可归为5类：数字技术(包括编解码器、数字信号处理器)、软件技术(包括程控时分交换、分组交换)、微电子技术(包括超大规模集成电路的计算机辅助设计和微加工)、光子技术和光电子技术(包括光纤通信、光纤传感、激光器件、光电子集成)、微波技术(包括卫星通信与广播、微波接力线路、超高频移动通信等)。现代通信的发展趋势是,在通信网数字化、综合化的基础上向智能化、宽带化、个人化方向发展。目前世界上一些发达国家正在实施一项以激光、光缆和多媒体技术为标志的计算机技术与多种通信手段相结合的"信息高速公路"计划。

(三)计算与存储技术:扩展大脑功能

计算机的运算和逻辑功能主要是由中央处理器、主存储器、通道或I/O处理器以及各种外围设备控制器部件实现的。中央处理器处于核心地位。指令重叠、指令并行、流水线作业以及超高速缓冲存储器等技术的应用,可提高中央处理器的运算速度。

存储技术使计算机能将极其大量的数据和程序存放于系统之中,以实现高速处理。由于存储手段在容量、速度、价格三者之间存在矛盾,存储器不得不采取分级的体系,形成存储器的层次结构,自上至下可分为超高速缓冲存储器、高速主存储器(又称内存储器)和大容量外存储器等。主存储器是存储体系的核心,直接参与处理器的内部操作,因此它应具有与处理器相适应的工作速度和足够大的容量。MOS存储器在速度、价格、功耗、可靠性及工艺性能等方面均有很大优越性,是主存储器比较理想的手段。

(四)智能控制技术:扩展效应器官功能

智能控制技术(Intelligent Control Technology,ICT)是控制理论发展的新阶段,主要用来解决那些用传统方法难以解决的复杂系统的控制问题。传统控制的主要特征是基于精确的系统数学模型的控制,适用于解决线性、时不变等相对简单的控制问题,智能控制既可以有效解决上述控制问题,又对传统控制理论进行了发展。智能控制的理论结构具有多学科交叉的特点。傅京孙和Saridis等学者提出观点,可以把智能控制看作人工智能、自动控制和运筹学三个主要学科相结合的产物,称之为三元结构。常用的智能技术包括模糊逻辑控制、神经网络控制、专家系统、学习控制、分层递阶控制、遗传算法等。以智能控制为核心的智能控制系统具备一定的智能行为,如:自学习、自适应、自组织等。

第二节　数字城市相关技术

美国前副总统阿尔·戈尔在1998年提出"数字地球"时提到了数字化的虚拟地球场景。通过技术融合,可使其较好地融入互联网,为人类提供服务。其中数字城市作为数字地球中最为重要的组成部分之一,成为研究和数字化应用的热点。具体来说,数字城市是一个覆盖整个城市的无缝的信息模型,把分散在城市各处的各类信息按城市的地理坐标组织起来,这样既能体现出城市中的自然、人文、社会等各类信息的相互关系,又能按便于人类理解的地理坐标进行检索和利用。数字城市可以理解为我们生活的城市在数字世界中的一个副本,它包括全部城市相关资料的数字化、地理化和可视化。数字城市按表现形式可以分为以文本形式提供的信息点、二维数字城市平面(包括城市二维地图和遥感影像图等)、三维数字城市空间、四维时空数字城市空间。

数字城市的基础技术包括3S技术、计算机技术、对地观测技术、虚拟现实技术等,其中核心技术是3S技术,即地理信息系统(Geographic Information System,GIS)、遥感(Remote Sensing,RS)技术以及全球定位系统(Global Positioning System,GPS),如图10-2所示。

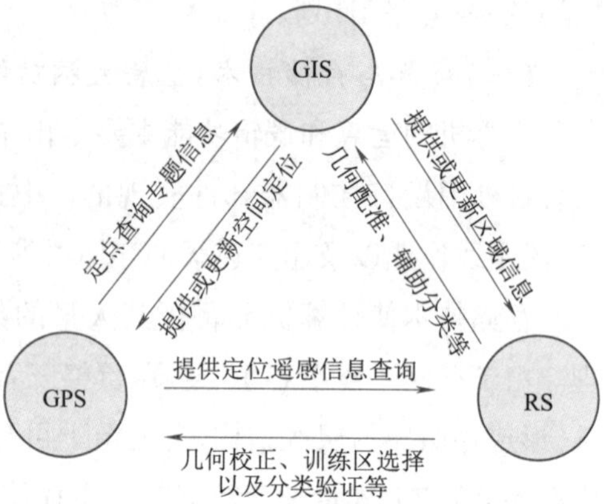

图10-2 3S技术集成

地理信息系统狭义的定义是指在计算机软件和硬件的支持下,运用系统工程和信息科学的理论,科学管理和综合分析具有空间内涵的地理数据,以提供对规划、管理、决策和研究等有用的信息技术系统。由于近年来GIS的广泛应用,一切与空间信息相关的信息系统都可以被称为地理信息系统。数字城市的核心就是海量城市空间数据与三维城市地理信息系统、时序城市地理信息系统的融合。数字城市的突出特点是能够应用数字化的信息掌握城市地域结构在时间与空间域内的变化过程。

一、空间信息获取技术

2006年《自然》(*Nature*)杂志发表的封面论文*2020 Vision*认为,观测网将首次大规模地实现实时获取现实世界的数据。现在,天空地一体化的空间信息观测和测量系统已经初具雏形,空间信息获取方式也从传统人工测量发展到太空星载遥感平台、全球定位导航系统,再到机载遥感平台、地面的车载移动测量平台等。空间信息获取和更新的速度越来越快,定位技术将由室外拓展到室内和地下空间,多分辨率和多时态的观测与测量数据与日俱增。数字城市具有监测各种分辨率的空间信息的能力,如土地类型、建筑、道路、市政设施等城市信息。

遥感是以航空摄影技术为基础,在20世纪60年代初发展起来的一门新兴技术。开始为航空遥感,自1972年美国发射了第一颗陆地卫星后,这就标志着航天遥感时代的开始。经过几十年的迅速发展,目前遥感技术已广泛应用于资源环境、水文、气象、地质、地理等领域,成为一门实用且先进的空间探测技术。遥感利用传感器从空中探测地面的物体性质,它根据不同物体对波谱产生不同响应的原理,识别地面上各类地物,具有遥远感知事物的作用。该技术是利用地面上空的飞机、飞船、卫星等飞行物上的遥感器收集地面数据资料,并从中获取信息,经记录、传送、分析和判读来识别地物。

全球定位系统是美国从20世纪70年代开始研制,历时20年,耗资200亿美元,于1994年全面建成,具有在海、陆、空进行全方位实时三维导航与定位能力的新一代卫星导航与定位系统。我国测绘等部门经过使用,GPS以全天候、高精度、自动化、高效益等显著特点,赢得广大测绘工作者的信赖,并成功应用于大地测量、工程测量、航空摄影测量、运载工具导航和管制、地壳运动监测、工程变形监测、资源勘察、地球动力学等多种学科,给测绘领域带来一场深刻的技术革命。我国的北斗系统将于2020年完成组网,将全面投用。

二、海量空间数据调度与管理技术

海量空间数据管理是现代GIS必须解决的重要技术问题,也是GIS软件能否应用于大型项目的一个重要标志。面对数据容量不断增长、数据种类不断增加的海量空间数据,PB(Peta Byte)级及更大的数据量更加依赖于相关数据调度与管理技术,包括高效的索引、数据库、分布式存储等技术。

地理信息系统与一般管理信息系统相比,硬件方面,为了处理图形和图像数据,系统需要配置专门的输入和输出设备,如数字化仪、绘图机、图形图像的显示设备等;许多野外实地采集和台站的观测所得到的资源信息时模拟量的形式,系统还需要配置模数转换设备;软件方面,则要求研制专门的图形和图像数据的分析算法和处理软件,这些算法和软件又直接和数据的结构及数据库的管理方法有关;信息处理的内容和采用目的方面,一般的管理信息系统,主要是查询检索和统计分析,处理的结果,大多是制成某种规定格式的表格数据,而地理信息系统,除了基本的信息检索和统计分析外,主要用于分析研究资源的合理开发利用,制定区域发展规划,地区的综合治理方案,对环境进行动态的监视和预测预报,为国民经济建设中的决策提供科学依据,为生产实践提供信息和指导。

地理系统是一个复杂的综合体,用数据描述各种地理要素,往往数据量非常大。不仅有地理要素的属性数据,还有大量的描述地理要素空间分布位置的数据,且它们不能分割。空间数据库常用两种数据结构,分别为矢量和栅格数据结构。矢量数据模型中,现实世界的要素位置和范围可以采用点、线或面表达,与它们在地图上表示相似,每一个实体的位置是用它们在坐标参考系中的空间位置(坐标)定义;栅格数据模型中,空间被规则地划分为栅格(通常为正方形)。地理实体的位置和状态是用它们占据的栅格的行、列来定义的,每个栅格的大小代表了定义的空间分辨率。

空间索引指依据空间对象的位置和形状或空间对象之间的某种空间关系按一定的顺序排列的一种数据结构,介于空间操作算法和空间对象之间,通过筛选作用,大量与特定空间操作无关的空间对象被排除,从而提高空间操作的速度和效率,是空间数据库和地理信息系统的一项关键技术。常见大空间索引一般是自顶向下、逐级划分空间的各种数据结构空间索引，比较有代表性的包括 BSP 树、K－D－B 树、R 树、R＋树和 CELL 树等。

三、空间信息可视化技术

从传统二维地图到三维数字城市，数字城市的空间表现形式由传统的抽象二维地图发展为与现实世界几近相同的三维空间中，使得人类在描述和分析城市空间事务的信息上获得了质的飞跃。包含真实纹理的三维地形和城市模型可用于城市规划、景观分析、构成虚拟地理环境和数字文化遗产等。某种角度上来讲，地理信息系统可以成为“动态的地图”，它提供了比普通地图更为丰富和灵活的空间数据表现方式，如动态信息表达、虚拟现实等。

空间信息可视化指运用地图学、计算机图形学和图像处理技术，将地学信息输入、处理、查询、分析以及预测的数据及结果采用图形符号、图形、图像，结合图表、文字、表格、视频等可视化形式显示并进行交互处理的理论、方法和技术。空间可视化主要形式包括：

第一，地图形式。主要有两种形式：纸质或其他介质地图及屏幕上的电子地图。由于计算机技术的发展，这两种形式仅是计算机上数字地图的硬、软副本的差别。硬副本的是纸质地图，软副本的是屏幕上的电子地图，对比前者有更多的优点：制作灵活，形式极其多样，修改制作方便，周期短，色彩丰富，动态性强，查询方便、快捷。从而使人们从不同的高度、不同的方式、不同的角度和不同的详细程度来观察空间客体信息。

第二，多媒体地学信息形式。综合形象地表现空间信息的使用文本、表格、声音、图像、图形、动画、音频、视频各种形式逻辑地连接并集成为一个整体概念，是空间信息可视化重要形式。各种多媒体形式能够形象、真实地表示空间信息某些特定方面，成为全面地表示空间信息的不可缺少的手段。

第三，三维仿真地图形式。三维仿真地图是基于三维仿真和计算机三维真实图形技术而产生的三维地图，具有仿真的形状、光照、纹理等特性，也可进行各种三维的量测和分析。

第四，虚拟现实形式。虚拟现实是空间信息可视化进一步研究和发展的展现方式。它由计算机和其他设备如头盔、数据手套等组成的高级人机交互系统，以视觉为主，也可结合听、触、嗅甚至味觉来改制环境，使人们犹如进入真实的地理空间环境之中并与之进行交互。

四、空间信息分析与挖掘技术

数字城市中基于影像的三维实景影像模型，可构成大面积无缝的立体正射影像和沿街道的实景影像，用于用户自主地实时按需量测，以挖掘有效信息。

空间分析是对分析空间数据有关技术的统称。根据作用的数据性质不同，可以分为：基于空间图形数据的分析运算；基于非空间属性的数据运算；空间和非空间数据的联合运算。空间分析赖以进行的基础是地理空间数据库，其运用的手段包括各种几何的逻辑运算、数理统计分析，代数运算等数学手段，最终的目的是解决人们所涉及的地理空间实际问题，提取和传输地理空间信息，特别是隐含信息以辅助决策。

第三节　移动互联网技术

城市生活正逐渐向移动端转移，订餐、打车、学习、医疗……各种形式的城市生活都可以在手机上实现，社会公众正在以越来越便捷的形式获取各种公共服务。这些现象的背后，正是移动互联网技术发挥了核心作用，将“人”与“公共服务”全面连接，大幅提升社会整体服务效率和水平。

移动互联网是移动通信技术和互联网技术融合的产物，继承了移动通信技术随时、随地、随身和互联网技术分享、开放、互动的优势，是整合二者优势的“升级版本”技术，即运营商提供无线接入，互联网企业提供各类成熟应用。移动互联网业务和应用包括移动环境下的网页浏览、文件下载、位置服务、在线游戏、视频浏览和下载等。随着宽带无线移动通信技术的飞速发展，移动互联网业务的发展将成为继宽带技术后互联网发展的又一个推动力，为互联网的发展提供崭新的平台，使得互联网更加普及。移动互联网因移动通信技术应用固有的随身性、可鉴权、可身份识别等独特优势，保证了更丰富的业务种类、个性化的服务和更高服务质量，为传统的互联网类业务提供了新的发展空间和可持续发展的新商业模式；同时，移动互联网业务的发展为移动通信技术带来了无尽的应用空间，促进了移动网络宽带化的深入发展。移动互联网业务正在成长为移动运营商业务发展的战略重点。当然，移动互联网在网络和终端方面也受到了一定的限制。

一、移动互联网技术特性

与传统桌面互联网相比，移动互联网具有几个鲜明的特性：

第一，便捷性和便携性。移动互联网的基础网络是一张立体的网络，GPRS、3G、4G和 WLAN 或 Wi-Fi 构成的无缝覆盖，使得移动终端具有通过上述任何形式方便联通网络的特性；移动互联网的基本载体是移动终端。顾名思义，这些移动终端不仅仅是智能手机、平板电脑，还有可能是智能手表、眼镜、服装甚至饰品等各类随身物品。它们属于人体穿戴的一部分，随时随地都可使用。

第二，即时性和精确性。由于上述的便捷性和便利性，人们可以充分利用生活中、工作中的碎片化时间，接收和处理互联网的各类信息。不再担心有任何重要信息、时效信息被错过了。无论是什么样的移动终端,其个性化程度都相当高。尤其是智能手机,一个电话号码精确指向一个明确的个体。移动互联网能够针对不同的个体,提供更为精准的个性化服务。

第三,感触性和定向性。不仅体现在移动终端屏幕的感触层面,更体现在照相、摄像、二维码扫描,以及重力感应、磁场感应、移动感应,温度、湿度感应等无所不及的感触功能。而基于 LBS 的位置服务,不仅能够定位移动终端所在的位置。甚至可以根据移动终端的趋向性,确定下一步可能去往的位置。使得相关服务具有可靠的定位性和定向性。

第四,业务与终端、网络的强关联性和业务使用的私密性。由于移动互联网业务受到了网络及终端能力的限制,因此,其业务内容和形式也需要适合特定的网络技术规格和终端类型。在使用移动互联网业务时,所使用的内容和服务更私密,如手机支付业务等。

第五,网络的局限性。移动互联网业务在便携的同时,也受到了来自网络能力和终端能力的限制:在网络能力方面,受到无线网络传输环境、技术能力等因素限制;在终端能力方面,受到终端大小、处理能力、电池容量等的限制。

以上五大特性,构成了移动互联网与桌面互联网完全不同的用户体验生态,移动互联网已渗入到大众生活、工作、娱乐的方方面面。

二、移动互联网技术与智慧城市

(一)手机 APP

APP 是 application 的缩写,通常专指手机上的应用软件。2008 年 3 月 6 日,苹果对外发布了针对 iPhone 的应用开发包(SDK),以便第三方应用开发人员开发针对 iOS 的应用软件,使得 APP 开发者们从此直接面对用户,催生了全球众多的 APP 开发商。2010 年,Android 平台在手机上呈井喷态势发展。

苹果 iOS 系统(开发语言 Objective-C)和安卓 Android 系统(开发语言是 Java)是现今主流的两大 APP 系统。此外,微软 Windows phone7 系统(开发语言是 C#)、塞班 symbian 系统(开发语言是 C ++)也曾在主流市场中占据一席之地。

苹果公司的 APP store 开创了手机软件业发展的新篇章,使得第三方软件的提供者参与其中的积极性空前高涨。随着智能手机越发普及、用户越发依赖手机软件商店,APP 开发的市场需求与发展前景也逐渐蓬勃。

(二)移动支付

"逛商场买衣服扫一扫,请朋友吃饭扫一扫……出门不用装钱包,只要带上手机就够了。"日常生活已经基本远离现金,有了移动支付的支持走到哪里都很方便。TrendForce 旗下拓墣产业研究所指出,2015 年全球移动支付市场规模为 4 500 亿美元,2005 年这一数字仅为 200 亿美元,10 年来增长了 20 倍有余。2016 年达 6 200 亿美元,到 2017 年年底全球移动支付市场达到 7 800 亿美元①，与 2016 年相比增长 25.8%。中国互联网络信息中心发布的第三十九次《中国互联网络发展状况统计报告》显示，截至 2016 年 12 月，我国手机网上支付用户规模增长迅速，达到 4.69 亿，年增长率为 31.2%，网民手机网上支付的使用比例由 57.7% 提升至 67.5%。移动支付向线下支付领域的快速渗透，极大丰富了支付场景，有 50.3% 的网民在线下实体店购物时使用手机支付结算②（见图 10-3）。

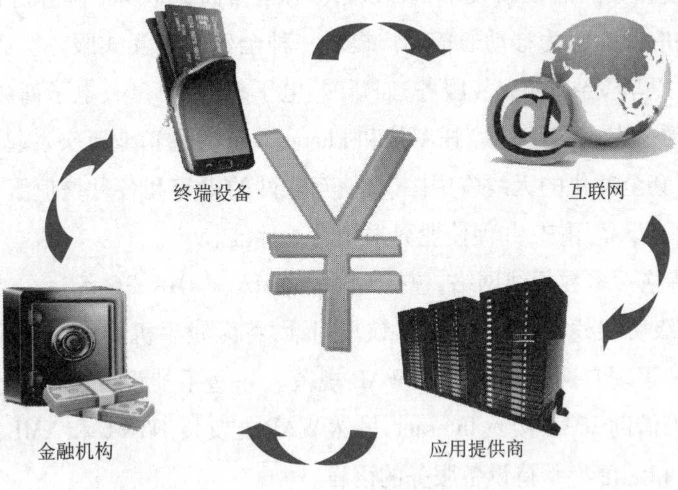

图 10-3　移动支付

移动支付是指消费者通过移动终端（通常是手机、PAD 等）对所消费的商品或服务进行账务支付的一种支付方式。客户通过移动设备、互联网或者近距离传感直接或间接向银行金融企业发送支付指令产生货币支付和资金转移，实现资金的移动支付，实现了终端设备、互联网、应用提供商以及金融机构的融合，完成货币支付、缴费等金融业务。移动支付主要分为近场支付和远程支付两种，近场支付，就是用手机刷卡的方式坐车、买东西等，很便利，包括 NFC 手机支付、RF-SIM 等支付方式；远程支付指通过发送支付指令或借助支付工具进行的支付方式，属于第三方电子支付的一个分支，实现方式分为短信、WAP、手机客户端等方式。

移动支付具有以下三方面特点：

首先，移动性。由于移动终端具有其特定服务实现的随身性和极好的移动性，可以使消费者从长途奔波到指定地点办理业务的束缚中解脱出来，摆脱支付实现的营业厅特定地域限制。

其次，实时性。移动通信终端和互联网平台的交互取代了传统的人工操作，使移动支付不再仅仅受限于相关金融企业、商家的营业时间限制，实现了 7×24 时的便捷

① 资料来自 TrendForce 旗下拓墣产业研究所.

② 数据来自《中国互联网络发展状况统计报告》.

服务。移动支付的实现使消费者可以足不出户,也避免了毫无价值的排队等候。

最后,快捷性。移动支付同时还具有缴费准确、无须兑付零钱、快捷、多功能、全天候服务、网点无人值守的快捷性。

(三)WAP

WAP(Wireless Application Protocol,无线应用协议)是一种技术标准,融合了计算机、网络和电信领域的诸多新技术,旨在使电信运营商、Internet 内容提供商和各种专业在线服务供应商能够为移动通信用户提供一种全新的交互式服务。通俗来讲,就是使手机用户可以享受到 Internet 服务,如新闻、电子邮件及订票、电子商务等专业服务。1997 年夏天,爱立信、诺基亚、摩托罗拉和 Phone. com 等通信业巨头发起了 WAP 论坛,目标是制订一套全球化的无线应用协议,使互联网的内容和各种增值服务适用于手机用户和各种无线设备用户,并促使业界采用这一标准。

WAP 支持绝大多数无线网络,包括 GSM、CDMA、TDMA、3G 等。在带宽考虑方面,WAP 用"轻量级协议栈"优化现在的协议层对话,将无线手机接入 Internet 的带宽需求降到最低,保证了现有网络能够符合 WAP 规范。一些手持设备,如掌上电脑,安装微型浏览器后,可借助 WAP 接入 Internet,虽然 WAP 能支持 HTML 和 XML,但 WML 才是专门为小屏幕和无键盘手持设备服务的语言。

通过 WAP 这种技术,可以将 Internet 大量信息及各种各样的业务引入到手机、PALM 等无线终端之中,无论你在何地、何时,只要你需要,你就可以打开你的 WAP 手机,享受无穷无尽的网上信息或者网上资源。

(四)二维码

二维码(Two-Dimensional Code)是用特定的几何图形按一定规律在平面(二维方向)上分布的黑白相间的图形记录数据符号信息的条码,是 DOI(Digital Object Unique Identifier,数字对象唯一识别符)的一种。

二维码比一维码更高级。一维码只能在一个方向(一般是水平方向)上表达信息,而二维码在水平和垂直方向都可以存储信息。一维码只能由数字和字母组成,而二维码能存储汉字、数字和图片等信息,因此二维码在智慧城市建设中可应用的范围十分广泛,如:产品防伪/溯源、网站链接、数据下载、商品交易、定位/导航、电子凭证、车辆管理、信息传递、名片交流、Wi-Fi 共享等。如今手机"扫一扫"功能的应用使得二维码更加普遍。

在代码编制上巧妙地利用构成计算机内部逻辑基础的"0""1"比特流的概念,使用若干个与二进制相对应的几何形体来表示文字数值信息,通过图像输入设备或光电扫描设备自动识读以实现信息自动处理。在许多种类的二维码中,常用的码制有:Data Matrix,MaxiCode,Aztec,QR Code,Vericode,PDF417,Ultracode,Code 49,Code 16K 等。每种码制有其特定的字符集;每个字符占有一定的宽度;具有一定的校验功能等。同时还具有对不同行的信息自动识别功能及处理图形旋转变化等特点。但二维码的安全性也正备受挑战，恶意软件和病毒正成为二维码普及道路上的绊脚石。发展与防范二维码的滥用正成为一个亟待解决的问题。

(五)位置服务

手机位置服务(Location Based Services，LBS)又称手机定位服务，是指通过移动终端和移动网络的配合，确定移动用户的实际地理位置，提供位置数据给移动用户本人或他人以及通信系统，实现各种与位置相关的业务。实质上是一种概念较为宽泛的与空间位置有关的新型服务业务。

手机定位服务是在无线状态下基于通信位置的定位服务。开通这项服务，手机用户可以方便地获知自己目前所处的准确位置，并用手机查询或收取他附近各种场所的资讯；手机定位服务的最大优势正是在于能在正确的时间、正确的地点把正确的信息发送给正确的人。同时它还可以对手机用户进行定位，并对手机用户的位置进行实时监测和跟踪，使所有被控对象都显示在监控中心的电子地图上，一目了然。因此手机定位服务在无线移动的领域内具有广泛的应用前景。

LBS可以作为信息过滤技术，极大提高信息的精准度，但前提是信息本身和地理位置的紧密结合。位置是重要的元数据之一。

LBS智慧城市应用有以下几个方面：

第一，公交行业。例如，城市的道路经常因车流量太大而引起各种事故、堵塞等，致使某一路段长时间无车到站或同时多辆车进站的情况发生；某些路段车辆过于频密而其他路段又过于稀疏，致使车辆分布不合理。针对这一系列问题，LBS能够为公交调度监控系统实时提供各路线车辆的行驶情况，这样调度监控系统就能根据LBS提供的信息自动生成最优化的行车新计划来调度车辆和管理车辆。

第二，出租车行业。如今，我国城市出租车数量迅速增长，但是行业管理相对落后带来了种种弊病：效率低，费用高，实时性差，调度分散，资源浪费，行业发展受阻。现代化LBS管理可以更好地监管，调度出租车辆，并建立了一个统一、高效、通畅、覆盖范围广、带有普遍性的出租车监控调度系统，使出租车行业更加适应城市交通的不断发展以及改善社会治安。

第三，危险品、货物运输行业。在公路上运输危险品时，存在着重大的潜在危险，如抢劫、火灾、爆炸、泄漏、中毒、污染等，其灾难性后果波及面广，影响十分严重。另外，货车司机在车辆驾驶过程中经常存在超速、超载等违规行为，车辆行驶过程中不按照预定行驶或违规进出目标区域，也无法及时获取危险品货物状态信息等问题。针对这些问题，LBS技术应用可以最大限度地减少危险化学品在运输过程中给社会、环保、经济带来的损失。

第四，其他公共事业行业。例如，110、119、122、120等公共单位车辆可以应用LBS定位迅速获取事发地点位置，通过LBS监测现场状况，可以调度相关警备车辆第一时间到达救援现场，极大地提高工作效率。

第四节 物联网技术

物联网作为信息通信技术的典型代表,在全球范围内呈现加速发展的态势。不同行业和不同类型的物联网应用的普及和逐渐成熟推动物联网的发展进入万物互联的新时代,可穿戴设备、智能家电、无人驾驶汽车、智能机器人等,数以百亿计的新设备将接入网络。市场分析公司高德纳(Gartnert)发布的数据显示,预计到2020年全球联网设备数量将达到260亿个,物联网市场规模达到1.9万亿美元①。2018年,全球车联网的市场规模将达到400亿欧元,年均复合增长率达到25%②,2018年全球智能制造及智能工厂相关市场规模将达2 500亿美元③;全球可穿戴设备出货量从2014年1 960万增长到2019年1.26亿④;截至2020年,全世界智慧城市总投资将达到1 200亿美元⑤。万物互联在推动海量设备接入的同时,将在网络中形成海量数据,预计2020年全球联网设备带来数据将达到44 ZB⑥,物联网数据价值的发掘将进一步推动物联网应用呈现爆发性增长,促进生产生活和社会管理方式不断向智能化、精细化、网络化方向转变。

传感是前提,计算是核心,安全是保障,网络是基础,应用服务是牵引,物联网体系架构如图10-4所示。

图10-4 物联网体系架构图

---

① 数据来源:Gartnert
② 数据来源:GSMA&SBD
③ 数据来源:拓墣产业研究所
④ 数据来源:IDC
⑤ 数据来源:The Boston Consulting Group
⑥ 数据来源:麦肯锡

一、物联网技术概述

（一）全面感知

第一，传感器技术。

传感器是构成物联网的基础单元，是物联网的耳目，是物联网获取相关信息的来源。关于传感器的概念，国家标准 GB 7665—2005 定义为："能感受规定的被测量并按照一定的规律转换成可用信号的器件或装置，通常由敏感元件和转换元件组成。"具体来说，传感器是一种检测装置，能感受到被测量的信息，并能将检测感受到的信息，按一定规律变换成为电信号或其他所需形式的信息输出，以满足信息的传输、处理、存储、显示、记录和控制等要求，是实现自动检测和自动控制的首要环节。

传感器根据不同的标准可以分成不同的类别。按照工作机理，可分为物理传感器、化学传感器和生物传感器。物理传感器利用物质的物理现象和效应感知并检测出待测对象信息的器件，化学传感器利用化学反应来识别和检测信息的器件，生物传感器利用生物化学反应的器件，由固定生物体材料和适当转换器件组合成系统。按照能量转换，可分为能量转换型传感器和能量控制型传感器。能量转化型传感器主要由能量变换元件构成，不需外加电源，基于物理效应产生信息，如热敏电阻、光敏电阻等。能量控制型传感器是在信息变换过程中，需外加电源供给，如霍尔传感器、电容传感器。按传感器使用材料，可分为半导体传感器、陶瓷传感器、复合材料传感器、金属材料传感器、高分子材料传感器，超导材料传感器、光纤材料传感器、纳米材料传感器等。按照传感器输出信号，可分为模拟传感器和数字传感器。数字传感器直接输出数字量，不需使用 A/D 转换器，就可与计算机相连，提高系统可靠性和精确度，具有抗干扰能力强，适宜远距离传输等优点，是传感器发展方向之一。

第二，RFID 技术。

RFID 是 Radio Frequency Identification 的缩写，即射频识别技术，是一项利用射频信号通过空间电磁耦合实现无接触信息传递并通过所传递的信息达到物体识别的技术。常称为感应式电子晶片或近接卡、感应卡、非接触卡、电子标签、电子条码等。RFID 技术广泛应用于社会生产生活各领域。日常生活中我们经常要使用各式各样的数字识别卡，如信用卡、电话卡、金融 IC 卡等。

最基本的 RFID 系统由三部分组成，如图 10-5 所示。标签由耦合元件及芯片组成，每个标签具有唯一的电子编码，附着在物体上标识目标对象；阅读器读取标签信息的设备，可设计为手持式或固定式；天线在标签和读取器间传递射频信号。电子标签中一般保存有约定格式的电子数据，在实际应用中，电子标签附着在待识别物体的表面。阅读器可无接触地读取并识别电子标签中所保存的电子数据，从而达到自动识别体的目的。通常阅读器与计算机相连，所读取的标签信息被传送到计算机上进行下一步处理。

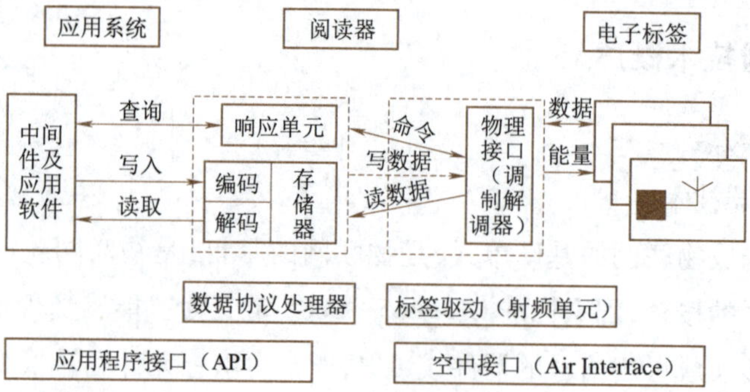

图 10-5　RFID 系统组成部分

RFID 的工作原理是:阅读器通过天线发送出一定频率的射频信号,当标签进入磁场时产生感应电流从而获得能量,发送出自身编码等信息被读取器读取并解码后送至计算机主机进行有关处理。

RFID 标签分为被动标签(Passive tags)和主动标签(Active tags)两种。主动标签自身带有电池供电,读/写距离较远同时体积较大,与被动标签相比成本更高,也称为有源标签。被动标签由阅读器产生的磁场中获得工作所需的能量,成本很低并具有很长的使用寿命,比主动标签更小也更轻,读写距离则较近,也称为无源标签。

(二)可靠传输

常用的物联网通信方式进行归纳总结分为四大类,如图 10-6 所示。

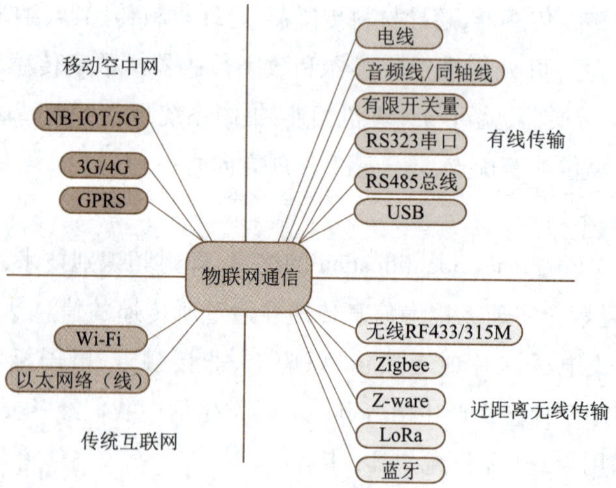

图 10-6　物联网通信方式

第一,有线传输。

设备之间用物理线直接相连,不是很方便,主要有电线载波或载频、同轴线、开关量信号线、RS232 串口、RS485、USB 等。

RS232 串口即串行通信接口,全名是“数据终端设备(DTE)和数据通信设备

(DCE)之间串行二进制数据交换接口技术标准”,是计算机与其他设备传送信息的一种标准接口,属单端信号传送,存在共地噪声和不能抑制共模干扰等问题,因此一般用于 20 m 以内的通信,常用的串口线一般只有 1 ~ 2m。

RS-485 穿心总线标准采用平衡发送和差分接收,具有抑制共模干扰的能力,加上总线收发器具有高灵敏度,能检测低至 200 mV 的电压,使得传输信号能在千米以外得到恢复,符合通信距离为几十米到上千米时或者有多设备联网的需求。

USB 即通用串行总线,是一个外部总线标准,支持设备的即插即用和热插拔功能,具有传输速度快、使用方便、连接灵活,独立供电等优点,可连接键盘、鼠标、打印机、扫描仪、摄像头、充电器、闪存盘、移动硬盘、外置光驱/软驱、USB 网卡、MP3 音乐播放器、手机、数码相机等几乎所有的外围设备,目前 USB 已成功替代串口和并口,成为个人计算机、智能设备的必配接口之一。

第二,近距离无线传输。

设备之间近距离无线信号传输信息,主要通过无线 RF433/315M、蓝牙、ZigBee、Z-ware、IPv6/6Lowpan 等技术。

RF433/315M 即无线收发模组,采用射频技术,工作在 ISM 频段(433/315 MHz),频率稳定度高,谐波抑制性好,数据传输率 1K ~ 128 Kbps,采用 GFSK 的调制方式具有超强的抗干扰能力,多应用于无线抄表系统、无线路灯控制系统、铁路通信、航模无线遥控、无线安防报警、家居电器控制、工业无线数据采集、无线数据传输等领域。

蓝牙(Bluetooth)使用 2.4 ~ 2.485 GHz 的 ISM 波段的 UHF 无线电波、基于数据包、有着主从架构的一种无线技术标准,可实现固定设备、移动设备和楼宇个人局域网之间的短距离数据交换。蓝牙技术拥有一套专利网络,可发放给符合标准的设备。蓝牙使用跳频技术,将传输的数据分割成数据包,通过指定的蓝牙频道分别传输数据包。

ZigBee 是基于 IEEE 802.15.4 标准的低速、短距离、低功耗、双向无线通信技术的局域网通信协议,又称紫蜂协议,具有近距离、低复杂度、自组织(自配置、自修复、自管理)、低功耗、低数据速率等特点,可工作在 2.4 GHz、868 MHz 和 915 MHz 这三个频段上。ZigBee 结点非常省电,其电池工作时间可以长达 6 个月到 2 年左右,在休眠模式下可达 10 年。图 10-7 是 ZigBee 的组网示意图。

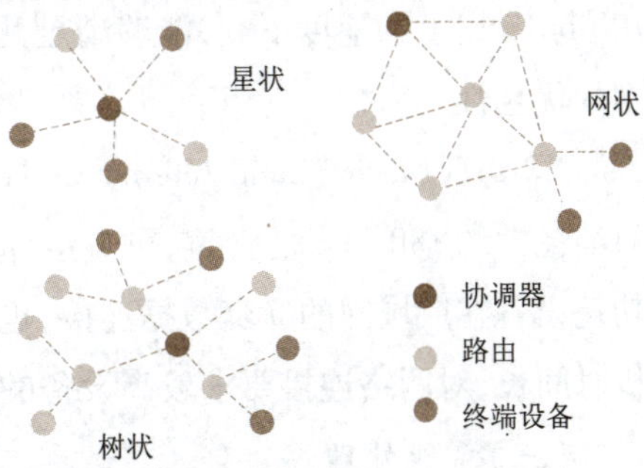

图 10-7　ZigBee 组网图

Z-Wave 是由丹麦公司 Zensys 所一手主导的基于射频的、低成本、低功耗、高可靠、适于网络的短距离无线通信技术,采用了动态路由技术,工作频带为 908.42 ~ 868.42 MHz,采用 FSK(BFSK/GFSK)调制方式,数据传输速率为 9.6 ~ 40 kb/s,信号的有效覆盖范围在室内是

30 m,室外可超过 100 m,适合于窄宽带应用场合。

IPv6/6LoWPAN 是基于 IPv6 的低速无线个域网标准,6LoWPAN 的出现使各类低功率无线设备能够加入 IP 家庭中,与 Wi-Fi、以太网以及其他类型的设备并网。该技术具有无线低功耗、自组织网络等特点,是物联网感知层、无线传感器网络的重要技术,随着美国智能电网的部署,6LoWPAN 将成为事实标准,全面替代 ZigBee 标准。

LoRa 是易于建设和部署的低功耗广域物联技术,使用线性调频扩频调制技术,LoRa网络主要由终端(内置 LoRa 模块)、网关(或称基站)、服务器和云四部分组成,应用数据可双向传输,传输距离可达 15 ~ 20 km。既保持了像 FSK(频移键控)调制相同的低功耗特性,又明显增加了通信距离,同时提高了网络效率并消除了干扰,主要在全球免费频段运行,包括 433 MHz,868 MHz,915 MHz 等。

第三,传统互联网。

传统互联网是大家熟悉的领域,这里仅做简单描述。

Wi-Fi 是基于 IEEE 802.11 标准的无线局域网,可以看作有线局域网的短距离无线延伸。组建 Wi-Fi 只需要一个无线 AP 或无线路由器,成本较低。

以太网包括标准的以太网(10 Mbit/s)、快速以太网(100 Mbit/s)和 10G(10 Gbit/s)以太网。它们都符合 IEEE 802.3,IEEE 802.3 规定了包括物理层的连线、电信号和介质访问层协议的内容。

第四,移动空中网。

移动无线通信技术发展到现在,移动终端直接接入互联网世界,随着通信资费下降以及 3G/4G 无线模块成本下降,由于 3G/4G 可以直接与互联网通信,越来越多的设备采用移动网技术。

GPRS(General Packet Radio Service)是通用分组无线服务技术的简称,它是 GSM 移动电话用户可用的一种移动数据业务,属于第二代移动通信中的数据传输技术,介于 2G 和 3G 之间。GPRS 以封包(Packet)式来传输,传输速率可提升至 56 ~ 114 bit/s。

3G/4G 即第三和第四代移动通信技术,4G 是集 3G 与 WLAN 于一体,能够快速高质量地传输数据、图像、音频、视频等。4G 可以在有线网没有覆盖的地方部署,能够以 100 bit/s 以上的速度下载,能够满足几乎所有用户对于无线服务的要求,具有不可比拟的优越性。

NB-IoT(Narrow Band Internet of Things,基于蜂窝的窄带物联网)构建于蜂窝网络,只消耗大约 180 kHz 的带宽,可直接部署于 GSM 网络、UMTS 网络或 LTE 网络,支持低功耗设备在广域网的蜂窝数据连接,也被称为低功耗广域网(LPWA)。NB-IoT 支持待机时间长、对网络连接要求较高设备的高效连接。

(三)智能处理

在物联网应用系统中,传感器提供了对物理变量、状态及其变化的探测和测量所必需的手段，而对物理世界由"感"而"知"的过程则由信息处理技术来实现，信息处理技术贯穿由"感"而"知"的全过程，是实现物联网应用系统物物互联、物人互联的关键技术之一。

信息处理技术所涉及的内容和范围极其广泛，它可以泛指任何对数据或信息进行操作的方法和过程。从目标上看，信息处理技术以高效能地实现信息的转换、传输、发布和使用等为目标。从实现方法和技术手段上看，信息处理技术既可以采用串行或并行方式，也可以基于集中式或分布式的机制来实现。

在物联网应用系统中，信息处理指基于多个物联网感知互动层节点或设备所采集的传感数据，实现对物理变量、状态、目标、事件及其变化的全面、透彻感知，以及智能反馈、决策的过程。物联网中信息处理技术面临数据多源异构、环境复杂多样、目标混杂及突发事件的不确定性等技术挑战。从概念上说，信息处理技术涵盖数据处理、数据融合(Data Fusion)、数据挖掘(Data Mining)、数据整合(Data Integration)等诸多技术领域。

二、物联网应用与智慧城市

(一)城市管理

建立城市物联网公共服务体系，构建具备开放式、共享式的政府电子物联网体系，建设可完成多行业、多角度的数据协同、共享，为个人、企业及政府提供详细的城市运作及商业服务的物联网公共信息服务体系；部署物联网公共设施监控，对城市的公共重要设施进行系统标示，达到对城市公共设施的精确监控及全程跟踪，确保城市公共安全；对一些重要食品物资进行标示，就可实现对食品物资的全程溯源及追踪，保障食品安全；此外城市管理中的应急管理体系、地图导航及环境监控等方面均离不开物联网技术的应用。

(二)农田园林

将温湿度、光传感器等安装在农田、园林及目标地点，各节点单位就可准确收集到大量关于农田、园林内温度、湿度、采光及气体浓度等信息，以精确把握土壤湿度、压实程度、PH值及各类肥料种植情况等信息，使得农业生产数字化、标准化、网络化水平得到不断提高；利用成本低、功耗低的无线传感网络对造林营林、林地征集、林木采集、城市绿化等方面的动态管控，以达到园林资源优化管理，促进园林绿化的现代化及信息化，最终增强园林绿化的社会效益、经济效益及生态环境效益。

(三)医疗服务

物联网技术在医疗服务领域的应用潜力巨大，通过采用RFID医疗卡、对医疗对象(如医生、护士、病人、设备、物资、药物等)植入芯片等方式，能够帮助医院实现对医疗对象的智能化感知和处理，支持医院内部医疗信息、设备信息、药品信息、人员信息、管理信息的数字化采集、处理、存储、传输等，进行人员身份确认、人员定位及监控、移动医疗监护、生命体征采集等医疗活动，实现医疗对象管理可视化、医疗信息数字化、医疗流程闭环化、医疗决策科学化、服务沟通人性化，从而解决医疗平台支撑薄弱、医疗服务水平整体较低、医疗安全生产隐患等问题。不仅有效节约了社会资源，而且也大大推进了医疗卫生系统的运转速度。

（四）智慧楼宇

物联网将建筑中的末端设备设施，通过各类无线、有线的通信方式实现互连互通，提供安全可控、个性化的实时在线监测、定位追溯、报警联动、调度指挥、预案管理、远程控制、安全防范、远程维保、在线升级、统计报表、决策支持等管理和服务功能，实现对楼宇的高效、节能、安全、环保地管、控、营一体化。楼宇设备自动化系统（BAS）即智能楼宇物联网应用的典型代表，BAS 系统通常包括暖通空调、给排水、供配电、照明、电梯、消防、安全防范等子系统。该系统能够实现自动监视并控制各种机电设备的启停，显示或打印当前的运行状态；自动检测、显示、打印各种设备的运行参数及其变化趋势或历史数据，当参数超过正常范围时自动报警；根据外界条件、环境因素、负载变化情况自动调节各种设备，使之始终运行在最佳状态；检测并及时处理各种意外、突发事件；实现对大楼内各种机电设备的统一管理、协调控制。

（五）智慧交通

道路交通信息采集领域，通过给机动车安装电子标签，可以采集到车速、占有率、流量以及车辆的详细信息（如车型、号牌、颜色等），从而得到路网的各项交通运行信息。通过对交通标志、交通防护设施、交通安全设施等各种静态交通设施安装电子标签，有效地解决设备信息的采集问题，交通管理部门可以方便、高效地读取路网上所有设备的信息，提高信息采集和管理效率。

交通安全管理领域，基于无线通信和自动控制技术开发新一代汽车无人驾驶技术，使行驶中的车辆互相确认对方的位置，自动控制车辆行驶，避免事故并缓解城市道路拥堵。在交通标志、交通标线上安装电子标签，通过车载接收检测设备，驾驶员可以自动获取车辆经过路段的标志、标线信息以及其他重要信息。

交通指挥与控制领域，利用运营公交车辆的空间位置信息，可以判断城市道路交通流的运行状态并预估下一车辆的到达时间，为乘客选择出行方式和安排出行计划提供信息，并为公交车辆的运营调度提供帮助。通过短程无线通信技术，路面的民警能够在路口、路段控制现场的各类交通设备、设施，直接干预交通信号控制，协调交通流，缓解交通拥堵。

电子收费管理领域，主要用于公路收费、停车收费、拥堵收费、缴纳罚款等。在汽车上安装了电子标签，当装有电子标签的车辆通过装有射频扫描器的专用隧道、停车场、高速公路路口、拥堵区域时，无须停车缴费，大幅提升了通行效率。

（六）智慧物流

物流是指物品从供应地向接收地的实体流动过程。以产品电子代码（EPC 码）和 RFID 为核心在物流行业构造物联网，将在全球范围从根本上改变对产品生产、运输、仓储、销售各环节物品流动监控和动态协调的管理水平。物流生产运输层面，基于物联网的支持，电子标签承载的信息可以实时获取，从而清楚地了解到产品的具体位置，进行自动跟踪，物联网的应用使得产品的动态跟踪运送和信息的获取更加方便，对不合格的产品及时召回，降低产品退货率。物流仓储层面，出入库产品信息的采集因为物联网技术的运用，而嵌入相应的数据库，经过数据处理，实现对产品的拣选、分类堆码和管理。销售管理层面，物联网系统具有快速的信息传递能力，能够及时获取缺货信息，并将其传递到卖场的仓库管理系统，经信息汇总传递给上一级分销商或制造商。

第五节　云计算技术

智慧城市是以多应用、多行业、复杂系统组成的综合体。多个应用系统之间存在信息共享、交互的需求。各不同的应用系统需要共同抽取数据综合计算和呈现综合结果。如此众多繁复的系统需要多个强大的信息处理中心进行各种信息的处理。要从根本上支撑庞大系统的安全运行，需要考虑基于云计算的网络架构，建设智慧城市云计算数据中心。在满足上述需求的同时云计算数据中心具备传统数据中心、单应用系统建设无法比拟的优势：随需应变的动态伸缩能力（基于云计算基础架构平台，动态添加应用系统）以及极高的性能投资比（相对传统的数据中心，硬件投资至少下降 30% 以上）。

云计算（Cloud Computing）是由分布式计算（Distributed Computing）、并行处理（Parallel Computing）、网格计算（Grid Computing）发展来的，是一种新兴的商业计算模型。2006 年谷歌推出了“Google 101 计划”，并正式提出“云”的概念和理论。随后亚马逊、微软、惠普、雅虎、英特尔、IBM 等公司都宣布了自己的“云计划”，云安全、云存储、内部云、外部云、公共云、私有云……各种令人眼花缭乱的概念不断冲击着人们的神经。目前，对于云计算的认识在不断地发展变化，云计算仍没有普遍一致的定义。中国网格计算、云计算专家刘鹏给出如下定义：“云计算将计算任务分布在大量计算机构成的资源池上，使各种应用系统能够根据需要获取计算力、存储空间和各种软件服务。”狭义的云计算指的是厂商通过分布式计算和虚拟化技术搭建数据中心或超级计算机，以免费或按需租用方式向技术开发者或者企业客户提供数据存储、分析以及科学计算等服务，比如亚马逊数据仓库出租生意。广义的云计算指厂商通过建立网络服务器集群，向各种不同类型客户提供在线软件服务、硬件租借、数据存储、计算分析等不同类型的服务。通俗的理解是，云计算的“云”就是存在于互联网上的服务器集群上的资源，它包括硬件资源（服务器、存储器、CPU 等）和软件资源（如应用软件、集成开发环境等），本地计算机只需要通过互联网发送一个需求信息，远端就会有成千上万的计算机为你提供需要的资源并将结果返回到本地计算机，所有的处理都由云计算提供商所提供的计算机群来完成。

云计算的最终目标是将计算、服务和应用作为一种公共设施提供给公众，使人们能够像使用水、电、煤气和电话那样使用计算机资源。云计算模式即为电厂集中供电模式。在云计算模式下，用户的计算机会变得十分简单，除了通过浏览器给“云”发送指令和接收数据外，基本上什么都不用做便可以使用云服务提供商的计算资源、存储空间和各种应用软件。同时，用户的使用观念也会发生彻底的变化——从“购买产品”到“购买服务”转变，直接面对的将不再是复杂的硬件和软件，而是最终的服务。用户不需要拥有看得见、摸得着的硬件设施，也不需要为机房支付设备供电、空调制冷、专人维护等费用，并且不需要等待漫长的供货周期、项目实施等冗长的时间，只需要把钱汇给云计算服务提供商，用户将会马上得到需要的服务。

一、云计算的服务模式

面对数万亿计的市场，云计算的布局正处于蓬勃发展的阶段，众多厂商正探索开发不同的云计算服务。云计算的服务表现形式多种多样，简单的云计算在人们日常网络应用中随处可见，比如在线制作 Flash 图片、Google 搜索服务、Google Doc、Google Apps 等。目前，云计算的主要服务形式有：SaaS（Software as a Service，软件即服务），PaaS（Platform as a Service，平台即服务），IaaS（Infrastructure as a Service，基础设施即服务）。

（一）软件即服务（SaaS）

SaaS 服务提供商将应用软件统一部署在自己的服务器上，用户根据需求通过互联网向厂商订购应用软件服务，服务提供商根据客户所定软件的数量、时间的长短等因素收费，并且通过浏览器向客户提供软件的模式。这种服务模式的优势是，由服务提供商维护和管理软件、提供软件运行的硬件设施，用户只需拥有能够接入互联网的终端，即可随时随地使用软件。这种模式下，客户不再像传统模式那样花费大量资金在硬件、软件、维护人员，只需要支出一定的租赁服务费用，通过互联网就可以享受到相应的硬件、软件和维护服务，这是网络应用最具效益的营运模式。目前，Salesforce. com 是提供这类服务最有名的公司，Google Doc，Google Apps 和 Zoho Office 也属于这类服务。

（二）平台即服务（PaaS）

把开发环境作为一种服务来提供。这是一种分布式平台服务，厂商提供开发环境、服务器平台、硬件资源等服务给客户，用户在其平台基础上定制开发自己的应用程序并通过其服务器和互联网传递给其他客户。PaaS 能够给企业或个人提供研发的中间件平台，提供应用程序开发、数据库、应用服务器、试验、托管及应用服务。Google App Engine，Salesforce 的 force. com 平台，八百客的 800APP 是 PaaS 的代表产品。以 Google App Engine 为例，它是一个由 Python 应用服务器群、BigTable 数据库及 GFS 组成的平台，为开发者提供一体化主机服务器及可自动升级的在线应用服务。用户编写应用程序并在 Google 的基础架构上运行就可以为互联网用户提供服务，Google 提供应用运行及维护所需要的平台资源。

（三）基础设施即服务（IaaS）

IaaS 即把厂商的由多台服务器组成的“云端”基础设施，作为计量服务提供给客户。将内存、I/O 设备、存储和计算能力整合成一个虚拟的资源池为整个业界提供所需要的存储资源和虚拟化服务器等服务。这是一种托管型硬件方式，用户付费使用厂商的硬件设施。例如 Amazon Web 服务（AWS）、IBM 的 Blue Cloud 等均是将基础设施作为服务出租。IaaS 的优点是用户只需低成本硬件，按需租用相应计算能力和存储能力，大大降低了用户在硬件上的开销。

二、云计算典型技术

云计算系统运用了许多技术，其中以编程模型、数据管理技术、数据存储技术、虚拟化技术、云计算平台管理技术最为典型。

（一）编程模型

MapReduce 是 Google 开发的 Java、Python、C ++ 编程模型，它是一种简化的分布式编程模型和高效的任务调度模型，用于大规模数据集（大于 1 TB）的并行运算。严格的编程模型使云计算环境下的编程十分简单。MapReduce 模式的思想是将要执行的问题分解成 Map（映射）和 Reduce（化简）的方式，先通过 Map 程序将数据切割成不相关的区块，分配（调度）给大量计算机处理，达到分布式运算的效果，再通过 Reduce 程序将结果汇整输出。

（二）海量数据分布存储

云计算系统由大量服务器组成，同时为大量用户服务，因此云计算系统采用分布式存储的方式存储数据，用冗余存储的方式保证数据的可靠性。云计算系统中广泛使用的数据存储系统是 Google 的 GFS 和 Hadoop 团队开发的 GFS 的开源实现 HDFS。GFS 即 Google 文件系统（Google File System），是一个可扩展的分布式文件系统，用于大型的、分布式的、对大量数据进行访问的应用。GFS 的设计思想不同于传统的文件系统，是针对大规模数据处理和 Google 应用特性而设计的。一个 GFS 集群由一个主服务器（Master）和大量的块服务器（Chunkserver）构成，并被许多客户（Client）访问。

（三）海量数据管理

云计算需要对分布的、海量的数据进行处理、分析，因此，数据管理技术必须能够高效地管理大量的数据。云计算系统中的数据管理技术主要是 Google 的 BT(BigTable)数据管理技术和 Hadoop 团队开发的开源数据管理模块 HBase。BT 是建立在 GFS,Scheduler,Lock Service 和 MapReduce 之上的一个大型的分布式数据库,与传统的关系数据库不同,它把所有数据都作为对象来处理,形成一个巨大的表格,用来分布存储大规模结构化数据。Google 的很多项目使用 BT 来存储数据,包括网页查询,Google earth 和 Google 金融。这些应用程序对 BT 的要求各不相同:数据大小(从 URL 到网页到卫星图像)不同、反应速度不同(从后端的大批处理到实时数据服务)。对于不同的要求,BT 都成功地提供了灵活高效的服务。

(四)虚拟化

通过虚拟化技术可实现软件应用与底层硬件相隔离,它包括将单个资源划分成多个虚拟资源的裂分模式,也包括将多个资源整合成一个虚拟资源的聚合模式。虚拟化技术根据对象可分成存储虚拟化、计算虚拟化、网络虚拟化等,计算虚拟化又分为系统级虚拟化、应用级虚拟化和桌面虚拟化。

(五)云计算平台管理

云计算资源规模庞大,服务器数量众多并分布在不同的地点,同时运行着数百种应用,如何有效地管理这些服务器,保证整个系统提供不间断的服务是巨大的挑战。云计算系统的平台管理技术能够使大量的服务器协同工作,方便地进行业务部署和开通,快速发现和恢复系统故障,通过自动化、智能化的手段实现大规模系统的可靠运营。

三、主流云平台

由于云计算技术范围很广,目前各大 IT 企业提供的云计算服务主要根据自身的特点和优势实现的。下面以 Google、Amazon、阿里巴巴为例说明。

(一)Google 的云计算平台

Google 的硬件条件优势,大型的数据中心、搜索引擎的支柱应用,促进 Google 云计算迅速发展。Google 的云计算主要由 MapReduce、Google 文件系统(GFS)、BigTable 组成。它们是 Google 内部云计算基础平台的 3 个主要部分。Google 还构建其他云计算组件,包括一个领域描述语言以及分布式锁服务机制等。Sawzall 是一种建立在 MapReduce基础上的领域语言,专门用于大规模的信息处理。Chubby 是一个高可用、分布式数据锁服务,当有机器失效时,Chubby 使用 Paxos 算法来保证备份。

(二)Amazon 的弹性计算云

Amazon 是互联网上最大的在线零售商,为了应付交易高峰,不得不购买了大量的服务器。而在大多数时间,大部分服务器闲置,造成了很大的浪费,为了合理利用空闲服务器,Amazon 建立了自己的云计算平台弹性计算云 EC2(Elastic Compute Cloud),并且是第一家将基础设施作为服务出售的公司。Amazon 将自己的弹性计算云建立在公司内部的大规模集群计算的平台上，而用户可以通过弹性计算云的网络界面去操作在云计算平台上运行的各个实例（Instance）。用户使用实例的付费方式由用户的使用状况决定，即用户只需为自己所使用的计算平台实例付费，运行结束后计费也随之结束。这里所说的实例即是由用户控制的完整的虚拟机运行实例。通过这种方式，用户不必自己去建立云计算平台，节省了设备与维护费用。

（三）Alibaba 的阿里云

阿里云（www. aliyun. com）创立于2009 年，为200 多个国家和地区的企业、开发者和政府机构提供服务。根据 Gartner 最新市场份额研究数据显示，阿里云已成为全球前三大公共云服务提供商。截至2017 年6 月，阿里云云计算付费用户超过100 万。阿里云致力于以在线公共服务的方式，提供安全、可靠的计算和数据处理能力，让计算和人工智能成为普惠科技。阿里云在全球各地部署高效节能的绿色数据中心，利用清洁计算为万物互联的新世界提供源源不断的能源动力。目前，阿里云在全球16 个地域开放了33 个可用区，为全球数十亿用户提供可靠的计算支持。此外，阿里云为全球客户部署200 多个飞天数据中心，通过底层统一的飞天操作系统，为客户提供全球独有的混合云体验。

四、云计算对于智慧城市建设的意义

（一）促进现代服务业发展

发展现代服务业，带动产业结构调整，是信息技术产业所肩负的重要任务。云计算，使计算与信息服务走向社会化、集约化、专业化，让更多的人能够以低成本享受到信息技术和信息资源服务，是促进现代服务业发展的重要信息技术。

现代服务业是从工业、农业、服务业三个产业角度抽出的，它是一种利用高新技术，特别是信息通信技术和现代管理理念的一种新的服务业态，云计算正是上述所提的新的业态。可见，云计算是现代服务业的一个交集关系，一方面它属现代服务业，另一方面它也可以为其他工业、农业和传统服务业做计算服务，共同形成全面的支撑关系，可见云计算作为现代服务业中一员可提供一切需要计算服务的请求。

现代服务业中各种计算服务都可以采用“云”计算的解决方案。云计算将进一步推动现代服务业的发展，而现代服务业不断增长的需求又会促进云计算服务更大的应用和技术上的进步。

（二）推动区域社会和经济发展

云计算作为一种计算模式，其重要特征就是资源整合，能够提供更强大的应用支撑能力，进一步推动区域信息化建设发展，为区域社会和经济更快更好的发展提供有力保障。

经过多年的建设，传统的无线城市在电子政务、电子商务等方面已经形成了多个应用平台，积累了大量的数据。但是这些平台之间是相互独立的，形成多个数据孤岛，并且普遍存在设备利用率低、管理维护成本高等问题。云计算中心的建设，使我们能够有效整合计算资源和数据，支撑更大规模的应用，处理更大规模的数据，并且能够对数据进行深度挖掘，从而为政府决策、企业发展、公众服务提供更好的平台。

对于中小企业，传统的IT模式需要在硬件设备上投入大量资金，而没能在预期时间内获取相应的收益，将面临很大的商业风险；面对迅速增长的市场机遇，则可能因为无法满足用户需求而错失市场机遇。在云计算环境下，用户可以随时根据业务规模，租借相应的硬件设备资源，可以灵活地适应业务变化，有效规避风险，更好地把握机遇。因而，云计算能够更好地降低中小企业风险，促进中小企业高效、健康发展。

（三）降低区域信息化的总体成本

云计算通过资源整合、统一管理和高效的资源流转，可以有效降低区域信息化的总体成本，从而降低信息化门槛，使得更多的政府部门、公共机构或企业愿意通过信息化提高工作效率。

首先，降低投资成本。通常情况下，IT资源投资规划，往往是依照业务高峰负载时的需求进行采购，是一种负载最大化的规划形式。但在日常应用中，绝大多数时间里，IT资源的负载只有20%左右，导致大量的资源在低负荷中，被闲置浪费。云计算的突出特点，在于实现IT资源共享。可以在保证数据隔离的情况下，实现多个业务对物理资源的共享，即在实现安全性的前提下，有效提高物理资源的利用率。因而，采用云计算方案构建数据中心，可以将IT物理资源的利用率提高到80%以上，有效降低物理设备的投资规模，是更为高效的投资规划方向。

其次，提高利用率，降低日常运营成本。在白天业务高峰时，IT物理资源负载较高。而在夜间，IT物理资源负载很低。但为了保证业务的连续性，IT物理资源往往需要不间断运行，由此，在夜间负载很低时，IT物理资源也耗费了大量的电能。云计算可以实现有效的绿色节能。在夜间负载低时，能够实现业务的不间断转移，可以有效将业务转移到部分IT物理资源上，而将其他空闲的物理资源关机或转入节能模式。经过实际验证，夜间，云计算可将80%的业务转移到20%的物理资源上，从而节约70%左右的电能。

最后，降低管理维护成本。传统的IT系统，服务器分散，大量的计算任务在桌面进行，每个单位和企业都要拿出相当的人力、物力进行IT系统的日常维护，包括硬件维修、软件升级、修补漏洞、查杀病毒等，甚至个人计算机重装系统都要浪费大量时间。云计算通过资源集中和统一管理，降低了这些单位和企业的日常维护工作量，大量的工作都转移到后台由专业人员完成，从而有效降低了管理维护成本。

（四）为数据安全提供保障

云计算通过将数据集中存放，降低了数据在个人手中遗失或者泄露的风险。同时，云计算中心还采用了多种安全手段和容灾备份手段，保证数据不会丢失，也不会被非法篡改。

第六节 大数据相关技术

信息技术为人类开启了智慧时代的大门，带动了互联网、物联网、电子商务、现代物流、网络金融等现代服务业发展，催生了智慧城市、智能电网、智能交通、车联网、新能源、高端装备制造等新兴产业。与此同时，各类业务数据正以几何级数的形式爆发，其格式、收集、存储、检索、分析、应用等诸多问题，若以传统的信息处理技术加以解决，会对人类实现数字社会、网络社会和智能社会带来极大的阻碍。

从2009年开始，“大数据”成为互联网信息技术行业的流行词汇，大数据起初成熟应用多在互联网行业，互联网上的数据每年增长50%，每两年翻一番，全球互联网企业都意识到“大数据”时代的来临，数据对于企业有着重要意义。2011年5月，麦肯锡全球研究院发布题为《大数据：创新、竞争和生产力的下一个新领域》的报告。报告发布后，“大数据”迅速成为计算机行业的热门概念。2012年4月美国奥巴马政府推出“大数据研究和发展倡议”，并划拨2亿美元的专项资金后，在全球掀起了一股大数据的热潮。

目前，业界对大数据还没有一个统一定义，常见的大数据定义如表10-1所示。

表10-1 不同机构针对大数据的定义

机构	定义
麦肯锡	大数据是指无法在一定时间内用传统数据库软件工具对其内容进行抓取、管理和处理的数据集合
维基百科	大数据是指无法在一定时间内用常规软件工具对其内容进行抓取、管理和处理的数据集
Gartner	大数据是需要新处理模式才能具有更强的决策力、洞察发现力和流程优化能力的海量、高增长率和多样化的信息资产

一、大数据的特征

大数据具备Volume、Velocity、Variety和Value四个特征①（简称为“4V”，即数据体量巨大、处理速度快、数据类型繁多和价值密度低），下面对每个特征分别作简要描述。

Volume：表示大数据的数据量巨大。数据集合的规模不断扩大，已从GB到TB再

① GuptaR, Gupta H, Mohania M. Cloud Computing and Big Data Analytics: What Is New from Databases Perspective? [M]//Big Data Analytics. Springer Berlin Heidelberg, 2012: 42-61.

到 PB 级，甚至开始以 EB 和 ZB 来计数。比如一个中型城市的视频监控头每天就能产生几十 TB 的数据。

Variety：表示大数据的类型复杂。以往产生或者处理的数据类型较为单一，大部分是结构化数据。而如今，社交网络、物联网、移动计算、在线广告等新的渠道和技术不断涌现，产生大量半结构化或者非结构化数据，如 XML、邮件、博客、即时消息等，需要整合并分析来自复杂的传统和非传统信息源的数据，包括企业内部和外部的数据。

Velocity：数据产生、处理和分析的速度持续在加快，数据流量大。加速的原因是数据创建的实时性天性，以及需要将流数据结合到业务流程和决策过程中的要求。数据处理速度快，处理能力从批处理转向流处理。业界对大数据的处理能力有一个称谓——"1 秒定律"，也就充分说明了大数据的处理能力，体现出其与传统的数据处理技术有着本质区别。

Value：大数据由于体量不断增大，单位数据的价值密度在不断降低，然而数据的整体价值在提高。大数据中蕴含了无限的商业价值，通过对大数据进行处理，找出其中潜在的商业价值，将会产生巨大的商业利润。IDC 亚太区（不含日本）最新关于大数据和分析（BDA）领域的市场研究表明，大数据技术和服务市场规模从 2012 年的 5.48 亿美元增加到 2017 年的 23.8 亿美元，未来 5 年的复合增长率达到 34.1%。该市场涵盖了存储、服务器、网络、软件以及服务市场。

二、大数据技术体系

大数据技术分类如表 10-2 所示。

表 10-2　大数据技术分类

大数据技术分类	大数据技术与工具
基础架构支持	云计算平台
	云存储
	虚拟化技术
	网络技术
	资源监控技术
数据采集	数据总线
	ETL 工具
数据存储	分布式文件系统
	关系型数据库
	NoSQL 技术
	关系型数据库与非关系型数据库融合
	内存数据库

续表

大数据技术分类	大数据技术与工具
数据计算	数据查询、统计与分析
	数据预测与挖掘
	图谱处理
	BI 商业智能
数据展现与交互	图形与报表
	可视化工具
	增强现实技术

（一）基础架构支持

基础架构支持主要包括为支撑大数据处理的基础架构级数据中心管理、云计算平台、云存储设备及技术、网络技术、资源监控等技术。

大数据处理需要拥有大规模物理资源的云数据中心和具备高效的调度管理功能的云计算平台的支撑。云计算管理平台能为大型数据中心及企业提供灵活高效的部署、运行和管理环境，通过虚拟化技术支持异构的底层硬件及操作系统，为应用提供安全、高性能、高可扩展、高可靠和高伸缩性的云资源管理解决方案，降低应用系统开发、部署、运行和维护的成本，提高资源使用效率。

作为新兴的计算模式，云计算在学术界和业界获得巨大的发展动力。政府、研究机构和行业领跑者正在积极地尝试应用云计算来解决网络时代日益增长的计算和存储问题。除了亚马逊的 AWS、Google 的 App Engine 和 Microsoft 的 Windows Azure Services 等商业云平台之外，还有一些如 OpenNebula、Eucalyptus、Nimbus、和 OpenStack 等开源的云计算平台，每个平台都有其显著的特点和不断发展的社区。

（二）数据采集

足够的数据量是开展大数据战略的基础，数据采集是大数据分析的前提。大数据技术的意义不在于数据信息的规模庞大，而在于对这些数据进行处理，从中分析和挖掘出有价值的信息。数据采集除了各类传感设备等硬件软件设施之外，主要涉及数据的 ETL（采集、转换、加载）过程，能对数据进行清洗、过滤、校验、转换等各种预处理，将有效的数据转换成适合的格式和类型。同时，为了支持多源异构的数据采集和存储访问，还需设计企业的数据总线，方便企业各个应用和服务之间数据的交换和共享。

数据采集有基于物联网传感器的采集，也有基于网络信息的数据采集。比如在智能交通中，数据的采集有基于 GPS 的定位信息采集、基于交通摄像头的视频采集、基于交通卡口的图像采集、基于路口的线圈信号采集等。而在互联网上的数据采集是对各类网络媒介，如搜索引擎、新闻网站、论坛、微博、博客、电商网站等的各种页面信息和用户访问信息进行采集，采集的内容主要有文本信息、URL、访问日志和图片等。

数据采集过程中的ETL工具负责将分布的、异构数据源中的不同种类和结构的数据如文本数据、关系数据以及图片视频等非结构化数据抽取到中间层进行清洗、转换、分类、集成，最后加载到对应的数据存储系统中，成为分析处理、数据挖掘的基础。针对大数据的ETL工具有别于传统的ETL处理过程，在ETL的架构和工具选择上，也会采用如分布式内存数据库、实时流处理系统等现代信息技术，一方面大数据的体量巨大，另一方面数据的产生速度也非常快，比如一个城市的视频监控头、智能电表每一秒钟都在产生大量的数据，对数据的预处理需要实时快速。

（三）数据存储

大数据每年都在激增庞大的信息量，加上已有的历史数据信息，对整个业界的数据存储、处理带来了很大的机遇与挑战。据IDC《数字宇宙》(*Digital Universe*)的研究报告表明，2020年全球新建和复制的信息量将超过40 ZB，是2012年的12倍；而中国的数据量则会在2020年超过8 ZB，比2012年增长22倍。为了满足快速增长的存储需求，云存储需要具备高扩展性、高可靠性、高可用性、低成本、自动容错和去中心化等特点。常见的云存储形式可以分为分布式文件系统和分布式数据库。其中，分布式文件系统采用大规模的分布式存储节点来满足存储大量文件的需求，而分布式的NoSQL数据库则为大规模非结构化数据的处理和分析提供支持。

Google在早期面对海量互联网网页的存储及分析难题时，率先开发出了Google文件系统GFS以及基于GFS的MapReduce分布式计算分析模型。由于一部分的Google应用程序需要处理大量的格式化以及半格式化数据，Google又构建了弱一致性要求的大规模数据库系统BigTable，能够对海量数据进行索引、查询和分析。Google的一系列产品，开创了云计算时代大规模数据存储、查询和处理的先河，也成为了这个领域的事实上的标准，在技术上一直保持领先地位。

Google的技术并不对外开放，因此Yahoo以及开源社区协同开发了Hadoop系统，相当于GFS和MapReduce的开源实现。其底层的Hadoop文件系统HDFS和GFS的设计原理完全一致，同时也实现了BigTable的开源系统HBase分布式数据库。Hadoop以及HBase自推出以来在全世界得到了广泛的应用，现在已经由Apache基金会管理，Yahoo本身的搜索系统就是运行在上万台的Hadoop集群之上。

（四）数据计算

数据计算技术包括数据查询、统计、分析、预测、挖掘、图谱处理、BI商业智能等各项相关技术，涵盖数据处理的方方面面，是大数据技术的核心。面向大数据处理过程中的不同需求，催生了大数据计算的不同计算模式，总体上分为离线批处理计算、实时交互计算和流计算三种。

离线批处理——随着云计算技术的广泛的应用与发展，基于开源的 Hadoop 分布式存储系统和 MapReduce 数据处理模式的分析系统也得到了广泛的应用。Hadoop 通过数据分块及自恢复机制，能支持 PB 级的分布式的数据存储，以及基于 MapReduce 分布式处理模式对这些数据进行分析和处理。MapReduce 编程模型可以很容易地将多个通用批数据处理任务和操作在大规模集群上并行化，而且有自动化的故障转移功能。MapReduce 编程模型在 Hadoop 这样的开源软件带动下被广泛采用，应用到 Web 搜索、欺诈检测等各种各样的实际应用中。

实时交互计算——实时和交互式计算技术中，Google 的 Dremel 系统表现最为突出。Dremel 是 Google 的“交互式”数据分析系统。可以组建成规模上千的集群，处理 PB 级别的数据。Google 开发了 Dremel 系统将处理时间缩短到秒级，作为 MapReduce 的有力补充。Spark 是由加州大学伯克利分校 AMP 实验室开发的实时数据分析系统，采用一种与 Hadoop 相似的开源集群计算环境，但是 Spark 在任务调度、工作负载优化方面设计和表现更加优越。Spark 启用了内存分布数据集，除了能够提供交互式查询外，它还可以优化迭代工作负载。

流计算——在很多实时应用场景中，比如实时交易系统、实时诈骗分析、实时广告推送、实时监控、社交网络实时分析等，存在数据量大，实时性要求高，而且数据源是实时不间断的。流计算就是针对实时连续的数据类型而准备的。在流数据不断变化的运动过程中实时地进行分析，捕捉到可能对用户有用的信息，并发送结果。Yahoo 的 S4 可以进行高数据率和大数据量的流式处理。S4 是一个通用的、分布式的、可扩展的、部分容错的、可插拔的平台。开发者可以容易地在其上开发面向无界不间断流数据处理的应用。Storm 是 Twitter 开源的一个类似于 Hadoop 的实时数据处理框架，这种高可拓展性、能处理高频数据和大规模数据的实时流计算解决方案能够应用于实时搜索、高频交易和社交网络上。

（五）数据展现与交互

计算结果需要以简单直观的方式展现出来，才能最终为用户所理解和使用，形成有效的统计、分析、预测及决策，应用到生产实践和企业运营中，因此大数据的展现技术与数据的交互技术在大数据全局中也占据重要的位置。选择恰当的、生动直观的展示方式能够帮助我们更好地理解数据及其内涵和关联，也能够更有效地解释和运用数据，发挥其价值。在展现方式上，除了传统的报表、图形之外，我们还可以结合现代化的可视化工具及人机交互手段，甚至是基于如 Google 眼镜等增强现实手段。

Excel 形式的表格和图形化展示方式是人们熟知和使用已久的数据展示方式，也为日常的简单数据应用提供了极大的方便。微软公司和一些创业者也看到了市场潜力，开发以 Excel 为展示和交互方式，结合 Hadoop 等技术的大数据处理平台。

随着大数据的兴起，也涌现了很多新型的数据展现和交互方式，和专注于这方面的一些创业公司。这些新型方式包括交互式图表，可以在网页上呈现，并支持交互，可以操作、控制图标、动画和演示。Google Chart Tools 也给网站数据可视化提供了很多种灵活的方式。从简单的线图、Geo 图、gauges（测量仪），到复杂的树图，Google Chart Tools 提供了大量设计优良的图表工具。Tableau 是业内领先的数据分析工具之一，诞生于斯坦福大学中的大数据创业公司，其将数据运算与美观的图表完美地结合在一起。“快速处理、便捷共享”是 Tableau 的一大特点。仅需数秒，Tableau Server 就可以将交互控制面板发布在网上，用户只需要一个浏览器，就可以方便地过滤、选择数据并且对他们的问题得到回应，这将使得用户使用数据的积极性大大增加。

三、大数据与云计算的关系

大数据时代的超大数据体量和占相当比例的半结构化和非结构化数据的存在，已经超越了传统数据库的管理能力，大数据技术将是 IT 领域新一代的技术与架构，它将帮助人们存储管理好大数据并从大体量、高复杂的数据中提取价值，相关的技术、产品将不断涌现，IT 行业将有可能开拓一个新的黄金时代。大数据本质也是数据，其关键的技术依然逃不脱：①大数据存储和管理；②大数据检索使用（包括数据挖掘和智能分析）。围绕大数据，一批新兴的数据挖掘、数据存储、数据处理与分析技术将不断涌现，让我们处理海量数据更加容易、更加便宜和迅速，成为企业业务经营的好助手，甚至可以改变许多行业的经营方式。

（一）大数据的商业模式与架构——云计算及其分布式结构是重要途径

大数据处理技术正在改变目前计算机的运行模式，正在改变着这个世界：它能处理几乎各种类型的海量数据，无论是微博、文章、电子邮件、文档、音频、视频，还是其他形态的数据；它工作的速度非常快速：实际上几乎实时；它具有普及性：因为它所用的都是最普通低成本的硬件，而云计算它将计算任务分布在大量计算机构成的资源池上，使用户能够按需获取计算力、存储空间和信息服务。云计算及其技术给了人们廉价获取巨量计算和存储的能力，云计算分布式架构能够很好地支持大数据存储和处理需求。这样的低成本硬件 + 低成本软件 + 低成本运维，更加经济和实用，使得大数据处理和利用成为可能。

（二）大数据的存储和管理——云数据库的必然

很多人把 NoSQL 称为云数据库，因为其处理数据的模式完全是分布于各种低成本服务器和存储磁盘，因此它可以帮助网页和各种交互性应用快速处理过程中的海量数据。它采用分布式技术结合了一系列技术，可以对海量数据进行实时分析，满足了大数据环境下一部分业务需求。但这是错误的，至少是片面的，是无法彻底解决大数据存储管理需求的。云计算对关系型数据库的发展将产生巨大的影响，而绝大多数大型业务系统（如银行、证券交易等）、电子商务系统所使用的数据库还是基于关系型的数据库，随着云计算的大量应用，势必对这些系统的构建产生影响，进而影响整个业务系统及电子商务技术的发展和系统的运行模式。基于关系型数据库服务的云数据库产品将是云数据库的主要发展方向，云数据库（CloudDB）提供了海量数据的并行处理能力和良好的可伸缩性等特性，提供同时支持在线分析处理（OLAP）和在线事务处理（OLTP）能力，提供了超强性能的数据库云服务，并成为集群环境和云计算环境的理想平台。它是一个高度可扩展、安全和可容错的软件，客户能通过整合降低 IT 成本，管理位于多个数据，提高所有应用程序的性能和实时性，做出更好的业务决策服务。

（三）云计算能为大数据带来的变化

首先，云计算为大数据提供了可以弹性扩展相对便宜的存储空间和计算资源，使得中小企业也可以像亚马逊一样通过云计算来完成大数据分析。其次，云计算 IT 资源庞大，分布较为广泛，是异构系统较多的企业及时准确处理数据的有力方式，甚至是唯一方式。当然大数据要走向云计算还有赖于数据通信带宽的提高和云资源的建设，需要确保原始数据能迁移到云环境以及资源池可以随需弹性扩展。数据分析集逐步扩大，企业级数据仓库将成为主流，未来还将逐步纳入行业数据，政府公开数据等多来源数据。

当人们从大数据分析中尝到甜头后，数据分析集就会逐步扩大。目前大部分的企业所分析的数据量一般以 TB 为单位，按照目前数据的发展速度，很快将会进入 PB 时代。特别是目前在 100 ~ 500 TB 和 500 + TB 范围的分析数据集的数量呈 3 倍或 4 倍的增长。随着数据分析集的扩大，以前部门层级的数据集市将不能满足大数据分析的需求，它们将成为企业及数据库（EDW）的一个子集。根据 TDWI 的调查，如今大概有 2/3 的用户已经在使用企业级数据仓库，未来这一比例将会更高。传统分析数据库可以正常持续，但是会有一些变化，一方面，数据集市和操作性数据存储（ODS）的数量会减少；另一方面，传统的数据库厂商会提升他们产品的数据容量，细目数据和数据类型，以满足大数据分析的需要。

四、大数据技术与智慧城市

在智慧城市建设的过程中，大数据技术发挥着不可替代的重要作用。经过多年发展，以数据为核心的智慧城市的技术体系框架大致已形成：以数据的获取与管理技术作为底层支撑，以数据挖掘、处理和分析技术作为整个框架核心构成，在此基础之上对城市用户提供多样化的服务应用。未来智慧城市技术的发展方必将是以数据为中心，在这一点上业界和学术界已达成了基本共识。

（一）智慧交通

城市交通系统是城市中信息化程度较高的部分。浮动车、一卡通、微波线圈、摄像头等交通传感与信息化设备记录着城市中交通参与者的交通行为，为数据科学研究提供了丰富的研究样本。同时，由于城市交通领域自身的数据富集优势，又使得以数据为中心的智慧城市技术能够率先在智能交通领域中发挥重要作用。以数据为驱动的智能交通技术研究中所采用的城市数据主要包括地图与POI数据、GPS数据、客流数据、道路微波测量数据等,并通过多种手段对采集到的数据进行分析和理解,实现感知城市的交通运行状况。为市民提供交通引导、导航、推荐等智能服务。

全城交通感知与分析。基于城市交通监控数据的实时路况报告作为一种成熟的技术已经得到非常广泛的应用,对于城市中具有特殊特性路段的检测和查询、平均通勤时间评估、交通异常与事故的检测等研究可以极大地提高城市道路交通的管理效率。此外,通过对于GPS数据的深入挖掘和分析,可以进一步理解城市中交通运行的具体模式,提供交通流量的评估、预测和管理等应用服务。

城市交通管理与运行服务。基于GPS的路径导航服务也是典型应用之一,丰富详实的地图数据配合实时的路况分析结果可以为用户提供非常优质的行驶路径导航服务。包含有人类行为信息车辆GPS数据则可以提供汽车司机的驾驶知识来进一步优化导航路径的选择,可以有效地提高车辆在拥堵时段的行驶效率。将数据统计中获得的人类智慧应用到传统的信息化交通服务中,将车辆导航应用由传统的“以计算为中心”变为“以数据为中心”,所采用的核心技术也由传统的规划技术变为以数据为驱动的统计技术,意义深刻。

优化城市公共交通系统。智慧交通技术在优化城市公共交通系统方面也同样发挥巨大的作用。使用出租车GPS数据所提供的城市通勤需求信息,重新设计了城市公交车的行车路线,满足了不同时段人们对公交线路的不同需求。针对地铁轨道交通的智慧城市交通数据研究也受到越来越多的重视,对城市轨道交通的负载流量进行了预测分析,对于保障轨道交通运营安全、提高轨道交通运营效率有着非常重要的意义。

(二)城市动态特征检测分析

在地理结构上一座城市可以近似地看作一个基于经纬度坐标系的二维平面空间,通过城市传感设施所获得的城市数据则可以看作对于二维城市平面空间的动态特性的时间采样。这样,按照经纬度地理位组织起来的城市数据采集设备就形成了一个随着时间变化的二维时变信号源。信号源的采样对象是城市的内在动态特性,城市的人口、交通、经济、环境等各种深层次的动态行为都会在该信号源上有所体现,不同的数据收集方式相当于采用了不同类型的传感器,任何一种城市数据都是城市的内在动态特性在某一特殊传感信号空间上的映射。例如,使用安装有GPS设备的出租车与公交车辆收集到的浮动车数据,可以被理解为使用浮动车作为传感器对于整个城市的动态特性进行采样,所收集到的GPS位置信息实际上是城市深层动态特性在浮动车GPS信号空间上映射。尽管浮动车的GPS数据直接表现出来的是车辆的位置、速度分布等道路交通信息,但事实上整个城市的市民生活方式、经济文化分布、城市地理结构等深层次的城市特性都会在GPS信号空间上有所反映。如果我们能够综合有效地利用信号分析、统计学习、数据挖掘等技术对浮动车 GPS 数据等城市感知数据进行挖掘，就可以有效地检测发现城市动态特性的内在模式和运行规律，从而改善和优化城市环境，实现城市发展与运行的智慧化。

(三)物流管理

物流业是一个产生海量数据的行业，大数据在物流企业的广泛应用，对于企业动态适应多变的市场环境、满足日趋个性化的顾客需求、应对激烈的市场竞争都具有重要意义，也将对物流企业战略决策、运营管理、市场营销、品牌管理、客户关系管理、服务创新等方面产生深刻的影响。对整个行业来说，也有助于物流资源优化配置、物流产业的升级转型。

大数据技术降低了物流成本，提高了配送效率。大数据涵盖了许多高新技术，主要包括大数据存储、管理和大数据检索使用(包括数据挖掘和智能分析)等技术。这些技术对物流行业发展的各个环节都有着重要的影响。如采集信息端中的识别、定位和感知，传输信息中的移动互联网技术，以及数据应用和开发方面，将会出现越来越多的数据中心。通过在这些环节中对大数据的充分利用，物流企业可以有效地管理公司员工，快速制定出高效合理的物流配送方案，确定物流配送的交通工具、最佳线路，进行实时监控，很大程度上降低物流配送的成本，大大提高物流配送的效率，给客户提供高效便捷的服务，实现与用户之间的双赢。

大数据技术推动“大物流”体系的形成。大数据时代的到来，有效推动“大物流”体系的形成，实现物流行业的巨大变革。所谓“大物流”是指企业的自有物流(人员、车队、仓库等)和第三方物流企业的配送信息与资源共享，以更大限度地利用各方面的资源，降低物流成本。社会“大物流”形成之后，企业可以和第三方物流公司合作，物流企业直接面对市场，它根据市场的需要来组织调控若干生产企业的大管家，既负责“后”勤，又负责“前”勤。这样物流企业才会充分合理有效地组织利用资源，既保证自己的经济效益，又保证生产企业的经济效益，从而避免各种问题的产生。

大数据技术使得物流行业从价格竞争转向价值竞争。随着近几年电商行业的飞速发展，社会对于物流有着强大需求，目前我国物流快递行业竞争越来越激烈。要想在竞争中占据大的市场，获得更大的利益，各大企业必须要从价格竞争转向价值竞争，提升自己的服务质量，因此物流快递业应该加快引进大数据、云计算等技术。

第七节　人工智能相关技术

人工智能(Artificial Intelligence)，英文缩写为 AI。它是研究、开发用于模拟、延伸和扩展人的智能的理论、方法、技术及应用系统的一门新的技术科学。人工智能是计算机科学的一个分支，它企图了解智能的实质，并生产出一种新的能以人类智能相似的方式做出反应的智能机器,该领域的研究包括机器人、语言识别、图像识别、自然语言处理和专家系统等。人工智能从诞生以来,理论和技术日益成熟,应用领域也不断扩大,可以设想,"人工智能"时代即将到来。

一、人工智能技术概述

(一)人工智能发展简史

人工智能的研究经历了以下几个阶段,如图 10-8 所示。

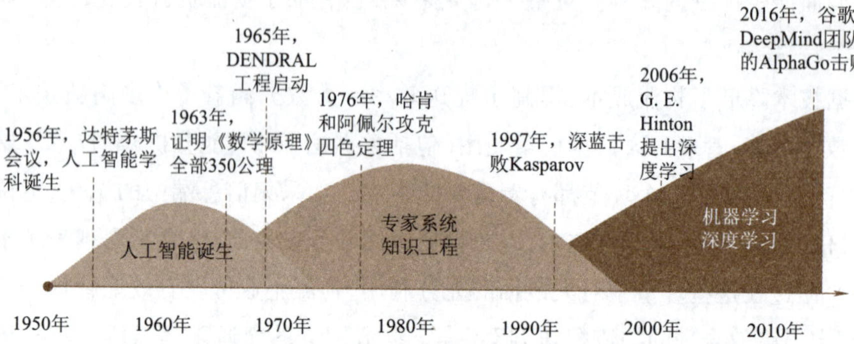

图 10-8 人工智能的发展史

第一阶段:20 世纪 50 年代人工智能的兴起和冷落。1956 年夏天,美国九位心理学家、数学家、计算机科学家、信息论学家和神经学家在达特茅斯大学举办了一次长达两个月的研讨会,讨论关于机器智能的有关问题。与会者提议正式采用"人工智能"这一术语。这次会议具有重要的历史意义,标志着人工智能学科的诞生。在这期间,人工智能的研究取得了许多令人瞩目的成就,如机器定理证明、跳棋程序、LISP 表处理语言等。但由于揭发推理能力有限,以及其翻译失败等,使人工智能走入低谷。这一阶段的特点是:重视问题推理求解的方法,忽视知识重要性。

第二阶段:20 世纪 60 年代末到 70 年代,专家系统的出现使人工智能研究出现新高潮,DENDRAL 化学质谱分析系统、MTCIN 疾病诊断和治疗系统、PROSPECTIOR 探矿系统,Hearsay-II 语言理解系统等专家系统的研究和开发,将仍能够智能引向实用化。1969 年召开的第一届国际人工智能联合会议,标志着人工智能这一新兴学科得到了世界的承认。1968 年"归结推理方法"的出现,在当时曾被说成是重大突破,可这些都未能成为现实。直到 1977 年费根鲍姆提出了"知识工程"概念,知识表示、知识利用和知识获取成为人工智能系统的三个基本问题。

第三阶段:20 世纪 80 年代初至中期,随着第五代计算机的研制,人工智能得到了很大发展。日本 1982 年开始了"第五代计算机研制计划",即"知识信息处理计算机系统 LIPS",其目的是使逻辑推理达到数值运算那么快。虽然,此计划最终失败,但它的开展形成了一股研究人工智能的热潮。

第四阶段:20 世纪 80 年代末,神经网络飞速发展。1987 年,美国召开第一次神经网络国际会议,宣告了这一新学科的诞生。此后,各国在神经网络方面的投资逐渐增大,神经网络迅速发展起来。

第五阶段:20 世纪 90 年代,人工智能出现了新的研究高潮。由于网络技术特别是国际互联网的技术发展,人工智能开始由单个智能主体研究转向基于网络环境下的分布式人工智能研究。不仅研究基于同一目标的分布式问题求解,而且研究多个智能主体(多 agent)的多目标问题求解,将人工智能面向实用。

第六阶段:2000 年至今,人类步入 21 世纪,机器学习,尤其是深度学习技术成为人工智能发展的核心。越来越多的硬件供应商专为深度学习和人工智能定制设计芯片。AlphaGo 击败人类棋手,正式开启"人工智能元年"。物联网、云计算和大数据技术在工业制造、城市管理等众多领域得到广泛应用,利用人工智能算法能够挖掘出更多有价值的信息。基于大数据的智能语音识别、图像识别、自动汽车驾驶等技术日趋成熟,相关产品层出不穷,AI 发展过程中的大事件如表 10-3 所示。

表 10-3 AI 发展过程中的大事件

时期	时间	事件
人工智能诞生期(1950—1959)	1950 年	图灵测试
	1956 年	Dartmouth 会议提出 AI
	1956 年	A. Newell 等证明《数学原理》38 条公理
	1958 年	MCCARTH 实现了 LISP
	1959 年	感知器模型
专家系统诞生期(1960—1969)	1963 年	R. Quillia 开创语义网络
	1963 年	王浩证明《数学原理》全部 350 条公理
	1965 年	DENDRAL 工程启动
专家系统兴盛期(1970—1979)	1971 年	研制出 PROLOG 语言
	1976 年	哈肯和阿佩尔攻克四色定理
	1977 年	知识工程宣言
	1977 年	PROSPECTOR 工程
知识工程诞生期(1980—1989)	1982 年	J. hopfield 掀起神经网络热潮
	1982 年	第五代计算机计划
	1983 年	MCC 开始 Cyc 计划
多 Agent 时期(1990—1999)	1992 年	宣布五代机计划失败
	1993 年	Y. Shoham 提出 AOP
	1995 年	V. Vapnik 提出 SVM
	1997 年	深蓝击败 Kasparov

续表

时期	时间	事　　件
物联网时期（2000—2009）	2001 年	提出机器人足球梦想
	2005 年	Google Wave 上线
	2006 年	G. E. Hinton 提出深度学习
	2008 年	物联网
	2009 年	大数据
大数据时期（2010—现在）	2010 年	MIT 的情绪机器人 Kismet
	2011 年	IBM 超级计算机“沃森”在美国老牌益智节目“危险边缘”（Jeopardy）中击败人类
	2011 年	智能语音软件 Siri
	2013 年	美欧启动人脑研发计划
	2015 年	谷歌量子计算机比传统计算机的运行速度快 1 亿倍
	2016 年	谷歌 DeepMind 团队研发的 AlphaGo 在围棋人机大战中击败韩国职业九段棋手李世石

（二）大数据时代的人工智能

大数据有 4 个特点——体量巨大（Volume）、类型繁多（Variety）、处理速度快（Velocity）、整体价值高（Value），除了具有极高的研究价值之外，同时还使得研究以及实践方式的核心思想发生了改变。

第一，大数据带来思维方式的转变。

从抽样到全样。大数据的“大”决定了数据全面的特性，在小数据时代，做统计的方式就是抽样，但在大数据时代可以统计到一切想要统计的数据，全样本统计方法将取代抽样统计方法。

从精确到近似。以搜索为例，在小数据时代，研究者可以得到全部数据，但是在大数据时代，搜索引擎则完全改变了这种认识，搜索引擎提供的只是满足用户信息需求的内容，经过一系列的算法计算，将最合理的结果带到用户面前，追求的不再是绝对目标，而是一个从宏观趋势下推导出的一些模糊的、不精确的结果。

从因果到相关。以往的决策者要想决定某件事，必须参考各种理论，对其中的因果进行推断，但是大数据时代则让决策变得更加容易，比如超市大数据可能会用清晰的图表告诉你，每当下雨天时，超市里的蛋糕会卖得多，这时候决策者根本不需要知道任何理论，任何因果，只需要在天气预报预测明天将要下雨时提前准备蛋糕就行了，而这种只依赖相关性的决策思想，正在慢慢地渗透到拥有大数据的各行各业。

第二,大数据时代的人工智能范式。

大数据出现后的AI范式是对传统AI范式的修正,目的是希望能从大数据中发现隐藏的、有效的、可理解的知识。大数据时代出现了以下AI范式:

以感知为中心的AI范式——M. L. Minsky将计算社会中的这种个体称为agent(主体),这些个体的有机组合则构成计算社会——多agent系统(Multi-Agent Systems,MAS)。以感知为中心的AI范式主要研究一组分布的、松散耦合的agent如何协同运用它们的知识、技能、信息,以尽可能好地实现各自的或全局的目标或规划。其中,agent通常是指一些逻辑上相对独立的节点处理机及运行于其上的进程。agent可以在一定的环境下持续自主运行,能自学习、自增长,同时又可以和别的主体进行协商与协作,以完成任务。agent要能够持续不断地感知它周围的环境,并在一个限定的时间内对所受的感官刺激计算出合适的反应。这就可以为物联网中的"物物交流"提供了实现的可能,并能使其更好地协同工作。

以数据为中心的AI范式——在传统AI探索进入死胡同的时候,人们开始把重点放在计算机适合完成的那些技能上。研究者发现,多个根据一定规律运行的系统一起运作时,似乎就表现出类似智能的现象。科学家彻底地从模拟人脑的枷锁中走了出来,于是新的AI范式诞生了:不再重新创建大脑,相反,通过机器的学习、大规模数据库、复杂的传感器和巧妙的算法,来完成智能任务。深度学习是随着大数据的到来而出现的一种机器学习范式。深度学习的概念源于人工神经网络的研究,由G. E. Hinton等于2006年提出,通过组合低层特征形成更加抽象的高层的分布式特征表示,为解决深层结构相关的优化难题带来希望。

人脑科学AI范式——该范式是以物理为中心范式的拓广。迄今为止的AI都只是利用机器来模拟人脑进行简单的运算和处理。与简单的AI同步,模拟人脑进行复杂、高级运算的人脑研发活动始终未曾止步。依据人脑科学的发现,近年来欧美分别启动了"人脑工程项目(HBP)"[49]和"运用先进创新型神经技术的大脑研究计划(BRAIN)"(又称"大脑活动图谱项目")①,共同目的是打造基于信息通信技术的综合性研究平台,采用计算机模拟法绘制详细的人脑模型,促进AI、机器人和神经形态计算系统的发展,预计将引发AI实现由低级别人脑模拟向高级别人脑模拟的飞跃。

认知计算AI范式——该范式是以经验为中心范式的拓广。认知作为计算的假说实际上与另一个基本的预设相对应,即假定大脑中存在着一个(相对)独立的组织层次,在这个层次上,发生的计算过程就是认知活动。一旦采用了这两个基本前提,再考虑到大脑的机器隐喻——普适计算,认知科学家就能够与计算机处理信息的过程类

① 大脑活动图计划[EB/OL].[2016-08-07].http://baike.baidu.com/view/10415570.htm?fr=Aladdin.

比,从而发现构建认知的计算理论的一条途径。普适计算强调依据现有知识进行分析、联想、推导或归纳,产生新知。认知科学目前还有许多未能解读的地方。在这样的情况之下,大数据给认知计算带来了新的机遇,AI 的认知计算范式研究目的就是用大数据来逼近“心智”问题,即形式化特定情况下的认知。

(三)机器学习与深度学习

第一,机器学习。

机器学习(Machine Learning,ML)是一门多领域交叉学科,涉及概率论、统计学、逼近论、凸分析、算法复杂度理论等多门学科。专门研究计算机怎样模拟或实现人类的学习行为,以获取新的知识或技能,重新组织已有的知识结构使之不断改善自身的性能。机器学习直接来源于早期的人工智能领域,它是人工智能的核心,是使计算机具有智能的根本途径,其应用遍及人工智能的各个领域,它主要使用归纳、综合而不是演绎。传统算法包括决策树学习、推导逻辑规划、聚类、强化学习和贝叶斯网络等。

机器学习最基本的做法,是使用算法来解析数据、从中学习,然后对真实世界中的事件做出决策和预测。与传统的为解决特定任务、硬编码的软件程序不同,机器学习是用大量的数据来“训练”,通过各种算法从数据中学习如何完成任务。

机器学习最成功的应用领域是计算机视觉,虽然也还是需要大量的手工编码来完成工作。人们需要手工编写分类器、边缘检测滤波器,以便让程序能识别物体从哪里开始,到哪里结束;写形状检测程序来判断检测对象是不是有八条边;写分类器来识别字母“ST-O-P”。使用以上这些手工编写的分类器,人们可以开发算法来感知图像,判断图像是不是一个停止标志牌。

第二,深度学习。

深度学习的概念源于人工神经网络的研究。含多隐层的多层感知器就是一种深度学习结构。深度学习通过组合低层特征形成更加抽象的高层表示属性类别或特征,以发现数据的分布式特征表示。深度学习的概念由 Hinton 等人于 2006 年提出。基于深度置信网络(DBN)提出非监督贪心逐层训练算法,为解决深层结构相关的优化难题带来希望,随后提出多层自动编码器深层结构。此外 Lecun 等人提出的卷积神经网络是第一个真正多层结构学习算法,它利用空间相对关系减少参数数目以提高训练性能[①]。

深度学习是机器学习中一种基于对数据进行表征学习的方法。观测值(例如一幅图像)可以使用多种方式来表示,如每个像素强度值的向量,或者更抽象地表示成一系列边、特定形状的区域等。而使用某些特定的表示方法更容易从实例中学习任务(例如,人脸识别或面部表情识别)。深度学习的好处是用非监督式或半监督式的特征学

① 孙志军,薛磊,许阳明,王正.深度学习研究综述[J].计算机应用研究.2012(08)

习和分层特征提取高效算法来替代手工获取特征。

深度学习是机器学习研究中的一个新的领域,其动机在于建立、模拟人脑进行分析学习的神经网络,它模仿人脑的机制来解释数据,例如图像,声音和文本。

同机器学习方法一样,深度机器学习方法也有监督学习与无监督学习之分。不同的学习框架下建立的学习模型很是不同。例如,卷积神经网络(Convolutional Neural Networks,简称 CNNs)就是一种深度的监督学习下的机器学习模型,而深度置信网(Deep Belief Nets,简称 DBNs)就是一种无监督学习下的机器学习模型,人工智能、机器学习和深度学习之间的关系如图 10-9 所示。

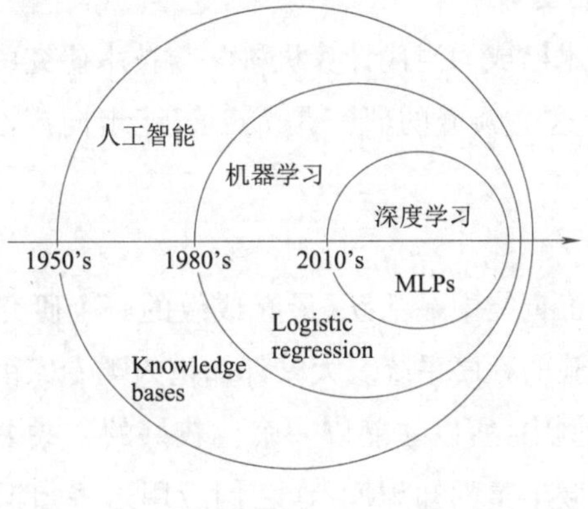

图 10-9 人工智能、机器学习和深度学习之间的关系

二、人工智能应用领域

随着人工智能的发展,它已经成为与计算机科学、控制论、信息论、心理学、语言学等多种学科相互渗透的一门新兴学科,在许多领域有着广泛的运用,变得和我们的生活息息相关。

(一)问题求解

人工智能的第一大成就是下棋程序。1997 年,计算机"深蓝"挑战国际象棋世界冠军卡斯巴罗夫成功,成为首个在标准比赛时限内击败国际象棋世界冠军的计算机系统;2016 年,谷歌 DeepMind 团队研发的 AlphaGo 在围棋人机大战中击败韩国职业九段棋手李世乭。这系列事件让我们看到了人工智能的前途和未来的发展方向。目前,人工智能程序已能知道如何考虑它们要解决的问题,即搜索解答空间,寻找较优解答,也就像下棋一样,可能人工智能的技术运用可以比人为思考解决事物更全面并且更快速。

(二)逻辑推理与定理证明

逻辑推理是人工智能研究中最持久的领域之一,其中特别重要的是要找到一些方法,只把注意力集中在一个大型的数据库中的有关事实上,留意可信的证明,并在出现新信息时适时修正这些证明。许多非形式的工作,包括医疗诊断和信息检索都可以和定理证明问题一样加以形式化。

(三)自然语言处理

自然语言的处理是人工智能技术应用于实际领域的典型范例,经过多年艰苦努力,这一领域已获得了大量令人注目的成果。目前该领域的主要课题是:计算机系统如何以主题和对话情境为基础,注重大量的常识——世界知识和期望作用,生成和理解自然语言。这是一个极其复杂的编码和解码问题,将来在这方面的重大突破必将让人工智能更加贴近生活。

(四)智能信息检索技术

信息获取和精化技术已成为当代计算机科学与技术研究中迫切需要研究的课题,将人工智能技术应用于这一领域的研究是人工智能走向广泛实际应用的契机与突破口。

(五)专家系统

专家系统是目前人工智能中最活跃、最有成效的一个研究领域,它是一种具有特定领域内大量知识与经验的程序系统。大家都知道人类专家由于具有丰富的知识,然后把它们运用于实际案例中,所以才能以一个比较好的方式去解决实际问题。那么,如果能给计算机程序装载丰富的知识库,让它们应用这些知识,也应该能解决人类专家所解决的问题,而且可能因为这样的机器所存储的知识量巨大,所以它们对某些问题的处理往往会比人为处理更准确、更高效。当然这样也可以帮助人类专家发现推理过程中出现的差错,然后进行改正。

三、人工智能与未来智慧城市

中国的城市建设经历20世纪90年代至今的高速发展,逐步进入城市转型发展的新常态。城市建设目标从追求规模和经济效益为主开始转向对生态、人文、社会公平和可持续性等立体的价值追求,尤其强调以人为本发展目标,城市向着“智慧化”建设发展;随着人工智能技术条件越来越成熟,城市管理形成以数据为驱动的城市决策机制,从顶层设计着手,自上而下的“AI化”使城市功能和产业转型更加显著,为城市创造以技术为驱动的商业价值,最终形成一个多元化的有机生态城市系统。智慧城市发展历程如图10-10所示。

(一)人工智能与智慧安防

随着技术的革新和发展,“AI+安防系统”取代了传统的安防措施。数以千万计的摄像头和庞大的监控网络,会产生海量监控视频数据,从海量视频数据中高效提取出有效信息,就成为智能视频监控技术的关键。大型安全防范系统结合人脸技术、人群分析、图像识别等先进算法技术手段,具有探测、监控、报警、管理等基本功能,用于预防、制止违法犯罪行为和重大治安事件，是维护社会治安稳定的基础设施，人工智能应用场景如图10-11所示。

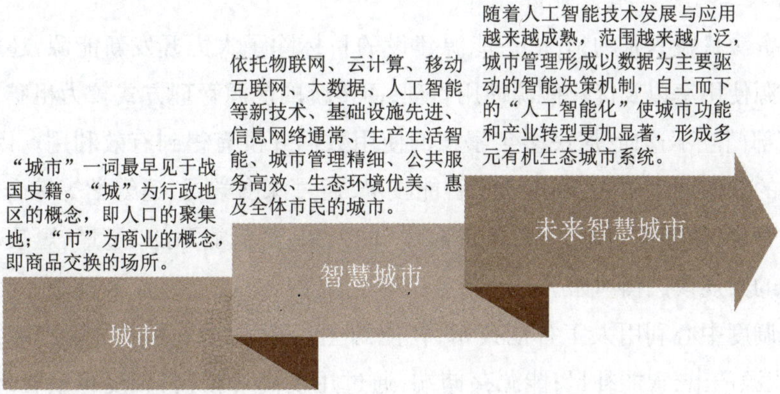

图10-10　智慧城市发展历程

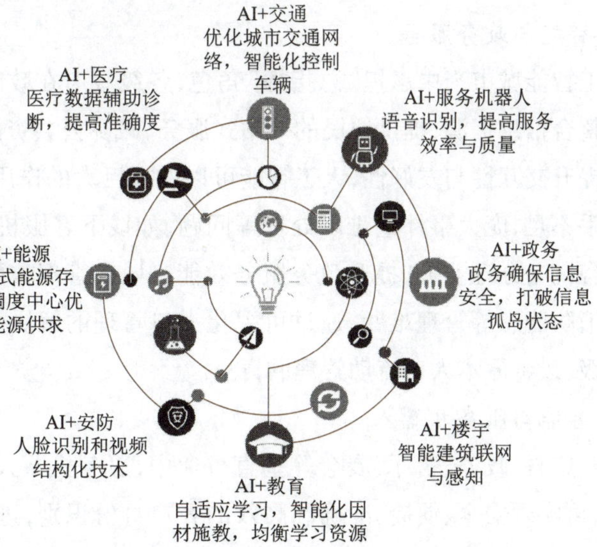

图10-11　人工智能应用场景

（二）人工智能与智慧交通

随着交通网络大规模联网，汇集的海量交通信息，需要“城市大脑”实时分析城市交通流量，调整红绿灯间隔，缩短车辆等待时间，提升城市道路的通行效率；实时掌握着城市道路上通行车辆的轨迹信息，停车场的车辆信息，小区的停车信息，提前预测交通流量变化和停车位数量变化，合理调配资源、疏导交通；实现机场、火车站、汽车站、商圈的多维度交通联动调度，提升整个城市的运行效率，为居民的出行畅通提供保障。

而在驾驶侧，目前辅助驾驶的各项功能相对比较成熟，无论是测试还是实际开放环境表现都比较稳定，自动驾驶的限定场景也有望在未来数年内落地，主要落地的是环境相对简单、封闭或乘车人安全有保障的场景，未来，无人驾驶形态还需要通过大量数据积累、校对和测试，以及技术的突破与零部件量产而带来成本下降。

（三）人工智能与智慧能源

自然资源日益紧张的情况下，能源建设的目标除了大力开发新能源，还需着重提升现有能源使用率以及优化能源使用管理，而传统的能源管理方式较为粗犷，“水、电、气、热”各部门互不连通，居民多年累积的使用数据并没有得到有效利用。因此，需要构建综合的能源调度中心，利用人工智能技术，通过深度学习、运筹学等综合技术优化整体能源管理，使能源使用达到“快、准、优”的效果，降低能源的“过量、短缺、故障”等情况带来的大规模失衡风险。

能源调度中心利用人工智能技术，在能源生产端通过深度学习管理能源资源生产，控制能源产出、智能补量；能源存储端，通过用度高峰预判，调度存量管理；能源输送端，通过智能机器人检测和预测故障，维护管道安全；能源使用端，通过深度学习数据变化，适量供应能源，通过智能电表用能数据自动上传至能源调度中心的数据库。

（四）人工智能与政务服务

政府在人工智能城市当中承担“总指挥”角色，各级政府在政府服务方面，现阶段迫切需要快速整合信息资源，提供便民的一站式服务，减少公共资源的浪费，尤其在服务过程中需要提升交互性与友好性，人工智能可以发挥巨大的作用。人工智能技术可以协助解决人手不足、庞大事件量难以处理等问题，如线下客服机器人可全天候对外开放提供市民咨询与办理业务，提升政务服务效能。城市管理方面，居民区的防盗防窃、群租整治、消防隐患等管理难题，通过可视化人口管理的解决方案，有效提高社区的安全防范等级，改善原本人口流动管理的盲点。

（五）人工智能与服务机器人

银行、零售、广告、政务、餐厅、展会等垂直行业中，服务机器人应用场景广泛。引入服务机器人，可实现安全、便捷、准确和高效的客户身份识别，进而提供定制化的主动服务，降低了劳动力成本，提升了客户服务水平。服务机器人具备环境认知、物体识别能力，通过视觉识别出姿态、手势、面容等信息；通过语音识别、自然语言处理，基于神经网络的语义理解能力理解客户的需求；通过智能控制中暑，表达更“真实”的“情感”；此外，还可配备红外、声呐、雷达等多种传感器。

第十一章 智慧城市与信息安全

随着信息爆炸时代的到来,信息技术前所未有地与人类现实生活紧密贴近。以大数据、云计算、移动互联网及物联网技术等新一代信息技术的综合利用为基础的"智慧城市"理念,带来了以智慧技术、智慧产业、智慧城市等为内容的城市未来发展新模式。

智慧城市作为一种全新的城市形态,为城市中的人创造着方便、快捷、智能的生活,推进了整个城市的和谐与可持续发展。随着全面互连、共享、协同的不断深化,智慧城市信息安全面临着越来越严峻的挑战,智慧城市的各个组成部分在组织、管理、技术等方面都存在潜在的安全漏洞,信息安全侵害领域逐渐扩大,任何重大信息安全问题,都将可能带来灾难性后果,对民生带来极大影响。从智慧城市未来建设和发展的角度思考,必须建立一套科学完善的智慧城市信息安全保障体系,该体系的构筑可以围绕技术,从组织、制度、管理、应急与灾备等多个方面综合考虑,通过顶层设计与统筹协调,探索建立一套完整、全新的智慧城市信息安全体系。

第一节　智慧城市信息安全隐患

对于智慧城市城市级信息化系统来说,智慧城市顶层平台几乎可以遇到所有信息安全问题。智慧城市是由网络、通信设备、硬件、软件、信息资源、信息用户和规章制度组成。不同的部分、不同环境存在不同安全隐患。在分析智慧城市顶层平台需要采用哪些信息安全策略之前,需要分析智慧城市可能碰到的信息安全攻击和漏洞。根据这些安全隐患,再寻找这些隐患的解决技术和机制,从而提出顶层设计的信息安全策略。分别从基础设施、工控系统、政务系统三个角度展开。

一、基础设施安全

智慧城市的基础设施是智慧城市健康运转的生命线。在智慧城市建设体系中,基础设施大致可以分为三类:第一,信息网络设施,包括有线宽带、无线宽带、城市物联网及三网融合等,主要负责信息传输;第二,信息共享基础设施,包括云计算平台、信息安全服务平台等,负责公共数据存储、交换及运营支撑;第三,经过智能化改造的传统基础设施,主要是对包括水、电、气、热管网,以及道路、桥梁、车站、机场等传统基础设施的智能化建设,从而形成高度一体化、智能化的新型城市基础设施。

智能化基础设施是支撑智慧城市发展的基石,其建设水平决定着智慧城市的发展前景。大量的智能感知设备(传感器、智能家电等)接入智慧网络,由此产生的复杂接入环境、多样化的接入方式,带来了复杂的安全问题,同时智能感知设备安全防护能力普遍较弱,防盗、认证、加密、鉴别、审计等防护技术也不成熟。许多感知设备如传感器节点由于无人看管,易被不法分子偷盗,导致传感器节点的存储密码和感知数据的被非法取得,通过基础设施层面的攻击使得智慧城市信息感知层网络瘫痪。周边自然环境和物理特性的变化引起的系统硬件设备和线路不可用的问题,如:系统硬件自身老化、损坏;强磁场、静电系统对系统的硬件设施的毁坏;电源故障、水灾、地震、火灾等自然灾害造成的毁坏。所以可以尽量为系统硬件设备设施提供一个安全可靠的自然环境,并做好相关硬件软件设备设施的数据异地容灾备份工作。

二、工控系统安全

工业控制系统(Industrial Control Systems,ICS)由各种自动化控制组件和实时数据采集、监测的过程控制组件共同构成,其组件包括数据采集与监控系统(SCADA)、分布式控制系统(DCS)、可编程逻辑控制器(PLC)、远程终端(RTU)、智能电子设备(IED),以及确保各组件通信的接口技术。典型的ICS控制过程通常由控制回路、HMI、远程诊断与维护工具三部分组件共同完成,控制回路用以控制逻辑运算,HMI执行信息交互,远程诊断与维护工具确保ICS能够稳定持续运行。

工业控制系统潜在的风险包括:

操作系统的安全漏洞问题,由于考虑到工控软件与操作系统补丁兼容性的问题,系统运行后一般不会对操作系统打补丁,导致系统带着风险运行;杀毒软件安装及升级更新问题,用于生产控制系统的操作系统基于工控软件与杀毒软件的兼容性的考虑,通常不安装杀毒软件,给病毒与恶意代码传染与扩散留下了空间;使用U盘、光盘导致的病毒传播问题,由于在工控系统中的管理终端一般没有技术措施对U盘和光盘使用进行有效的管理,导致外设的无序使用而引发的安全事件时有发生;工业控制系统控制终端、服务器、网络设备故障没有及时发现而响应延迟的问题,对工业控制系统中IT基础设施的运行状态进行监控,是工业工控系统稳定运行的基础。

"两化融合"给工控系统带来的问题。工业控制系统最初与企业管理系统相隔离,近年来为了实现实时的数据采集与生产控制,满足"两化融合"的需求和管理的方便,通过逻辑隔离的方式,使工业控制系统和企业管理系统可以直接进行通信,而企业管理系统一般直接连接Internet,在这种情况下,工业控制系统接入的范围不仅扩展到了企业网,而且面临着来自 Internet 的威胁。同时,企业为了实现管理与控制的一体化,提高企业信息化和综合自动化水平,实现生产和管理的高效率、高效益,引入了生产执行系统 MES,对工业控制系统和管理信息系统进行了集成,管理信息网络与生产控制网络之间实现了数据交换。导致生产控制系统不再是一个独立运行的系统,而要与管理系统甚至互联网进行互通、互连。

工控系统采用通用软硬件带来的风险。工业控制系统开放性越来越强,基于 TCP/IP 以太网通信的 OPC 技术在该领域得到广泛应用。在工业控制系统中,由于工业系统集成和使用的便利性,大量使用了工业以太环网和 OPC 通信协议进行了工业控制系统的集成;同时,也大量地使用了 PC 服务器和终端产品,操作系统和数据库也大量地使用了通用的系统,很容易遭到来自企业管理网或互联网的病毒、木马、黑客的攻击。2017 年 5 月 12 日,WannaCry(又叫 Wanna Decryptor)蠕虫通过 MS17-010 漏洞在全球范围大爆发,感染了大量的计算机,该蠕虫感染计算机后会向计算机中植入敲诈者病毒,导致计算机大量文件被加密。统计数据显示,至少 150 个国家、30 万名用户中招,造成损失达 80 亿美元,影响波及金融、能源、医疗等众多行业,造成严重的危机管理问题。部分大型企业的应用系统和数据库文件被加密后,无法正常工作。

三、政务系统安全

电子政务是政府管理方式的革命,它是运用现代信息技术打破传统行政机关的组织界限,为民众、企业提供便捷的服务,高效推进城市治理和政府内部管理。电子政务的发展更有利于政府建设成为一个更开放透明高效的、一个更廉洁勤政的政府。电子政务系统直接涉及各级政府的核心政务以及许多政府机密,必须要求电子政务实施的过程具有极高的可靠性和安全性。电子政务系统中的信息安全还涉及公众权益、个人信息保密,甚至国家利益、社会稳定和国家安全等重要问题。如何有效地防止重要信息的泄露、病毒破坏、黑客侵扰、信息窃密、网络资源非法利用和内部人员的违规违法操作等危害,为电子政务系统提供全面的安全防护保障,为保护政务信息资源不受侵犯,使电子政务系统的基础设备设施、信息应用服务和信息内容能够抵御各种安全威胁而具有保密性、完整性、真实性、可用性和可控性,是目前电子政务建设者们面临的一个重大的难题。

电子政务系统安全主要包括以下几方面的隐患[50]:

物理层面的安全是整个系统安全的前提基础,物理安全隐患是周边自然环境和物理特性的变化引起的系统的硬件设备和线路的不可用的问题,如:系统硬件自身老化、损坏;强磁场、静电系统对系统的硬件设施的毁坏;电源故障、水灾、地震、火灾等自然灾害造成的毁坏。

系统级的安全隐患包括电子政务专用网络采用的数据库软件、操作系统软件和一些应用软件,以及与它们相关配套产品本身存在的安全漏洞和病毒的威胁。电子政务专用网络通常采用的操作系统，如 Windows、UNIX 等操作系统本身在安全方面考虑得较少，服务器、数据库的安全级别较低，同时木马程序、病毒也是系统安全的主要威胁。

网络安全问题既包括在传输线路上安装窃听、偷盗信息的装置，偷听、窃取网上传输的重要数据信息的行为，造成信息泄密或者篡改破坏数据真实性和完整性。对电子政务网络中每一个节点来说，其他所有的网络节点都是不可信任域，这样就有了节点内外部的安全风险，都可能对该系统造成安全威胁。互联网加强了各国间经济上的相互依赖性，而经济相互依赖越深，相互之间造成损害的机会就越多，潜在的经济安全问题就越严重。国际互联网的技术性缺陷威胁各国的经济安全。此外，网络技术先进国家还可以利用国际互联网的缺陷盗窃其他国家的经济情报，或对金融、商业部门的网络展开攻击、蓄意破坏。

应用安全隐患是指主机系统中的应用软件层面的安全问题，如办公自动化软件、电子邮件系统、Web 服务器、财务系统、数据库应用软件、防病毒木马软件等应用的安全问题。木马、病毒、蠕虫程序通过应用层的服务广泛传播，感染破坏电子政务系统文件，可能造成文件丢失破坏、信息泄露损坏、机器死机等不安全因素。

第二节　信息安全基础技术

信息安全可分为狭义与广义两个层次，狭义的信息安全建立在以密码论为基础的计算机安全领域，辅以计算机技术、通信网络技术与编程等方面的内容；广义的信息安全是一门综合性学科，安全不再是单纯的技术问题，而是将管理、技术、法律等问题相结合，指信息系统（包括硬件、软件、数据、人、物理环境及其基础设施）受到保护，不受偶然的或者恶意的原因而遭到破坏、更改、泄露，系统连续可靠正常地运行，信息服务不中断，最终实现业务连续性。

一、信息保密技术

信息保密技术是利用数学或物理手段，对电子信息在传输过程中和存储体内进行保护以防止泄漏的技术。保密通信、计算机密钥、防复制软盘等都属于信息保密技术。信息保密技术是保障信息安全最基本、最重要的技术，一般采用国际上公认的安全加密算法实现。例如，目前世界上被公认的最新国际密码算法标准 AES，就是采用 128 比特长、192 比特长、256 比特长的密钥将 128 比特长的数据加密成 128 比特的密文技术。在多数情况下，信息保密被认为是保证信息机密性的唯一方法，其特点是用最小的代价来获得最大的安全保护。

目前，信息保密技术主要包括信息加密技术和信息隐藏技术。信息加密是指使有用的信息变为看上去似为无用的乱码，使攻击者无法读懂信息的内容从而保护信息。

信息加密是保障信息安全的最基本、最核心的技术措施和理论基础，它也是现代密码学的主要组成部分。信息加密过程由形形色色的加密算法来具体实施，它以很小的代价提供很大的安全保护。到目前为止，据不完全统计，已经公开发表的各种加密算法多达数百种。如果按照收发双方密钥是否相同来分类，则可以将这些加密算法分为单钥密码算法和公钥密码算法。

当然，在实际应用中，人们通常是将单钥密码和公钥密码结合在一起使用，比如，利用 DES 或者 IDEA 来加密信息，采用 RSA 来传递会话密钥。如果按照每次加密所处理的比特数来分类，那么可以将加密算法分为序列密码和分组密码。序列密码每次只加密一个比特，而分组密码则先将信息序列分组，每次处理一个组。

随着计算机网络通信技术的飞速发展，信息隐藏(Information Hiding)技术作为新一代的信息安全技术也很快地发展起来。加密虽然隐藏了消息内容，但同时也暗示了攻击者所截获的信息是重要信息，从而引起攻击者的兴趣，攻击者可能在破译失败的情况下将信息破坏掉；而信息隐藏则是将有用的信息隐藏在其他信息中，使攻击者无法发现，不仅能够保护信息，也能够保护通信本身，因此信息隐藏不仅隐藏了消息内容而且还隐藏了消息本身。虽然至今信息加密仍是保障信息安全的最基本的手段，但信息隐藏作为信息安全领域的一个新方向，其研究越来越受到人们的重视。

二、信息认证技术

信息认证技术用于防止对手对系统进行的主动攻击。验证信息的发送者是否合法，验证信息的完整性。

在信息安全领域中，一方面是保证信息的保密性，防止通信中的机密信息被窃取和破译，防止对系统进行被动攻击；另一方面是保证信息的完整性、有效性，即要确认与之通信的对方身份的真实性，信息在传输过程中是否被篡改、伪装和抵赖，防止对系统进行主动攻击。

认证(Authentication)是防止对信息系统进行主动攻击(如伪造、篡改信息等)的重要技术，对于保证开放环境中各种信息系统的安全性有重要作用。认证的目的有两个方面：一是验证信息发送者是合法的，而不是冒充的，即实体验证，包括信源、信宿等的认证和识别；二是验证信息的完整性以及数据在传输或存储过程中是否被篡改、重放或延迟等。

认证不能自动地提供保密性，而保密也不能自然地提供认证功能。在一个纯认证系统中发送者通过一个公开信道将信息传送给接收者，接收者不仅想收到消息本身，还要通过认证编码器和认证译码器验证消息是否来自合法的发送者及消息是否被篡改。

系统中的密码分析者不仅可截获和分析信道中传送的密文，而且可伪造密文送给接收者进行欺诈，他不再像保密系统中的分析者那样始终处于被动地位，而是可发动主动攻击，因此常称为系统的串扰者(Tamper)。

三、访问控制技术

访问控制技术，指防止对任何资源进行未授权的访问，从而使计算机系统在合法的范围内使用。亦指用户身份及其所归属的某项定义组来限制用户对某些信息项的访问，或限制对某些控制功能的使用的一种技术，如UniNAC网络准入控制系统的原理就是基于此技术之上。

访问控制(Access Control)指系统对用户身份及其所属的预先定义的策略组限制其使用数据资源能力的手段。通常用于系统管理员控制用户对服务器、目录、文件等网络资源的访问。访问控制是系统保密性、完整性、可用性和合法使用性的重要基础，是网络安全防范和资源保护的关键策略之一，也是主体依据某些控制策略或权限对客体本身或其资源进行的不同授权访问。

访问控制的主要目的是限制访问主体对客体的访问，从而保障数据资源在合法范围内得以有效使用和管理。为了达到上述目的，访问控制需要完成两个任务：识别和确认访问系统的用户、决定该用户可以对某一系统资源进行何种类型的访问。

访问控制包括三个要素：主体、客体和控制策略。

主体S(Subject)是指提出访问资源具体请求。是某一操作动作的发起者，但不一定是动作的执行者，可能是某一用户，也可以是用户启动的进程、服务和设备等。

客体O(Object)是指被访问资源的实体。所有可以被操作的信息、资源、对象都可以是客体。客体可以是信息、文件、记录等集合体，也可以是网络上硬件设施、无限通信中的终端，甚至可以包含另外一个客体。

控制策略A(Attribution)是主体对客体的相关访问规则集合，即属性集合。访问策略体现了一种授权行为，也是客体对主体某些操作行为的默认。

四、信息安全检测技术

信息安全检测技术是对网络进行监控，提供对内部攻击、外部攻击和误操作的实时检测以及采取相应的防护手段。

入侵检测技术是动态安全技术的最核心技术之一。传统的操作系统加固技术和防火墙隔离技术等都是静态安全防御技术，对网络环境下日新月异的攻击手段缺乏主动的反应。入侵检测是防火墙的合理补充，帮助系统对付网络攻击，扩展了系统管理员的安全管理能力(包括安全审计、监视、进攻识别和响应)，提高了信息安全基础结构的完整性。它从计算机网络系统中的若干关键点收集信息、分析信息，查看是否有违反安全策略的行为和遭到袭击的迹象。入侵检测被认为是防火墙之后的第二道安全防线，提供对内部攻击、外部攻击和误操作的实时保护。

漏洞检测技术通常采用两种策略，即被动式策略和主动式策略。被动式策略是基于主机的检测，对系统中不合适的设置、脆弱的口令以及其他同安全策略相抵触的对象进行检查；主动式策略是基于网络的检测，通过执行一些脚本文件对系统进行攻击。并记录它的反应，从而发现其中的漏洞。漏洞检测的结果实际上是对系统安全性能的一个评估，指出了这些攻击是可能的，因此成为安全方案的一个重要组成部分。

系统可以同时维护多个审计追踪。有两种典型的审计记录：其一，所有键盘敲击的记录，通常称为击键监控；其二，面向事件的审计日志。这些日志通常包括描述系统事件、应用事件或用户事件的记录。审计追踪应该包括足够的信息，以确定事件的内容和引起事件的因素。通常，事件记录应该列有事件发生的时间、和事件有关的用户识别码、启动事件的程序或命令以及事件的结果。日期和时间戳可以帮助确定用户到底是假冒的还是真实的，采用标准格式记录信息。

五、信息内容安全技术

信息内容安全技术对信息在网络内流动中的选择性阻断，保证信息流动的可控能力。包括信息内容的获取、识别、控制/阻断、审计、反病毒等技术[51]。

“信息内容”涉及动画、游戏、影视、数字出版、数字创作、数字馆藏、数字广告、互联网、信息服务、咨询、移动内容、数字化教育、内容软件等，主要可分为政务型、公益型、商业型三种类型。随着互联网的普及，信息内容的种类与数量急剧膨胀，其中鱼龙混杂，反动言论、盗版、淫秽与暴力等不良内容充斥其间。由于信息内容安全涉及国家利益、社会稳定和民心导向，因此，受到各方的普遍关注。

为了防止未经授权就对知识、实事、数据或能力进行使用、滥用、修改、破坏、拒绝使用或使信息被非法系统辨识、控制而采取的措施。

信息内容安全的含义包括：

数字信息资源内容的安全性。需要保护合法信息资源（包括：动画、游戏、影视、数字出版、数字创作、数字馆藏、数字广告、互联网、信息服务、咨询、移动内容、数字化教育、内容软件等等）的版权和应得的利益。

对有害信息资源内容的可控性。网上充斥着宣扬反动、色情、暴力、犯罪的内容，对社会和谐构成威胁，需要进行控制；信息内容安全的宗旨在于防止非授权的信息内容进出网络。具体表现在：政治性，防止来自国内外反动势力的攻击、诬陷与西方的和平演变图谋。健康性，剔除色情、淫秽和暴力内容等。保密性，防止国家和企业机密被窃取、泄露和流失。隐私性，防止个人隐私被盗取、倒卖、滥用和扩散。产权性，防止知识产权被剽窃、盗用等。

信息安全领域的主要技术包括：

（一）信息获取技术

分为主动获取技术和被动获取技术。

主动获取技术通过向网络注入数据包后的反馈来获取信息，特点是接入方式简单，能够获取更广泛的信息内容，但会对网络造成额外的负担。

被动获取技术则在网络出入口上通过镜像或旁路侦听方式获取网络信息，特点是接入需要网络管理者的协作，获取的内容仅限于进出本地网络的数据流，但不会对网络造成额外流量。

（二）信息内容识别技术

信息内容识别是指对获取的网络信息内容进行识别、判断、分类，确定其是否为所需要的目标内容，识别的准确度和速度是其中的重要指标。主要分为文字、音频、图像、图形识别。

（三）控制/阻断技术

对于识别出的非法信息内容，阻止或中断用户对其访问，成功率和实时性是两个重要指标。

（四）信息内容分级

网络"无时差、零距离"的特点使得不良内容以前所未有的速度在全球扩散，网络不良内容甚至还会造成青少年生理上的伤害。应该建立自己的网上内容分级标准，让父母保护他们的孩子远离互联网上有潜在危害的内容。

（五）图像过滤

一些不良网络信息的提供者采取了回避某些敏感词汇，将文本嵌入到图像文件中，或直接以图像文件的形式出现等方法，从而可以轻易地通过网络过滤和监测系统。为此，需要对网页中的图像进行分析和理解实现网络过滤。目前这一技术还没有达到实用系统的要求。

（六）信息内容审计

信息内容审计的目标就是真实全面地将发生在网络上的所有事件记录下来，为事后的追查提供完整准确的资料。通过对网络信息进行审计，政府部门可以实时监控本区域内 Internet 的使用情况，为信息安全的执法提供依据。虽然审计措施相对网上的攻击和窃密行为有些被动，但对追查网上发生的犯罪行为起到十分重要的作用，也对内部人员犯罪起到了威慑作用。

第三节　智慧城市信息安全策略

随着智慧城市持续推进，各领域智慧化应用向纵深发展，信息安全策略将更加重要。首先，智慧城市信息安全应统筹布局、综合治理。数据在智慧城市中从数据采集、传输，到存储、交换，再到处理、应用，每个过程有不同特征，也有不同的信息安全要求。以网络安全为抓手、以系统安全为驱动、以数据安全为核心、以综合安全为重点，统筹布局信息安全的综合解决方案。其次,信息安全技术制度应软硬兼顾。信息安全策略不仅需要采用技术、机制等“硬方法”,更需要融合制度、标准等“软策略”。以技术强化信息安全保障,以制度提高管理人员、工作人员、公众等安全素养,坚持技术、制度两手抓,实现软硬兼顾的信息安全环境。再次,信息安全应全面防御、重点防护。通过对智慧城市架构的全面把握,建立基础设施层、运营管理层、解决方案层全面的数据防御措施。根据智慧城市大量数据采集和交换的特点,重点实现访问控制的防护机制。最后,信息安全责任应落实、安全可控。以敏感数据等级保护与安全事件管理策略为落脚点,积极推进信息安全责任落实制度,提出数据质量管理指标,科学有效地规范智慧城市各项活动、增强工作人员的工作责任心,实现智慧城市的信息安全可控。

智慧城市信息安全体系的构建,要从信息安全技术架构、信息安全标准、管理制度与规范三个方面入手。

一、信息安全技术架构

智慧城市顶层设计是对智慧城市未来整体性、长期性、基本性问题的思考、考量和设计的整套行动方案。在智慧城市庞大的顶层设计中,实现了高效的资源共享、互连互通、平台统一。然而,在开始智慧城市规划之前,需要自顶向下地整体规划信息安全策略,以有效、全面指导智慧城市建设,掌控智慧城市建设中的安全问题,避免潜在的安全隐患。

智慧城市顶层设计的信息安全技术架构应是涉及智慧城市基础设施、智慧城市数据共享、智慧城市应用三大环节的整体规划下的信息安全策略(见图 11-1)。

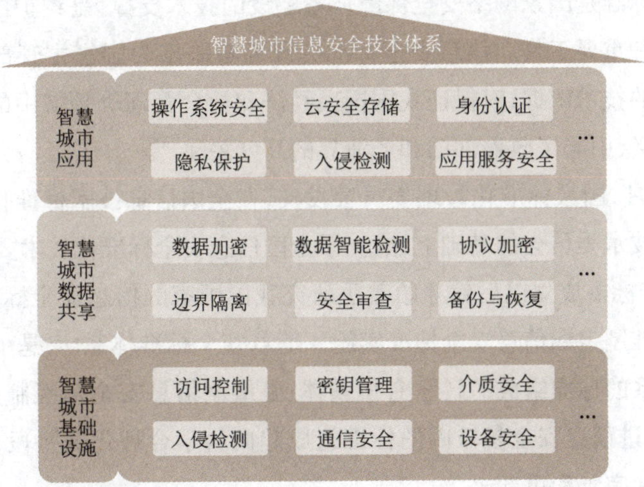

图 11-1　智慧城市顶层设计信息安全技术架构

保障智慧城市基础设施信息安全可从以下几方面来考虑:访问控制技术,设立访问控制模型,制定合理的访问控制策略或权限防止对智慧城市基础设施进行未授权的访问;智能认证检测技术,通过分析基础设施设备的信息行为、特征,使用对称或非对称密码对基础设施设备进行智能的安全认证；假冒攻击检测技术，对感知设备进行假冒攻击检测可以避免感知设备间的协同工作受到破坏。除此之外还包括数据加密、密钥管理、入侵检测、安全接入等关键技术。

智慧城市数据共享安全需要从数据本身和数据共享所依托的网络两方面来考虑。针对数据而言，可依托的技术有：加密技术，研究适合的加密算法和方案，保证用户私密数据和敏感信息的安全；数据智能检测技术，对数据的机密性和完整性进行检测，智能辨识数据是否加密，加密方式是否可靠，避免数据泄露以及在传输过程中不被恶意篡改。数据传输网络可依托的技术如：协议加密技术，对部分未加密网络协议进行加密，构建安全传输协议架构，防止数据在传输过程中被恶意窃取或篡改；边界隔离技术，加装安全设备，通过防火墙、VPN、入侵防御等技术对边界信息进行过滤与监测，防止非法入侵；安全审查技术，对网络状态进行实时监控与审查，对于设备接入等网络节点变化进行严格审计。

保障智慧城市应用安全可通过以下技术来实现：操作系统安全技术，智慧应用都需要依赖操作系统来实现，从硬件安全、标识与鉴别、访问控制、可信通路、隐蔽通道、安全审计等方面建立操作系统安全机制，保证操作系统安全性；应用安全支撑技术，在现有的智慧应用的基础上，基于应用安全支撑技术部署智慧城市智慧应用安全支撑平台，保证现有智慧应用安全机制的有效性，降低安全保障难度。除此以外，保障智慧应用信息安全使用的技术还包括：隐私保护技术、云安全存储技术、入侵检测技术、身份认证技术等。

二、信息安全标准

信息安全标准是国家网络安全保障体系建设的技术支撑，是维护国家利益和保障国家安全的一种重要工具。信息安全标准的研究与制定为国家主管部门管理网络安全提供了有效的技术依据，对保证我国国民经济和社会管理等领域中的网络安全具有非常重要的意义，引起了政府部门和产业界的高度关注。

2002 年 4 月，国家标准化管理委员会发文，在全国信息技术标准化技术委员会信息技术安全分技术委员会的基础上，成立了全国信息安全标准化技术委员会（简称“信安标委”），信安标委成立以后就开始着手研究我国国家的信息安全标准体系，用于指导信息安全标准制定和信息安全标准实施。信息安全标准体系[52]是由信息安全领域内具有内在联系的标准组成的科学有机整体；是编制信息安全标准制定、修订计划的重要依据，是促进信息安全领域内的标准组成趋向科学合理化的手段，并随着科学技术的发展不断地完善和更新。

目前信息安全标准从总体上可划分为七大类[53]：基础标准、技术与机制标准、管理标准、测评标准、密码技术标准、保密技术标准和通信安全标准，在每一大类的基础上，可按照标准所涉及的主要内容进行细分。信息安全标准的总体框架如图 11-2 所示，该标准体系主要由体系框架和标准明细表两部分组成，为现阶段信息安全标准制定、修订提供依据,为信息安全保障体系建设提供支撑,我国信息安全体系框架如图 11-2 所示。

基础标准主要包括安全术语、体系结构、模型、框架等。这些标准为信息安全标准的制定提供通用的语言和抽象系统构架。

技术与机制标准主要包括标识、鉴别、授权、电子签名、实体管理、物理安全技术等方面的标准。其中,标识、鉴别与授权构成一条技术线索,是安全系统不可或缺的部分。与这条主线的相关标准还包括基础设施标准(如 PKI/PMI 系列标准)、电子签名标准(如国家电子签名法配套的电子签名标准体系框架)等,这些标准与标识、鉴别与授权标准体系互相依存,并贯穿其中。

管理标准就是针对管理方面的规范工作。它主要应用于组织层面,规范组织的信息安全制度,规范治理机制和治理结构,保证信息安全战略与组织业务目标一致。

测评标准同时指导和规范了产品的开发和评估,并且可作为评估机构进行产品检测认可的依据,为在用户、设计者、开发者、供应商以及潜在的评估者之间建立公正的、普遍理解的评估信任体系,主要包括测评基础标准、产品测评标准、系统测评标准和能力评估标准。

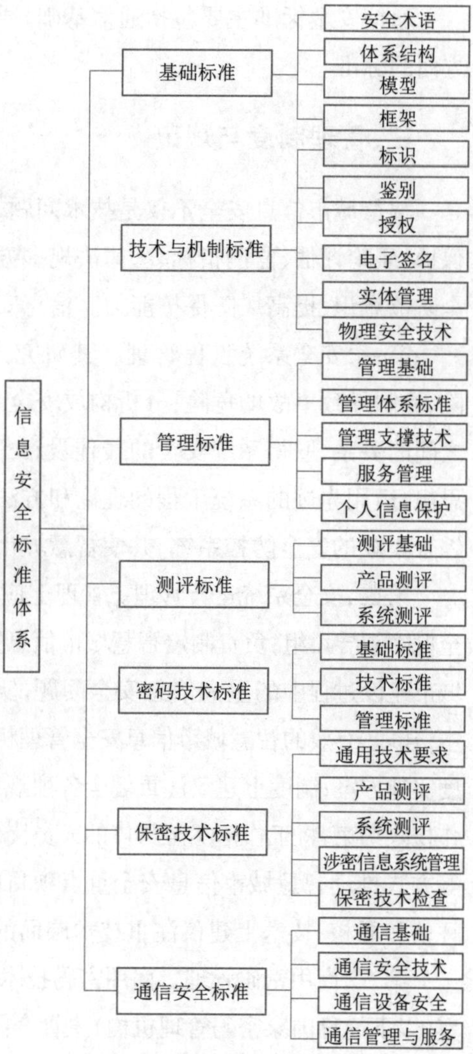

图 11-2　我国信息安全体系框架

密码标准的适用范围为商用密码。商用密码是指对不涉及国家秘密内容的信息进行加密保护或者安全认证所使用的密码技术和密码产品。商用密码标准作用于商用密码的整个生命周期,包括商用密码研制、生产、使用与管理的全过程,以及在这个完整过程中涉及的术语、协议、管理、安全评估等所有组成要素。

保密标准从技术和管理两方面涵盖了保密防范和保密检查工作所需,既包括传统保密工作所需要的标准(如保密会议的安全要求、涉密信息消除和介质销毁、电子文件保密管理等),也包括信息化和高技术发展条件下保密工作所需要的标准(如涉密信息系统技术要求和测评、信息安全保密产品技术要求和测试方法、涉密信息系统管理、TEMPEST 防护和检测等)。

通信安全标准主要包括通信基础、通信安全技术、通信设备安全、通信管理与服务方面的标准。

三、管理制度与规范

智慧城市信息安全不仅是技术问题，而且需要结合管理制度、产品规范、安全等级保护、风险评估、监测指标、法律法规多方面因素采取措施，规范人员安全行为、增强安全防范意识、提高风险保护能力。信息安全管理包括以下几个方面的内容。

第一，安全系统工程管理。其研究内容主要有危险的识别、分析与事故预测；消除、控制导致事故的危险；分析构成安全系统各单元间的关系和相互影响，协调各单元之间的关系，取得系统安全的最佳设计等。在智慧城市的建设过程中，需要使用系统思想，运用先进的系统工程的理论和方法，对安全及其影响因素进行分析和评价，建立综合集成的安全防控系统，并使智慧城市这个城市级系统持续有效运行。

第二，安全系统运行管理。管理上应注重建立运行保障组织，成立智慧城市信息安全保障领导小组，负责制定智慧城市信息安全总体发展战略、规划和政策，统筹协调智慧城市建设过程中的重大信息安全问题，实现工作流程标准化。组建以政府职能部门为主，合理、有效的智慧城市信息安全管理机构，负责制定智慧城市信息安全总体规划和年度实施方案；制度上建议注重健全各项规章制度，加强岗位职责管理，强调职责分工和操作权限约束，将工作落实至具体的人员岗位，并规范运行监督；通过政策支持、试点应用等方式推动智慧城市信息安全重点项目的实施，并检查、督导项目实施情况，定期进行评估和考核；技术上建议注重技术层面的防范措施，管理、制度和技术相辅相成。

第三，商用密码管理。商用密码技术属于国家秘密，国家密码管理委员会及其办公室（以下简称国家密码管理机构）主管全国的商用密码管理工作，并对商用密码产品的科研、生产、销售和使用实行专控管理。在智慧城市顶层设计中，必须严格遵守《商用密码管理条件》，确保采用的商用密码产品符合国家规定、不可存在妨害国家安全行为。

第四，应急处理管理。应急管理等各个方面的安全控制措施与操作要求，是应对于智慧城市中发生的特重大事故灾害的危险问题提出的。应急处理管理指政府及其他公共机构在城市突发事件的事前预防、事发应对、事中处置和善后恢复过程中，通过建立必要的应对机制，采取一系列必要安全措施。智慧城市中的应急处理管理分为预防、准备、响应和恢复四个阶段，包括灾难备份、连续业务管理、灾难恢复等内容。

第五，风险管理。运营风险评估在识别安全风险、解决信息安全问题得到了广泛的认识和应用。风险评估就是从风险管理角度，运用科学的方法和手段，系统地分析信息系统所面临的威胁及其存在的脆弱性，安全事件一旦发生可能造成的危害程度，需要提出有针对性的防御威胁的防护对策和整改措施，充分防范和化解智慧城市顶层设计的信息安全风险，将风险控制在可接受的水平。

第十二章 智慧城市建设启示及未来发展

智慧城市建设最重要的是做好智慧城市的顶层设计，通过规划将从经济社会发展、自然环境和谐，历史和文化特色、核心竞争力、城市运营和福利等综合视角出发，谋求最佳发展路径和最高品质的城乡生活，构建城市美好的愿景。基于每个城市具备各自的特色和发展需求，每个智慧城市建设的内容、重点、功能、路径均有所不同。通过对国内外智慧城市建设案例的分析，结合我国智慧城市建设的需求，从智慧城市的顶层设计体系、组织保障机制、标准规范建设和推进策略与方法四个方面予以总结与建议，并展望未来新型智慧城市建设。

第一节 智慧城市建设启示

随着众多国家将智慧城市提升为振兴经济的国家战略，新一轮的智慧城市发展规划相继提出，在响应国家发展战略的同时，各个城市需要结合城市自身，做好智慧城市顶层设计，实现合理有序发展，避免盲目建设、过度投资和产能过剩，确立从国家到地方的智慧城市建设组织保障机制和智慧城市建设标准规范，坚持政府引导、社会参与，推进多元化的智慧城市建设策略。

一、顶层设计体系

顶层设计对智慧城市建设的成效至关重要。目前全世界的智慧城市建设还处在摸索过程中，急需全面整体的技术模型来规范软件、接口、体系标准等关键要素，尤其在中国条块分割的行政体系下，智慧城市推进如果没有一个整体性的顶层设计指导，在实施过程中必然会遭遇各自为政、信息孤岛等城市信息化建设的老问题，增加智慧城市建设失败的风险。

（一）智慧城市顶层设计的内涵

“顶层设计”原是工程学术语，本义是“运用系统论的方法，从全局的角度，对某项任务或者某个项目的各方面、各层次、各要素统筹规划，以集中有效资源，高效快捷地实现目标”。由此可见,“顶层设计”服务于有着既定目标的任务,任务的执行和目标的实现必须经过一定的过程,“顶层设计”实质上是针对这一过程的整体设计。此外,顶层设计是以政府视角开展的工作,须体现政府的独特性,与传统IT企业提供的智慧城市建设方案有所区别。政府拥有最顶端的战略视角,负有引领方向、统筹全局、引导协调职责,其层次高度与重要性,社会力量无法取代。政府须明确自身在智慧城市建设中的权责分工和角色定位,并在顶层设计工作中清晰地体现出来。

建设智慧城市,最终目标是实现城市的优质、高效运转。因此,顶层设计应致力于对城市的“规划—建设—管理—运营”全生命周期进行模式、流程与体制机制优化,打通现代城市运营、管理体系中的各个流程环节,从根本上消除影响城市运行效率的阻碍因素。这其中不仅包括对先进技术手段的组织与运用,还必须包括政策、资金、制度乃至法律等方面的提升与必要保障,后者甚至更加重要。

(二)智慧城市顶层设计的重要性

智慧城市建设是一项系统工程,做好整体规划是前提条件。智慧城市顶层设计是针对智慧城市建设,从全局的视角出发,进行总体架构的设计,对整个架构的各个方面、各个层次、各种参与力量、各种正面的促进因素和负面的限制因素进行统筹考虑和设计。落实到各个城市,人口膨胀、资源紧张、交通拥挤、环境恶化等资源和环境矛盾日益突出,迫切要求加快城市管理和运行创新,在机遇与挑战并存的背景下,思维创新和信息技术的结合成为解决城市发展问题的关键,智慧城市作为提升区域竞争力的核心手段已经被越来越多的城市所认知。

智慧城市建设是一个城市不断发展长期演进的过程。要从城市的经济和社会发展现状出发,充分考虑当地的资源禀赋、经济水平、发展特色、产业基础、信息化水平、市民素质等各项因素,进行科学合理的顶层规划,明确长远的发展目标和近期的重点建设项目,然后务实推进、分步实施。要从每个城市的实际出发,选择与当地居民关心关注和政府社会管理中的难点领域开展试点,由易到难,由点到面,由分到合,逐步解决智慧城市发展中的关键问题。

(三)智慧城市顶层设计的主要工作

顶层设计对智慧城市建设的成效至关重要。一方面,要明确智慧城市建设的设计思路。从当前的城市发展现状出发,开展智慧城市可行性研究、建设方法论研究以及城市发展趋势研究,总结智慧城市建设的发展思路。分析城市当前的现状主要包括城市的信息化基础设施现状、城市的经济发展特点、城市的各要素发展现状,通过对现状的掌握和分析,更能体现智慧城市顶层设计的基础支撑。针对政府、市民、企业三方面收集智慧城市建设的各类信息、需求及发展趋势,并展开调研,对国内外先进经验的分析研究以及国家、省市及住建部指导文件。

基于调研、指导文件等方面的内容,从城市现状、发展趋势及政策指引进行汇总分析明确建设差距和需求，明确建设任务，整体建设体系设计科学合理，重点项目布局合理，运营模式保证长期发展、保障体系建设完善等一系列智慧城市建设需要考虑的问题。从"优质、高效"的最终目标来看，智慧城市的建设，根本上是对城市运营管理体制的设计与构建。这一套体制包含了丰富的内容，可能包括建设资源、管理对象、支撑技术、保障政策与制度、必要的运营管理组织架构等，基于智慧总体目标的城市建设思路如图 12-1 所示。

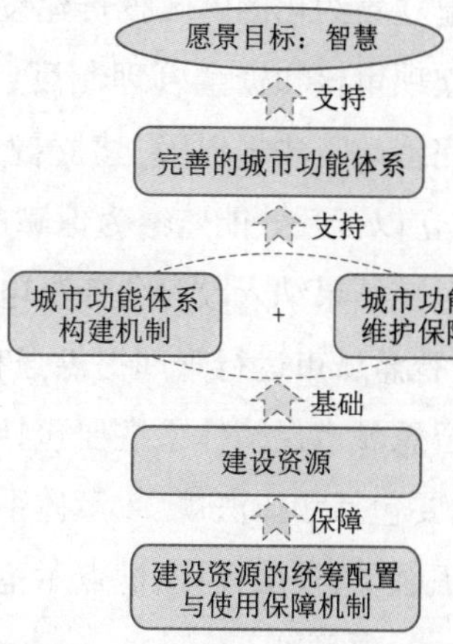

图 12-1　基于智慧总体目标的城市建设思路

另一方面，加强智慧城市建设的规划编制。从前期的调研、讨论，到建设内容的征集、规划的编制，再到专家对规划的研讨和咨询论证，形成完善的智慧城市建设规划编制流程。结合分析结论，明确智慧城市建设目标、技术框架、重点项目等，完成整体规划设计方案，并进行评审。在制定智慧城市顶层设计体系时还要明确以下几点：第一，明确体现政府在智慧城市建设中的角色和权责。第二，顶层设计的高度决定了建设内容的科学性和实践价值，因此，顶层设计须体现政府对城市发展全局的长远认识及统筹思路。第三，以任务流程的视角将智慧城市的筹划、建设工作进行理性的分解，使顶层设计工作的过程、成果的合理性可以被论证、经得起检验，智慧城市建设规划设计方案编制流程如图 12-2 所示。

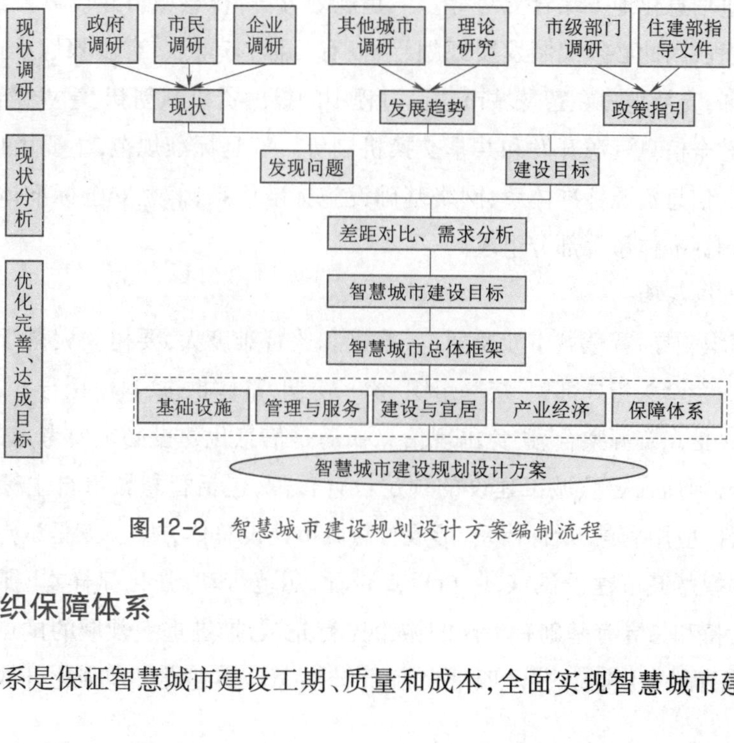

图 12-2　智慧城市建设规划设计方案编制流程

二、组织保障体系

保障体系是保证智慧城市建设工期、质量和成本，全面实现智慧城市建设目标所必需的，智慧城市保障体系通常由政策保障、组织保障、管理保障、规划设计保障、技术保障、人才保障、资金保障、运营保障、网络与信息安全保障等。广义的智慧城市建设保障体系包括了智慧城市建设的管理、服务、产业等体系，涵盖了智慧城市建设系统架构的大部分内容；狭义的智慧城市建设保障体系指智慧城市系统运行所有必需的外部支撑、基础条件等要素构成的子系统。

建立集约化的财政投资建设机制，统筹智慧城市建设资金，进一步规范智慧城市项目立项审核和资金管理制度，建立集约化的财政投资机制，杜绝多头投资、重复建设。完善政策法规保障，建立健全智慧城市管理与运行的政策及规定和责任监督体系，建立以行政效能监察为保障的管理运行绩效评估考核机制，将智慧城市管理绩效评估考核结果纳入政府公务员电子监察范畴，完善智慧城市建设的有效协调和督办机制，为智慧城市运行管理提供强有力的制度保障。

智慧城市保障体系主要包括制度层面、组织层面和要素层面的保障体系。制度层面，主要包括法律法规、政策体系、规划方案、体制机制、标准规范等；组织层面，主要包括组织领导、顶层设计、试点示范、交流合作、商业模式等；要素层面，主要包括资金、土地、人才、项目等。

（一）制度层面

一是政策体系，智慧城市建设是一项创新性的事业，需要研究制订高起点、具体化、实用性的政策支持体系，积极创造智慧城市建设良好政策环境，充分发挥政府的主推作用。二是法律法规，智慧城市建设离不开法律法规的保障，包括加大知识产权保护力度、推进信息化地方综合立法等。三是规划方案，智慧城市建设需要经历渐进的长期发展过程，因此必须编制发展规划，予以有目标、有重点、有步骤地推进。四是体制机制，比如，支持地方在智慧城市建设过程中的投融资机制创新、建立完善考核评价机制、建立健全信息资源开发和共享交换机制等。五是标准规范，主要由信息技术基础标准体系、信息资源标准体系、网络基础设施标准体系、信息安全标准体系、应用标准体系、管理标准体系等部分组成。

（二）组织层面

一是组织领导，智慧城市涉及面广，推进和监督难度大，要树立大科学、大工程的理念，明确一个牵头指导部门，统一组织，统一协调，整体推进，科学引导。二是顶层设计，如何推进信息资源整合、避免出现信息孤岛是信息化建设必须要考虑的一个重要问题，因此必须加强智慧城市建设的顶层设计保障，包括智慧城市自主标准、体系架构、功能组件、应用场景、指标体系，形成智慧城市建设总体方案。三是试点示范，在全国合理布局智慧城市建设试点，坚持以点带面，示范带动，强化抓样本、抓示范、抓典型，鼓励、支持和指导有基础有条件的城市先行先试，推进重点领域的试点工作，建成几个“样板工程”“经典模式”。四是交流合作，智慧城市建设必须强化开放合作，充分吸收借鉴先进做法经验，立足自我、面向市场、面向世界、面向现代化，汇聚智慧、加强合作、强化统筹，促进区域间智慧城市建设的优势互补和共同发展。五是商业模式，就是推进智慧城市建设商业流程再造，并且实现模块化、模式化，形成核心竞争力，然后把产品和服务向全行业以及全国、全球推广，从而实现商业化运营。

(三)要素层面

一是资金，智慧城市建设需要大量的、稳定的资金投入，这样才能保证各项工程的顺利实施。必须加大财政资金投入，进而逐步建立以政府投入为导向、企业投入为主体，社会投入为重要渠道的多元化投融资体系。二是人才，智慧城市建设所需要的人才主要有三类：领导人才、技术研发人才、经营管理类人才。三是土地，无论是研发基地、智慧装备制造基地等智慧产业基地建设，网络数据中心、公平服务平台等智慧基础设施建设，还是智慧城市重大项目、重点工程，都需要土地资源保障。四是项目，推进智慧城市建设，抓项目是最管用的手段，也是最有效的保障，包括项目生成、储备、落地、推进等。

从国家层面出发，制定相关政策法规，并从技术上进行顶层设计，促进全国范围内智慧城市的发展，提高信息系统的互连互通和无缝连接能力。建立健全智慧城市建设地方组织领导机制，建立强有力的组织体系和相应的支持系统，有序推进智慧城市建设。

上海市在“十二五”规划提出“创建面向未来的智慧城市”的战略性目标后，市政府迅速成立了推进智慧城市建设领导小组和智慧城市建设促进中心，负责推动上海智慧城市建设。

三、标准规范建设

(一)智慧城市标准体系现状

智慧城市标准是智慧城市有序健康发展的基本保障。当前，智慧城市建设过程中存在的主要问题是“缺乏相关标准”“缺乏政府的统一规划和指导”和“缺乏城市部门间的协同协作”。各地盲目建设和投资，有可能造成重复建设、资源浪费甚至难以连通等问题，造成更大的信息孤岛，导致智慧城市不“智慧”。因此，只有统一智慧城市的技术要求、工程实施要求和测试认证方法等标准化手段，才能规范和促进我国智慧城市和行业信息化建设有序、高效、快速和健康地发展。

当前我国智慧城市处于实践阶段，是加快开展标准化建设的有利时机和关键时期。2013 年我国智慧城市建设迎来高峰，各部委相继开展试点工作，地方政府也根据自身需求推进智慧城市建设，但是在标准化方面却没有新的进展，各部委的考核标准也只局限于自身领域，覆盖面不足。2013 年 11 月，国家标准化管理委员会牵头组建国家智慧城市标准化总体组，正式开始研究制定国家标准，而后又与中央网信办、国家发展改革委联合发布《关于开展智慧城市标准体系和评价指标体系建设及应用实施的指导意见》，提出到 2018 年初步建立我国智慧城市整体评价指标体系，2020 年实现智慧城市评价指标体系的全面实施和应用。

2016年11月发布的《新型智慧城市评价指标》是我国第一个严格意义上的国家智慧城市标准,涵盖新型城镇化、高端制造、交通管理、工业安全、农业服务、文物管理等多个方面。2017年世界标准日,国家标准委又集中发布了《智慧城市技术参考模型》《智慧城市评价模型及基础评价指标体系第1部分:总体框架及分项评价指标制定的要求》《智慧城市评价模型及基础评价指标体系第3部分:信息资源》和《智慧矿山信息系统通用技术规范》等4项国家标准。截至2017年年底,我国已立项的智慧城市标准达34项,发布的标准达5项,进入报批阶段的达16项,处于草案征求意见、待送审等阶段的达13项,到2018年初步建立我国智慧城市整体评价指标体系,到2020年实现智慧城市评价指标体系的全面实施和应用。

(二)智慧城市标准体系建设

智慧城市国家标准是基础的、通用的标准,各市要形成自己的模式和指标,做到"一城一策",城市关键要形成自己的模式和指标,才能更好地发力智慧城市建设。智慧城市的统一网络、公共平台和各类应用系统建设与运行维护,需要统一、多类的符合智慧城市需要的标准和法规予以规范,其中主要标准包括:规范标准、技术标准、数据标准、接口标准、流程标准、平台标准、操作标准、管理标准等;主要法规包括:符合国家相关法规的智慧城市地方产业政策、资金政策、人才政策、市场机制、共享机制、运作模式和管理规定等。智慧城市政策和标准体系,不仅要符合国家、行业、地方的智慧城市发展的规范,也要充分吸收国际上相关标准、规范的元素,同时,结合本地智慧城市建设所需,分步实施、动态完善。

第一,统筹规划智慧城市标准总体布局。国家智慧城市标准化总体组从2013年底便开始着手智慧城市标准体系规划工作,探索如何通过智慧城市标准体系引导新型智慧城市发展,使得各地智慧城市建设既符合国家统筹设计的发展战略,同时又兼具地方城市的特色优势和区位优势。各地应按照国家智慧城市建设标准要求,同时结合本地特色和智慧城市的发展需求及现实挑战,统筹规划标准的总体布局,并重点推进关键环节的标准立项和研制。

第二,积极推进智慧城市标准研制。在基础性国家标准的前提下,制定适合本市特点的智慧城市标准,使得智慧城市标准符合城市的经济发展、城市管理。在制定智慧城市的标准过程中,需要结合城市的发展创新需求,不断总结和提炼,动态地研制智慧城市标准和评价指标及方法,开展分类分级的标准研究,针对性地指导智慧城市实践和发展。

2011年7月初,上海浦东新区正式发布了"智慧城市指标体系1.0"。这是国内首个公开发布的中国版智慧城市指标体系,该指标体系在基础设施、公共管理和服务、信息服务经济发展、人文科学素养等5个维度上,形成了19个二级指标和64个三级指标。2012年又发布《智慧城市评价指标体系2.0》，经过实证研究、反复论证和修改完善后的最新成果，“指标体系”分为智慧城市基础设施、公共管理和服务等6个维度，包括18个要素、37个指标，进一步科学开展智慧城市建设规划和评估提供标准支撑，对全国的智慧城市建设有重要参考价值。

四、推进策略与方法

智慧城市的建设、运行、管理应该是一个完整、系统的生态圈，既能够自我补充修复，又能够自我调整完善，更可以规范持续发展。在推进智慧城市建设的策略与方法上，应重点把握以下几点。

第一，统筹规划与分步实施相结合。智慧城市建设是项复杂的社会系统工程，必须做好统筹规划建设，充分考虑到与城市经济社会发展、城市建设管理、资源利用等衔接，同时在实施过程中按照一定的建设原则，从城市的实际出发，从重点领域、关键环节入手，分步实施、分层推进，稳步推进智慧城市建设。

第二，现有系统与新建系统相协调。智慧城市建设是城市信息化发展的新阶段，是对当前城市信息化发展水平的大幅提升，这一过程一方面需要新建和开发一些城市智慧化应用项目，另一方面，需要对已建的信息系统进行整合和集成。在智慧城市建设推进建设过程中，需处理好新建系统和已建系统之间的关系，对已建系统进行升级、改造、整合并充分利用。

第三，线上服务与线下服务相融合。智慧城市建设的目标是为市民和企业提供便捷的社会公共服务，实现城市的可持续、高效发展。智慧城市建设将引导政府服务由线下向线上服务转变，实现线下系统和线上系统的有机融合和统一。

第四，政府引导与市场主导相结合。智慧城市的建设是一项系统工程，涉及面广、工程量大、建设周期长，需要全社会各方力量共同参与推进，在智慧城市建设的过程中，政府应在规划设计、政策环境、法规标准、应用示范等方面发挥主导作用，主要在公共性、公益性、基础性项目上投入资金和资源，同时充分发挥市场机制作用，支持各类市场主体在资金、技术、管理等方面参与智慧城市项目建设和运营，积极探索智慧城市项目运作的商业模式，形成智慧城市建设和运营的良性循环机制。

上海市在推进智慧城市建设上，采取需求导向型推进战略，坚持问题导向、需求导向原则，以市场需求和创新为动力，以智能应用为先导，以智慧产业为核心，以提升应用智能化水平和智慧产业能级为主线，充分发挥市场机制和企业主体作用以及政府的引导作用。结合全市正在积极推进的科技创新中心和智慧城市建设，聚焦重点领域，注重应用导向，积极引导社会力量参与智慧城市建设，促进全民普惠。设立信息化发展专项资金（智慧城市建设），保障智慧城市建设资金支持，并制定一定政策优惠，积极引导社会资金和企业参与智慧城市建设。

第二节　新型智慧城市建设

我国智慧城市建设在社会民生服务、城市管理运行、新型产业发展、政务一体化创新等领域取得的显著成果，已经得到国际上的广泛认可与肯定。然而，新时期城镇化进程的不断深入推进无疑给城市的管理、建设、发展带来更多的挑战与更大的压力。据了解，截至2016年底我国城镇化人口已达7.6亿，预计到2030年城镇人口将增加至9亿之多[①]，如何解决城镇人口增加带来的新一轮“城市病”问题和经济社会发展新的诉求，成为我国各城市推进城镇化，建设智慧城市共同面临的问题与挑战。在此背景下，国家层面在以往智慧城市理论和实践基础上，进一步结合我国以信息化推进国家治理体系和治理能力现代化的总体要求，提出分级分类推进新型智慧城市建设的战略部署，这也成为引领我国智慧城市未来发展方向与推进新型城镇化建设的第一动力。

一、新型智慧城市的提出

传统智慧城市是智慧城市建设的初级阶段，强调的是通过各类信息技术与城市管理、民生服务和产业发展等领域的融合应用，实现城市各部门的信息化建设。随着各类信息基础设施建设的不断完善，智慧城市理念不断走向成熟，大数据、云计算、物联网、移动互联网、人工智能等新兴的ICT技术迅猛发展，仅仅关注城市各部门的信息化已经无法满足城市的现实需求和长远规划，从智慧城市向新型智慧城市变革已经成为必然趋势。

2016年4月19日，中共中央总书记习近平在北京主持召开网络安全和信息化工作座谈会上正式提出了新型智慧城市的概念，并指出“分级分类推进新型智慧城市建设”新的推进方法，成为对传统智慧城市推进方法的一个根本性变革，指导我国智慧城市未来可持续发展。智慧城市作为城市发展的高级形态，传统智慧城市与新型智慧城市在建设过程中均强调创新的重要性，但前者更加侧重于技术（生产力）创新，研究如何实现新技术应用创新与项目建设模式创新，相对缺乏创新环境与创新动力的支持，这也是导致目前部分地区智慧城市建设出现跨领域协调难度加大、相关领域智慧应用感受度不高、数据资源创新利用程度较低等问题的重要因素，后者则强调体制机制（生产关系）的创新，通过创新一体化机制适应新技术成果应用，是推进新型智慧城市建设的基本思路。同时，新型智慧城市较传统智慧城市建设，更加强调城乡一体、人与自然一体的“绿色协调”的发展目标与以人民为中心的基本内涵。

---

① 数据来源：企业网D1Net.

新型智慧城市是新时代贯彻“创新、协调、绿色、开放、共享”发展理念,全面推进新一代信息通信技术与城市发展深度融合,引领和驱动城市创新发展,形成智慧高效、充满活力、精准服务、安全有序、人与自然和谐相处、不断满足人民群众对美好生活需要的城市发展新形态。2016 年 12 月,国务院发布的《“十三五”国家信息化规划》,确定了新型智慧城市的建设行动目标:“到 2018 年,分级分类建设 100 个新型示范性智慧城市;到 2020 年,新型智慧城市建设取得显著成效,形成无处不在的惠民服务、透明高效的在线政府、融合创新的信息经济、精准精细的城市治理、安全可靠的运行体系”,对我国新型智慧城市建设做出重要部署,同时明确了分级分类推进新型智慧城市建设的重要任务。可以说,2016 年以来,我国城市信息化发展正式进入了新型智慧城市时代。

与传统智慧城市相比,新型智慧城市更加注重城市各类信息的共享、城市大数据的挖掘利用和城市安全的构建与保障,以实现民生服务智慧和谐、城市治理高效有序、数据开放共享利用、经济发展绿色创新、网络空间安全稳定为总体要求。新型智慧城市建设的关键在于打通传统智慧城市的各类信息和数据孤岛,实现城市各类数据的采集、共享和利用,建立全国一体化的国家大数据中心,有效发挥大数据在民生服务、社会治理、经济发展、政务创新等方面的作用。同时,随着城市信息化和智慧化程度越来越高,城市信息安全的战略价值日益凸显,新型智慧城市建设亦更加重视城市信息安全体系的构建,保障城市各类信息和大数据安全。最后,城市的发展最终是为“人”服务,根本上是促进人在城市中更好地生活和发展。因此,新型智慧城市也从过去以“信息技术”为出发点,回到“人”这一最根本的出发点和落脚点,“以人为本”成为新型智慧城市的重要特征。①

二、新型智慧城市探索实践

2017 年 12 月,我国新型智慧城市建设部际协调工作组办公室首次在全国开展新型智慧城市评价的结果显示,我国新型智慧城市发展整体处于起步阶段,新型智慧城市呈现集群发展特征,但总体发展不均衡,市民获得感有待提高。为规范指导我国新型智慧城市建设,加快推进新一代信息技术在健康、交通、教育、政务、治理等领域的全面融合,让新型智慧城市发展成果更多、更公平地惠及城乡居民,满足人民群众对美好生活的需要,国家发展改革委、中共中央网络安全和信息化领导小组办公室会同新型智慧城市建设部级协调工作组成员单位正在抓紧研究分级分类推进新型智慧城市发展的指导性文件,加强对新型智慧城市建设的统筹协调、分类指导与成果评价,共同推动我国新型智慧城市建设迈上新台阶。

从发展程度来看,我国新型智慧城市整体上仍处于起步阶段,但从具体实践来看,

---

① 资料来源:企业网 D1Net.

各级地方政府已分别从各自城市的客观出发,在新型智慧城市实践方面取得阶段性成效,北京、上海、天津等地方政府相继发布了贯彻落实中央有关云计算、大数据、物联网以及信息化建设政策法规的文件以及新型智慧城市发展规划,安徽、辽宁、福建、贵州、湖南等省份在其发布的关于深入推进新型城镇化建设实施意见中,对加快建设海绵城市、绿色城市、智慧城市、人文城市等新型城市,实施"宽带中国"战略和"互联网+"城市计划,发展智慧交通、智慧电网、智慧水务、智慧园区等作出具体安排,这些政策规划文件在不同地区及城市特点的基础上,对"十三五"时期各地区新型智慧城市建设的目标、任务等作出部署,为全面推进我国新型智慧城市建设奠定了政策基础[54]。

从智慧城市数量来看,我国已经是智慧城市建设大国,成为世界智慧城市创新的主要试验场。新型智慧城市全新理念的提出以及建设路径的探索,为我国在"互联网+"时代背景下,破解新阶段智慧城市建设中存在的顶层设计不完善、应用开发不足、数据共享不畅、人文内涵缺乏、市场力量活力不够等问题,实现全天候为民服务、城市管理有序高效、数据充分共享开放以及网络安全保障指明了发展方向,进一步指导我国智慧城市建设不断走向成熟。

三、新型智慧城市与人工智能

1956年在美国的Dartmouth(达特茅斯)学会上首次提出了人工智能(Artificial Intelligence)的概念(简称"AI"),目前已有60余年的发展演进历程,随着信息时代移动互联网、大数据、云计算等新技术的深化应用与经济社会发展环境的深刻变革,人工智能逐渐呈现出深度学习、跨界融合、人机融合、群智开放、自主操控等新特征。深化以新一代人工智能为代表的新技术应用,推动经济社会各领域从数字化、网络化向智能化转变,已成为新一轮产业变革的核心驱动力和国际间竞争的新焦点,主要发达国家已经把发展人工智能作为提升国家竞争力、维护国家安全的重大战略,例如,美国发布《为人工智能的未来做好准备》《国家人工智能研究与发展战略规划》;英国发布《人工智能对未来决策的机会和影响》《现代工业战略》《数字战略》;日本政府制定《人工智能产业化路线图》等。

人工智能的迅速发展在重构生产、分配、交换、消费等经济活动各环节发挥着巨大作用,已成为我国经济发展新动能,实现社会生产力整体跃升的强大支撑。从我国人工智能相关政策及战略部署时间轴来看,早在三年前已对人工智能发展进行了战略布局,为国家人工智能从学术研究探索导向转变为快速迭代的实践应用导向,加强新一代人工智能研发应用指明发展方向。

2015年7月,国务院发布《关于积极推进"互联网+"行动的指导意见》,将"互联网+人工智能"列为其中11项重点行动之一。2016年3月,"人工智能"写入《"十三五"国家信息化规划》;4月国家工业和信息化部、发展改革委、财政部联合印发《机器人产业规划(2016—2020年)》,提出重点开展人工智能、机器人深度学习等基础前沿技术研究;5月国家发展改革委、科学技术部、工业和信息化部、中央网络安全和信息化委员会办公室4部委联合发布《"互联网+"人工智能三年行动实施方案》,从科技研发、应用推广和产业发展等方面提出了一系列措施。2017年3月5日,在全国"两会"上,"人工智能"第一次正式出现在政府工作报告中,提出"加快新材料、人工智能、第五代移动通信等技术研发和转化";7月国务院正式印发《新一代人工智能发展规划》,战略确立了新一代人工智能发展三步走战略目标,人工智能的发展至此上升到国家战略层面;10月十九大报告中首次提出"加快推动人工智能等新技术和实体经济深度融合,在中高端消费、创新引领、绿色低碳、共享经济、现代供应链、人力资本服务等领域培育新增长点、形成新动能"。2018年3月5日,十三届全国人大一次会议2018政府工作报告中提出"加强新一代人工智能研发应用,在医疗、养老、教育、文化、体育等多领域推进'互联网+',发展智能产业,拓展智能生活"。

经过多年的持续积累,我国在人工智能领域取得重要进展,国际科技论文发表量和发明专利授权量已居世界第二,部分领域核心关键技术实现重要突破。语音识别、视觉识别技术世界领先,自适应自主学习、直觉感知、综合推理、混合智能和群体智能等初步具备跨越发展的能力,中文信息处理、智能监控、生物特征识别、工业机器人、服务机器人、无人驾驶逐步进入实际应用,人工智能创新创业日益活跃,一批龙头骨干企业加速成长,在国际上获得广泛关注和认可。随着人工智能技术的不断突破,深度学习算法已成为我国智慧城市建设深化人工智能技术应用的焦点,相继在图片识别、机器翻译、语音识别、智能决策、生物特征识别等领域广泛应用。2017年我国人工智能核心产业规模已达到56亿美元左右,随着新技术的持续进步、商业模式的不断完善以及新型智慧城市建设的探索推进,人工智能市场需求将进一步快速释放,我国2020年人工智能核心产业规模将超过220亿美元,年均增速接近65%[①],围绕知识计算引擎与知识服务技术、跨媒体分析推理技术、群体智能关键技术、虚拟现实智能建模技术、智能计算芯片与系统等关键技术体系继续深化,实现新一代人工智能技术的"引领式"发展,推动我国成为全球人工智能产业发展的重要推动者。

未来我国人工智能有望在新型智慧城市发展理念指引下,以应用需求为驱动,以系统建模为核心,以算法和数据为重点,进一步加深在实体经济领域的场景探索,广泛应用于人的吃穿住用行等各个方面,人们未来的生活、娱乐、教育和公共服务等方面的消费模式将会得到彻底改变,拓展智能生活。例如,智慧社区的发展应用不仅是基层创新治理的重要体现,同时也表明了对人主体需求(吃、穿、住、行、养老、健康、宜居等)的关注,是城市向高质量、精细化、人性化发展的体现,也是落实新型智慧城市发展理

① 数据来源:中国电子学会。

念的基本要求,结合智慧社区业务特点和业务流程,通过对居民消费数据、能源数据、物流产品数据、社交媒体数据等社区大数据进行分析产生用户画像,进一步借助语音识别、计算机视觉、智能机器人、虚拟现实等手段产生有效的智慧社区人工智能落地应用,从而反馈智慧社区公共服务与管理。以深化人工智能技术在能源管理领域的应用为例,强化轨道交通、场馆建筑、医院建筑、学校、园区楼宇等领域能源管理,促进节能减排是实现生态文明建设的重要内容,通过新一代人工智能数据采集、数据导入及预处理、数据可视化分析和数据挖掘,深度分析特定地区某项能耗在一定时间段内的变化情况分布,从而实现对能源消耗情况进行综合分析,提出优化建议。利用人工智能技术加强城市交通治理是新型智慧城市建设的重要领域,通过建设和完善交通信息平台,加强数据资源汇聚、数据共享、数据质量管理等,实现对城市综合治理领域细分行业流程的重整也是人工智能技术未来在实体经济发力的重点。

当前,人工智能已成为国际竞争的新焦点,与发达国家相比,我国在人工智能领域尚存在一些不可忽视的挑战,需要在新时期、新阶段借助政策东风一一实现突破。第一,人工智能在实体经济细分领域的应用有待持续深化,技术和数据本身需要找到有价值的场景进行应用才能形成产品或解决方案,实现其价值,目前我国在公共安全、智能交通、互联网金融等领域已实现与现行人工智能的结合,但总体还处于应用早期阶段,实体经济中还有许多细分领域仍需要进一步了解人工智能的能力,推动实现产业级的人工智能应用。第二,人工智能源头的技术创新供给仍需加强,近年来算法、算力和大数据的发展,促使人工智能步入腾飞的快车道,"产业化""应用化"已成为未来几年人工智能的两大发展方向,只有将实验室级的人工智能技术创新放置于产业研发中,完成感知识别、知识计算、跨媒体分析推理、运动执行、人机交互、自然语言处理等技术与实践的融合,加快人工智能关键技术转化,才能真正高效解决人类生产生活问题的智能化应用。第三,目前我国人工智能领域的人才队伍缺口相对较大,其中既包含人工智能领域的专业学术、研发人才,也包含未来人工智能行业中大量的低技能劳动力,数据显示我国智能学科人才需求缺口每年接近100万,国务院发布的《新一代人工智能发展规划》对完善人工智能领域学科布局,设立人工智能专业,推动人工智能领域一级学科建设提出了指导意见,未来仍需政府、企业、高等院校等围绕人工智能领域及细分领域联合建立核心技术人才培养体系,加强人工智能学科建设,打造坚实的人才基础,推进产业健康发展。

四、新型智慧城市推进实施路径建议

第一,持续完善新型智慧城市顶层设计,统筹部署推进建设。我国各地区在分级分类推进新型智慧城市建设方面进行了全新的探索,并相继取得明显的成效,为避免进一步出现发展不均衡、市民获得感不高等问题,新时期需要我国及各地方在以往智慧城市实践经验与新型智慧城市建设探索的基础上，进一步完善新型智慧城市建设顶层设计，从整体上把握新型智慧城市发展基调与发展方向。首先要站在城市综合发展的战略高度，充分考虑城市主体——“人”对新型智慧城市建设的需求，以可持续发展理念与大开放、大共建、大共享为指导，跳出传统智慧城市建设“IT 中心论”和“政府中心论”的局限，聚焦于创造社会合作的新模式，抓住城市演进本质与城市发展关键资源要素进行顶层设计，全面、多维、立体地分析新型智慧城市视角下的城市要素体系、运行管理体系、公共服务体系、技术支撑体系、标准体系、政策保障体系、目标评估体系等架构与内在逻辑关系，根据城市功能、地理区位、经济水平和生活水平等统筹部署新型智慧城市建设。

第二，聚焦领域开展典型示范应用，以点带面分步推进。新型智慧城市作为新时期贯彻落实创新、协调、绿色、开放、共享发展理念的城市发展新模式，同时也是智慧城市发展的新阶段，更是将“以人为本”作为评价指标的城市新形态，进而决定了新型智慧城市是一个长期的、发展的过程，是一个永不竣工的庞大且复杂的系统工程，不能一蹴而就，各地方应集中优势资源，聚焦公共服务与社会治理等领域，选取示范带动性强、市民感知需求迫切、受益范围广泛的示范项目，通过体制机制与现代信息技术的创新应用，循序渐进，以点带面分步推进建设，以局部示范带动城市各领域全面应用，促进技术、资源、服务、管理等要素集成，实现“技术”与“人”的互动以及“信息化”与“城市有机体”的协调，把人民的满意度作为新型智慧城市建设的出发点和落脚点，最终实现城乡一体、人与自然一体的绿色协调发展。

第三，立足地方特色，形成独特的新型智慧城市创新做法和经验。各地区由于城市功能定位、区域资源禀赋、社会民生需求、经济发展水平等不尽相同，在开展新型智慧城市建设过程中的侧重点与聚焦领域也会有所差异。因此，各地区应在国家统一战略部署下，立足地方特色，全面结合城市的发展形势与当地人民群众的需求，努力改变传统智慧城市建设同构化的思路，创新智慧城市建设生态链条，推动智慧城市建设的特色化，形成具有城市独特特色、城乡协调的，城市群、区域、国家层面统筹发展的整体局面，真正实现新型智慧城市在全国各地区的分级分类推进建设。

第四，推进中国创新和国际合作相结合。“一带一路”是我国提出的重要开发倡议，2017 年 5 月在北京召开的“一带一路”国际合作高峰论坛上就特别提出：“要将‘一带一路’建成创新之路，加强在数字经济、人工智能、纳米技术、量子计算机等前沿领域的合作，推动大数据、云计算、智慧城市建设，连接成 21 世纪的数字丝绸之路”，在“一带一路”政策红利下，深化我国与沿线国家在信息通信、平安城市、智慧能源等领域的共建共享，成为推进我国新型智慧城市建设的迫切要求。同时，从国外智慧城市实践来看，以美国、德国等为代表的发达国家先进的技术和智慧城市建设经验对于推动我国新型智慧城市建设大有裨益，通过开展国际间合作和交流，取长补短，以合作共赢模式共同为我国的新型智慧城市建设开辟一条智慧之路，对于把我国智慧城市发展引领到国际先进行列具有重要意义。

第五，有效开展新型智慧城市建设评估，明确实施效果。为保证我国新型智慧城市建设各类项目落到实处，需要我国各地区探索建立符合实际的新型智慧城市建设评价体系，突出绩效导向。从国家标准委发布的《新型智慧城市评价指标》八大指标中可以看出，惠民服务和市民体验分别占比 37%、20%，权重明显大于其他各项，"以人为本"成为新型智慧城市评价指标的宗旨。因此，新型智慧城市评价应立足于应用效果和民众感受，在国家层面新型智慧城市评价指标基础上，结合地方实际，综合考量其他具体指标因素，定期对各项任务的执行情况、实施成效等进行检查、评价，以评促建、以评促改，全面提升我国新型智慧城市水平与新型城镇化发展质量。

参考文献

[1] 陈柳钦. 智慧城市:全球城市发展新热点[J]. 青岛科技大学学报(社会科学版),2011(1):8-16.

[2] HOLLAND G. Will the real smart city please stand up [J]. Cities,2008,12(3):303-320.

[3] 王家耀. 让城市更智慧[J]. 测绘科学技术学报,2011,28(2):79-83.

[4] 李德仁,邵振峰,杨小敏. 从数字城市到智慧城市的理论与实践[J]. 地理空间信息. 2011,9(6):1-5.

[5] 朱敏. 智慧城市的愿景与路径[J]. 创新时代,2012(5):55-57.

[6] 李海艳. 论信息社会对人的全面发展的双重影响[J]. 燕山大学学报(哲学社会科学版),2005(2):5-9.

[7] 蒋明华,吴运建,丁有良. 智慧城市系统及项目的投资运营模式研究. 电子政务,2014,12:93-100.

[8] 郭小华. 智慧城市投资模式研究:以太原市为例[D]. 太原:太原理工大学,2015:10-11.

[9] 吴运建. 智慧城市建设融资模式研究[J]. 商业经济研究,2015(05):95-97.

[10] 关山,黄科鸣,侯婵怡. 城市基础设施主要投融资模式研究综述[J]. 大众科技,2012(07):281-284.

[11] 彭继民. 电信运营商参与智慧城市建设的现状与思考[J]. 信息通信,2013(06)232-233.

[12] 樊敏. 基于系统集成服务商的智慧城市商业模式研究[D]. 哈尔滨:哈尔滨工业大学 2015.

[13] 邹中华. 智慧城市建设下的安防企业战略转型研究:以大华公司为例[D]. 上海:华东理工大学,2014:55-58.

[14] 杨再高. 智慧城市发展策略研究[J]. 科技管理研究,2012,32(7):20-24.

[15] 毛光烈. 智慧城市建设实务研究[M]. 北京:中信出版股份有限公司,2013.

[16] 王璐,吴宇迪,李云波. 智慧城市建设路径对比分析[J]. 工程管理学报,2012(5):34-37.

[17] 吴瑞坚. 智慧城市建设与政府治理结构性转型:整体政府的视角[J]. 探求,2012(5):20-24.

[18] 兆进,王凯,冯东雷. 智慧城市发展趋势及案例[J]. 软件产业与工程,2012(2):18-24.

[19] 成迟薏,闫霜,徐鑫. 打造智慧的中央商务区:智慧 CBD 案例研究和对智慧虹桥的启示[J]. 中国信息界,2012(03):23-25.

[20] 吕传廷,吴超. 从概念规划走向结构规划:广州战略规划的回顾与创新[J]. 城市规划,2010(3):17-23.

[21] 胡哲,向菲. 智慧健康与云计算[J]. 智慧健康,2016(9).

[22] 任英杰. 基于融合技术的智慧健康管理框架[J]. 信息技术与标准化,2014(4).

[23] 祝智庭,贺斌. 智慧教育:教育信息化的新境界[J]. 电化教育研究,2012(12):5-13.

[24] 靖国平.从狭义智慧教育到广义智慧教育[J].河北师范大学学报(教育科学版),2003,5(3):48-53.

[25] 杨现民,余胜泉.生态学视角下的泛在学习环境设计[J].教育研究,2013(3):103-110.

[26] 余胜泉.推进技术与教育的双向融合:教育信息化十年发展规划(2011—2020年)解读[J].中国电化教育,2012(5):5-14.

[27] 刘俊.智慧家庭产业发展探索[J].电子世界,2017(18):61-63.

[28] 朱敏玲,李宁.智能家居发展现状及未来浅析[J].电视技术,2015,39(04):82-85,96.

[29] 刘宝礼,张文东,庄威.基于物联网技术的智能安防系统[J].探测与控制学报,2013,35(04):79-83.

[30] 李晓华.分享经济的内涵与特征探析[J].商业研究,2017(07):119-126.

[31] 分享经济发展报告课题组.认识分享经济:内涵特征、驱动力、影响力、认识误区与发展趋势[J].电子政务,2016(04):2-10.

[32] 胥秀文.中国分享经济发展现状、问题及趋势分析[J].中国商论,2017(33):154-155.

[33] 余芳东.国外分享经济统计实践探索[J].调研世界,2018(01):4-8.

[34] 郝子鑫.国内互联网金融对传统金融的挑战探究[J].现代商贸工业,2018(05):99-100.

[35] 胡珺.国外互联网金融的发展对我国的启示[J].现代商业,2014(24):208-210.

[36] 李玮,王跃,范兴丰.移动互联网时代下的智慧商圈虚实融合发展研究[J].商场现代化,2017(12):1-3.

[37] 王友发,周献中.国内外智能制造研究热点与发展趋势[J].中国科技论坛,2016(04):154-160.

[38] 王媛媛.智能制造领域研究现状及未来趋势分析[J].工业经济论坛,2016,03(05):530-537.

[39] 张曙.工业4.0和智能制造[J].机械设计与制造工程,2014,43(08):1-5.

[40] 朱敏,杨会华.智慧园区解决方案探讨及建议[J].移动通信,2013,37(05):56-58.

[41] 周世义.中国智慧园区发展报告[J].中国房地产,2017(17):36-39.

[42] 汪玉凯.推进基层治理方式创新[N].人民日报,2016-9-6(14).

[43] 谢建华.十三五期间"智慧水务"信息化建设的四大重点[R].赛迪经略信息化研究中心.2016-1-2.

[44] 郑国光.智慧气象:全面推进气象现代化的新境界[N].中国气象报,2015-10-26(3).

[45] 徐俊德,倪云虎,孙治贵,等.智慧气象在津南智慧城市建设中的应用思考[J].农业开发与装备,2017(3):61-62.

[46] 孟曦.新形势下公安科技成果推广服务平台建设初探[J].中国新通信,2012(23):17-18.

[47] 张学艺.实现互联网与政务服务深度融合[N].人民日报,2017-6-14(7).

[48] 翟秀静,刘奎仁,韩庆.新能源技术[M].北京:化学工业出版社,2005:1-2.

[49] 陈宜张.脑研究进展与展望[J].科学,2015,67(4):19-23.

[50] 孙志军,薛磊,许阳明,等.深度学习研究综述[J].计算机应用研究,2012(08).

[51] 黄耀华.电子政务系统安全的重要性及其隐患研究[J].华人时刊,2015,1(下).

[52] 徐亚非.基于内容的信息安全技术[J].计算机安全,2003(25):48-50.

[53] 吴志刚.信息安全标准体系初探[J].信息网络安全,2005(3):37-37.

[54] 周鸣乐,董火民,李刚,等.信息安全标准体系研究与分析[J].信息技术与标准化,2008(4):12-17.

[55] 党安荣,王丹,梁军,等.我国新型智慧城市发展现状与趋势[J].地理信息世界,2017(8):2-3.